民國文化與文學 研究文叢

四編　南京大學特輯

李怡　沈衛威　主編

第2冊

「學衡派」譜系
——歷史與敘事（上）

沈衛威 著

國家圖書館出版品預行編目資料

「學衡派」譜系——歷史與敘事（上）／沈衛威 著 -- 初版 --
新北市：花木蘭文化出版社，2014〔民103〕
目 2+196 面；19×26 公分
（民國文化與文學研究文叢 四編：第 2 冊）
ISBN 978-986-322-796-0（精裝）
1.文學流派 2.文學評論
541.26208   103012899

ISBN-978-986-322-796-0

9 789863 227960

民國文化與文學研究文叢
四 編 第二 冊   ISBN：978-986-322-796-0

「學衡派」譜系——歷史與敘事（上）

作　　者　沈衛威
主　　編　李怡　沈衛威
企　　劃　四川大學現代中國文化與文學研究中心
　　　　　北京師範大學民國歷史文化與文學研究中心
總 編 輯　杜潔祥
印　　刷　普羅文化出版廣告事業
出　　版　花木蘭文化出版社
發 行 人　高小娟
聯絡地址　235 新北市中和區中安街七二號十三樓
　　　　　電話：02-2923-1455 ／傳真：02-2923-1452
網　　址　http://www.huamulan.tw 信箱 hml 810518@gmail.com
初　　版　2014 年 9 月
定　　價　四編 12 冊（精裝）新台幣 20,000 元

「學衡派」譜系
——歷史與敘事（上）

沈衛威　著

作者簡介

沈衛威，1962 生，河南省內鄉縣人，文學博士。1991～2001 年執教於河南大學，2002 年始爲南京大學中文系教授。

著有《胡適傳》、《茅盾傳》、《吳宓傳》、《望南看北斗：高行健》、《東北流亡文學史論》、《回眸「學衡派」──文化保守主義的現代命運》、《大河之旁必有大城 ── 現代思潮與人物》等。

提　　要

五四新文化運動後期的 1922 年 1 月，《學衡》創刊，在中國現代思想文化界開始了一個「學衡時代」，即有一股文化保守主義的力量從學理上反對新文化運動。《學衡》雜誌所面臨的是文化問題。《學衡》同仁的主要目的是借融化新知，昌明國粹來反抗新文化的話語霸權，並試圖從學理上來瓦解這種霸權。「學衡時代」的《大公報·文學副刊》所做的工作主要是介紹西洋文學理論，並側重古典主義和新人文主義。《史地學報》的作用是爲東南大學的師生提供一個回望歷史的舞臺，在歷史的時空中尋找中國文化的歷史精神。1932 年《國風》的出現開始了一個「後學衡」時期。文化保守主義通常與民族主義的發展相伴隨。「後學衡」時期面臨的是民族的空前危機和內戰，《國風》的民族主義精神的張揚和民族情感的宣泄，《思想與時代》的國家觀念、國家意識的強化，使得刊物的傾向性十分明顯。這種「傾向性」的具體表現，正是「學衡派譜系」中文化、歷史、文學、民族、國家的不同聚相和個體的不同擔當。

目
次

第一卷　學術理路

導引：現代中國的人文主義思潮

人文主義的視野

　　在西方，人文主義是與神學主義、自然主義相對存在的。許多著名的哲學家都傾向於視「人文主義」為一種對於生活的態度。因為「在古希臘，這種萌芽最先發展成為一種對於人和世界的理性態度」〔註1〕。以至於後來以「人文主義」著稱的思想流派，幾乎一律把古希臘和羅馬視為靈感和智慧的源泉。文藝復興時人文主義的貢獻在於對人的再發現，即從宗教權威的壓制下，釋放藝術和智慧的能量。是將人的心靈「從宗教轉向哲學，從天堂轉向地上，也向訝異的一代泄露了異教思想和藝術的寶藏」〔註2〕。對古典文化的研究，也有了「人文學科」的稱呼，並被視為有人性化的學問。啟蒙運動的人文主義者提出的「培育」和「教化」的口號，是在尋求新的美和文化的理念，因為從世俗和宗教權威解放出來的人，猶如一頭野獸。「在他能夠適當運用他的自由之前必須加以馴化」〔註3〕。到了法國大革命以後，尤其是浪漫主義時代開始後，人越來越大地擺脫了被「馴化」的思想場所。這正是馬修‧阿諾德（Matthew Arnold 1822〜1888）〔沈按：「學衡派」同人有譯作馬休‧安諾德〕、歐文‧白璧德（Irving Babbitt 1865〜1933）以下新人文主義思想家所關心的問題。也是白璧德重新強調的人的「標準法則」的原因。他說：「與所有偉大的希臘人一樣，亞里士多德認識到人是兩種法則的產物：他有一個正常的或自

〔註1〕馮‧賴特：《知識之樹》（陳波等譯）第 90 頁，生活‧讀書‧新知三聯書店，2003。

〔註2〕威爾‧杜蘭：《文藝復興》第 105 頁，東方出版社，2003。

〔註3〕馮‧賴特：《知識之樹》（陳波等譯）第 95 頁。

然的自我，即衝動和欲望的自我；還有一個人性的自我，這一自我實際上被看做是一種控制衝動和欲望的力量。如果人要成爲一個人性的人，他就一定不能任憑自己的衝動和欲望泛濫，而是必須以標準法則反對自己正常自我的一切過度的行爲，不管是思想上的，還是行爲上的，感情上的。這種對限制和均衡的堅持不僅可以正確地確定爲希臘精神的本質，而且也是一般意義上的古典主義精神的本質。」〔註4〕

愛德華·W·薩義德在《人文主義的範圍》的演講中進一步說明了人文主義所具有的雙重性，特別是它內在聯繫的兩個方面：「人文主義的作爲一種態度或實踐通常涉及非常有選擇性的，宗教的、貴族的或者教育界的精英，另一方面，它涉及一種截然相反的態度……人文主義可能成爲一種民主進程，產生一種批判的、日益自由的思想。」〔註5〕現代中國的人文主義思潮是以「學衡派」的活動爲歷史發散途徑的。梅光迪曾把「學衡派」的文化保守主義行爲看作是人文主義運動在中國的展開。他這樣做是從自己的老師歐文·白璧德那裡得到的思想資源。白璧德在《什麼是人文主義》中強調：「今天，需要捍衛人文學科不受到自然科學的侵犯，正如曾經需要捍衛他們不受到神學的侵犯那樣。」〔註6〕因爲「在白璧德自己的人文主義裏，他把自然主義作爲浪漫主義的一個支流，並且批判這兩種思想都侵蝕了永恒的倫理規範」〔註7〕。愛德華·W·薩義德認同傑克遜·李爾斯對美國新人文主義產生的歷史背景的揭示和發展路向的說法：「是美國式的反現代主義，它孕育了新人文主義者及其後來的追隨者。……所有這些反現代情緒可以得到最有效的象徵，憑藉一副預示不祥的皺緊的眉頭，一個嚴屬的正面否定，一種虛張聲勢的禁欲主義——它一開始就摒除人文主義的快樂和發現。」〔註8〕

「學衡派」同人的反新文化、反新文學的行爲，同樣也是從白璧德那裡獲得了一種哲學上的確認和知識資源上的支持。因爲白璧德曾明確號召人文

〔註4〕歐文·白璧德：《盧梭與浪漫主義》（孫宜學譯）第10～11頁，河北教育出版社，2003。

〔註5〕愛德華·W·薩義德：《人文主義與民主批評》（朱生堅譯）第18頁，新星出版社，2006。

〔註6〕美國《人文》雜誌社編：《人文主義：全盤反思》（多人譯）第20頁，生活·讀書·新知三聯書店，2003。

〔註7〕美國《人文》雜誌社編：《人文主義：全盤反思》（多人譯）第175頁。

〔註8〕愛德華·W·薩義德：《人文主義與民主批評》（朱生堅譯）第24頁。

主義要通過自己的努力以取得社會的有價值的支持。他說：「激進分子曾使用一些理論來攻擊人文主義傳統，人文主義者必須站在自己的立場上直面對手並清晰闡述自己的信念，這樣他也許會在那些並不直接對其普遍性論證感興趣、但卻本能地具有良好判斷者那裡獲得有價值的支持。」〔註9〕

新文化運動的領袖人物胡適也有《人文運動》一文，但主要是追述人文運動的歷史，並有意將其和白話文學聯繫在一起。他認為「人文運動」（Humanism）、「人的文學」（Litteraehumane）的運動，目的在提倡希臘、羅馬的語言文學研究。胡適說人文運動的成績至少有六點：1. 發現和保存古書，活字排印流通，字典文法的編纂。2. 教育的範圍擴大，人文的教育興起。3. 接近古學，解放思想。4. 文學與美術都得到新的衝動，新的材料，新的意境。5. 人文運動中的領袖雖往往輕視各國的白話文學，然而古文學的復興很促進各國白話文學的進化。6. 批評的精神與方法促進宗教改革的運動〔註10〕。海登・懷特根據卡爾・曼海姆在《意識形態與烏托邦》中的分析，提出了四種基本的意識形態立場：無政府主義、激進主義、自由主義和保守主義。同時他還指出：「一種歷史敘述的意識形態維度反映了歷史學家就歷史知識的性質問題採取特定立場的倫理因素，以及對過去事件的研究所包含的對理解現在事件的意義。」〔註11〕羅西特主張將保守主義進一步分為四種類型：本質上的保守主義、情境上的保守主義、政治保守主義和保守主義哲學〔註12〕。與「學衡派」相關的人文主義運動，是以情境上的保守主義形式出現的，更多地表現出一種態度或心態。其主要興趣不在政治，而在文化。對激進主義的恐懼和反感也主要在文化上。非政治本身也是一種間接的政治立場。羅傑・斯克拉頓更是認定「保守主義的主要敵人，乃是自由主義及其所主張的個人自主和自然權利」〔註13〕。

我是把「學衡派」放在五四運動以後思想史、文學史的激進主義＼自由主義＼保守主義這個三位一體的構架中，作整體的把握，由《學衡》這一個

〔註 9〕歐文・白璧德：《文學與美國的大學》（張沛、張源譯）第56頁，北京大學出版社，2004。

〔註10〕胡適：《胡適全集》第13卷第200～201頁，安徽教育出版社，2003。

〔註11〕海登・懷特：《後現代歷史敘事學》（陳永國、張萬娟譯）第393頁，中國社會科學出版社，2003。

〔註12〕羅傑・斯克拉頓：《保守主義的含義》（王皖強譯）「中譯者序」第2頁，中央編譯出版社，2004。

〔註13〕羅傑・斯克拉頓：《保守主義的含義》（王皖強譯）「中譯者序」第18～19頁。

刊物、一批人的保守主義傾向，擴大到「學衡派」的七個刊物（在東南大學創辦，屬於「學衡派」的《學衡》、《史地學報》、《文哲學報》和與「學衡派」有關聯而又保持疏離的《國學叢刊》，中央大學的《國風》，吳宓在清華大學主持編輯的《大公報·文學副刊》，浙江大學的《思想與時代》）和三所著名大學（南京高師──東南大學──中央大學、清華大學、浙江大學）的數十人所有意倡導的整體的人文主義運動。

在 20 世紀政治思想和政治經驗據於中心位置的社會，保守主義的非政治化選擇並非易事。尤其是他們要在泛政治化的社會從事文化建設，是非主流意識形態的行為，也是和佔據主流文化的文化激進主義和自由主義相抗衡的。卡爾·曼海姆在《意識形態與烏托邦》一書中通過知識社會學的類型分析指出：文化激進主義和自由主義都十分看重「時代精神」這一進步概念，因此他們反對文化保守主義所堅守的「民族精神」。當保守主義與激進主義、自由主義在「自由」的概念和它作用的社會秩序層面上展開論爭時，保守主義「為了維持事物的原狀，他們也不得不把關於自由的爭論問題從外部政治領域轉向內部的非政治領域」〔註 14〕。他們通常會從過去也就是歷史的傳統中，尋求已經消亡了的或者原本子虛烏有的烏托邦的超越現實的精神化的世界，尤其是想「通過恢復宗教感情、理想主義、象徵和神話來起這樣的作用」〔註 15〕。同時，我們也可以看到，保守主義在理論上是追求「內心的自由」。而「內心的自由」在其不明確的、世俗的目標方面，「必須服從於已被規定的道德信條」〔註 16〕。而所有的「道德信條」都是一種理想化的產物。道德和社會秩序的結合更是理想主義的心靈之約。尤其是道德理想主義的秩序法則，諸如有關良知、責任的道德倫理，在變革的社會和文化激進主義、自由主義的強大攻勢面前，時常顯得蒼白無力。

美國《人文》雜誌社的同人在確立辦刊方針時強調：「激進主義與保守主義在某種意義上是不可區分、互相依賴的。它們是保存與革新這樣一個同等重要的過程的兩個方面。『保守主義』思想必須具備創新性因素並與過去相分離，它不是一個過時的口號，而應該直接與現實相關。『激進主義』思想也必須有可能對過去有所發展，並且有持續的關懷，它不是迅速熄滅的火花，而

〔註 14〕卡爾·曼海姆：《意識形態與烏托邦》（黎鳴、李書崇譯）第 278 頁，商務印書館，2000。

〔註 15〕卡爾·曼海姆：《意識形態與烏托邦》（黎鳴、李書崇譯）第 265 頁。

〔註 16〕卡爾·曼海姆：《意識形態與烏托邦》（黎鳴、李書崇譯）第 244 頁。

是能夠持久的啓發。」〔註 17〕）也就是卡爾・曼海姆說的「正是保守主義思想的自由主義對手，迫使它進入這個鬥爭的領域」〔註 18〕。

　　五四新文化運動後期的 1922 年 1 月，《學衡》創刊，在中國現代思想文化界開始了一個「學衡時代」，即有一股文化保守主義的力量從學理上反對新文化運動。《學衡》雜誌所面臨的是文化問題。《學衡》同仁的主要目的是借融化新知，昌明國粹來反抗新文化的話語霸權，並試圖從學理上來瓦解這種霸權。「學衡時代」的《大公報・文學副刊》所做的工作主要是介紹西洋文學理論，並側重古典主義和新人文主義。《史地學報》的作用是爲東南大學的師生提供一個回望歷史的舞臺，在歷史的時空中尋找中國文化的歷史精神。《湘君》的存活和影響是有限的，它只是《學衡》的文學影子。由此可以看出，保守主義的知識類型是和傳統、習慣以及環境相結合的，它對激進主義、自由主義進行的反思和批判也是在這些方面展開的。

　　1932 年《國風》的出現開始了一個「後學衡」時期。文化保守主義通常與民族主義的發展相伴隨。「後學衡」時期面臨的是民族的空前危機和內戰，《國風》的民族主義精神的張揚和民族情感的宣洩，《思想與時代》的國家觀念、國家意識的強化，使得刊物的傾向性十分明顯。這種「傾向性」的具體表現，正是「學衡派譜系」中文化、歷史、文學、民族、國家的不同聚相和個體的不同擔當。

　　白璧德在《盧梭與浪漫主義》一書中表明，他直接反對對「物的法則」的過度強調，而是要重新證明「人的法則」〔註 19〕。他自己通常把「人的生活經驗分爲三個層面——自然主義層面，人道主義層面和宗教層面」。並且認爲「儒教與亞里士多德的教誨也是一致的。而且總的來說與自希臘以來那些宣佈了禮儀和標準法則的人也是一致的。若稱孔子爲西方的亞里士多德也顯然是對的」。從對中庸之道和對人的美德的強調看，孔子是「一個道德現實主義者」〔註 20〕。

　　「學衡派」的主要人物中有多位是白璧德的學生。白璧德等人所領導的人文主義運動的主要目標是：要把當今誤入歧途的人們帶回到過去聖人們走過的路徑之上，即「用歷史的智慧來反對當代的智慧」。中國現代人文主義運

〔註 17〕美國《人文》雜誌社編：《人文主義：全盤反思》（多人譯）第 3 頁。
〔註 18〕卡爾・曼海姆：《意識形態與烏托邦》（黎鳴、李書崇譯）第 236 頁。
〔註 19〕歐文・白璧德：《盧梭與浪漫主義》（孫宜學譯）第 2 頁。
〔註 20〕歐文・白璧德：《盧梭與浪漫主義》（孫宜學譯）第 8 頁。

動是相對於五四運動以後興起的浪漫主義、現實主義、自然主義和唯科學主義而言。以柳詒徵、梅光迪、劉伯明、吳宓、胡先驌、湯用彤、張其昀、王國維、陳寅恪、繆鳳林、景昌極、劉掞藜、張蔭麟、賀麟為代表的一批人共同參與的活動，是同新文化、新文學運動對立的一場人文主義運動。因此，推崇自然、人性，主張自由、性靈而不肯接受白璧德「標準說」的林語堂說：白璧德的人文主義不同於文藝復興時代新文化運動中所張揚的人文主義，它一方面與宗教相對，一方面與自然相對，「頗似宋朝的性理哲學」〔註21〕。他甚至幽默道：白璧德佩服孔子，中國的孔子門徒自然也就極佩服白璧德。白璧德個人的學問，誰都佩服，「論鋒的尖利，也頗似法國 Brunetiere〔沈按：布呂納介〕先生，理論的根據，也同 Brunetiere 一樣，最後還是歸結到古典派的人生觀。總而言之，統而言之，就是藝術標準與人生正鵠的重要──所以 Brunetiere 晚年轉入天主教──而 Babbitt 稍為聰明一點，以為宗教最高尚當然是最高尚，不過並非常人所能蒞臻之境，所以轉而入於 Humanism，唯人論」〔註22〕。事實上，林語堂本人不肯接受白璧德「標準說」，但他對人文主義卻十分感興趣。在他的文章中多次談論中國的人文主義，並與白璧德倡導的人文主義做比較。他曾在《從人文主義回到基督信仰》一文中寫道：「三十多年來我唯一的宗教乃是人文主義。」〔註23〕這是因為孔子提倡禮、忠恕、責任心，和對人生的嚴肅態度。他相信人的智慧，也相信藉教育的力量，可以達到完美的境界。「這種哲學和歐洲的人文主義頗相似，現在成為我自己的的哲學了」〔註24〕。但是現實的挫折，又使他回到基督信仰。在《吾國與吾民》中，他專門有談「中國的人文主義」〔註25〕，說欲瞭解中國人對於生命之理想，先應明瞭中國的人文主義。因為「中國文化的精神，就是此人文主義的精神」〔註26〕。他說：

> 「人文主義」（Humanism）含義不少，講解不一。但是中國人的人文主義（鄙人先立此新名詞）卻有很明確的含義。第一要則，就是對於人生目的與真義有公正的認識。第二，吾人的行為要純然

〔註21〕 林語堂：《〈新的文評〉序言》，《林語堂名著全集》第 27 卷第 190 頁，東北師範大學出版社，1994。
〔註22〕 林語堂：《〈新的文評〉序言》，《林語堂名著全集》第 27 卷第 189～190 頁。
〔註23〕 林語堂：《林語堂自傳》第 169 頁，河北人民出版社，1991。
〔註24〕 林語堂：《林語堂自傳》第 171 頁。
〔註25〕 林語堂：《吾國與吾民》第 90 頁，中國戲劇出版社，1990。
〔註26〕 林語堂：《林語堂著譯人生小品集》第 216 頁，浙江文藝出版社，1990。

以此目的爲指歸。第三，達此目的之方法，在於明理，即所謂事理
通達，心平氣和 （spirit of human of reasonableness），即儒家中庸之
道，又可稱爲「庸見的崇拜」（religion of commonsense）。〔註27〕

這實際上是林語堂個人對人文主義的體認。

「學衡派」的主要成員都是尊孔的，張其昀更是明確提出「孔子是中國
人文主義的創立者」，「孔子學說與人文主義可視爲同義語」。「吾人深信中國
人文主義之精華，爲人類共同的精神遺產，這是一種最偉大的道德與精神永
無窮盡的潛勢力」〔註28〕。作爲人文主義的孔子學說，以人爲本，雖不含有
神學的理論，而有「朝聞道夕死可矣」的氣概，因此「謂孔學實含有宗教性
亦無不可」〔註29〕。

張其昀在《新人文主義》一文中認爲：人文主義與浪漫主義或唯情主義針
鋒相對，與自然主義大相徑庭。他以中國的孔子精神和儒教傳統，賦予人文主
義新的內容。他說浪漫主義偏重感情，流於狂熱，以感情衡量萬事；人文主義
「期於綜合理智與感情，而成爲中庸之美德。要能駕馭熱情，制止衝動，掌握
重心，趨於中行，務使感情無過與不及的流弊」。浪漫派不重內心的修養，而欲
殫其精力，以謀人群之進步爲己任；人文主義「己立立人，己達達人，先從自
身的修養入手，以好學深思，進德修業，向內做功夫爲要義」。浪漫派獻身於群
眾，或一階級，其弊爲外重內輕；人文主義「則講本末先後之序，謀理性與感
情的和諧，而求人格上之完整」〔註30〕。張其昀主張「科學的人文主義，或新
人文主義」。他要求「現代人文主義者必須瞭解科學之方法與精神，與時偕進」
〔註31〕。在中國文化背景上，來發展科學，使科學人文化，正德、利用、厚生，
三者合而爲一。同時以人本哲學來協調科學方法與工程技術。

話語權力與知識資源

知識的取捨往往受制於思想觀念，而又互爲作用。觀念和學派自然是以

〔註27〕 林語堂：《林語堂著譯人生小品集》第 216 頁，浙江文藝出版社，1990。
〔註28〕 張其昀：《孔學大義》，《張其昀先生文集》第 21 冊第 11297 頁，（臺北）中國
　　　　文化大學出版部，1989。
〔註29〕 張其昀：《中國的文藝復興》，《張其昀先生文集》第 19 冊第 10024 頁，（臺北）
　　　　中國文化大學出版部，1989。
〔註30〕 張其昀：《新人文主義》，《張其昀先生文集》第 10 冊第 5061 頁，（臺北）中
　　　　國文化大學出版部，1988。
〔註31〕 張其昀：《新人文主義》，《張其昀先生文集》第 10 冊第 5062 頁。

知識譜系爲依託，並與道德譜系關聯。當知識譜系與道德譜系關聯時，常常會使特定的偏愛變成偏見，並使群體的立場僵化，不能對問題持開放的態度。

事實上，「新文化派」和「學衡派」都在爲古老中國尋求現代的轉機。不同的是，他們在接受和選擇時，對現代歐美文化的認同不一樣。但根本目的都是要使得中國文化的復興，並出現了「名同實異」現象。1915 年 10 月 5 日吳宓在清華學校讀書時，把將來要創辦的報刊的名字都想好了，他在日記中說他日所辦之報的英文名字爲 Renaissance（《文藝復興》），意在「國粹復光〔沈按：疑「興」之誤排〕」〔註 32〕。而 1919 年 1 月北京大學胡適的學生所辦刊物《新潮》的英文譯名也是 Renaissance。余英時說，「毫無疑問，採用『文藝復興』作爲學生刊物的英文副題乃源於胡適的啓示」〔註 33〕。這似乎是一種名義上的巧合，但背後實際的目的卻顯見不同。1930 年，梅光迪在《人文主義和現代中國》的英文著述中，明確提出「學衡派」的主要人物吳宓、柳翼謀等先後依靠三個報刊《學衡》、《史地學報》、《大公報·文學副刊》，他們是中國的人文主義運動的支持者和「最熱忱而忠誠的捍衛者」〔註 34〕。胡適 1933 年在芝加哥大學作關於「中國的文藝復興」的系列演講時，把五四新文化運動比作「中國的文藝復興」的同時，又說「它也是一個人文主義運動」〔註 35〕。對立的雙方都用了「文藝復興」和「人文主義運動」之「名」，而「實」卻是截然不同的〔註 36〕。

〔註 32〕吳宓：《吳宓日記》第 I 冊第 504 頁，生活·讀書·新知三聯書店，1998。
〔註 33〕余英時：《重尋胡適歷程》第 245 頁，廣西師範大學出版社，2004。
〔註 34〕羅崗、陳春豔編：《梅光迪文錄》第 222～223 頁，遼寧教育出版社，2001。
〔註 35〕轉引自余英時：《重尋胡適歷程》第 244 頁。
〔註 36〕梅光迪在《人文主義和現代中國》一文中對「中國的文藝復興」和「人文主義運動」賦予的實際內涵是：捍衛中國的傳統、批判地接受西方文化、建立以儒家學說爲核心的民族文化，立場集中表現爲哲學、政治和教育上的理想主義及文學中的古典主義，注重道德基礎和文學的重要性，反對「文學革命」者推崇的偏激思想和傾向。見羅崗、陳春豔編：《梅光迪文錄》第 223～224 頁。胡適在《中國的文藝復興》的演講中對「中國的文藝復興」和「人文主義運動」賦予的實際內涵是：首先，它是一種有意識的運動，發起以人民日用語書寫的新文學，取代舊式的古典文學。其次，它是有意識地反對傳統文化中的許多理念與制度的運動，也是有意識地將男女個人，從傳統勢力的束縛中解放出來的運動。它是理性對抗傳統、自由對抗權威，以及頌揚生命和人類價值以對抗其壓制的一種運動。同時，倡導這一運動的人瞭解他們的文化遺產，但試圖用現代史學批評和研究的新方法重整這一遺產。在這個意義上說，它也是一個人文主義運動。參見余英時：《重尋胡適歷程》第 244 頁。

在論述「積極自由」與「消極自由」兩種觀念時，以賽亞・伯林強調：
「在目的一致的地方，惟一有可能存在的問題是手段問題，它們不是政治
的，而是技術的。」〔註37〕在二十世紀，東西方那麼多人的觀念和生活被狂
熱的政治學說所改變，甚至被猛烈地顛覆，並形成對立的多元化的世界格
局。因此，以賽亞・伯林重申一百多年前德國詩人海涅對法國人的提醒：不
要輕視觀念的影響力。歷史事實已經證明，「教授在沉靜的研究中所培育出
來的哲學概念可能摧毀一個文明」〔註38〕。除自然災害外，所有的歷史運動
和人類衝突，都可以歸結為信仰、觀念或精神力量間的結果。以賽亞・伯林
的意思是：「理解這些運動或衝突，首先就是理解包含在它們中的生活觀念
或態度；只有這種觀念或態度才使這些運動成為人類歷史而非純粹的自然事
件的一部分。」〔註39〕對「新文化派」和「學衡派」的認識也必須從這一路
徑進入。

1917 年胡適在博士學位論文中闡明了他寫《先秦名學史》的理由：「我渴
望我國人民能看到西方的方法對於中國的心靈並不完全是陌生的。相反，利
用和借助於中國哲學中許多已經失去的財富就能重新獲得。更重要的還是我
希望因這種比較的研究可以使中國的哲學研究者能夠按照更現代的和更完全
的發展成果批判那些前導的理論和方法，並瞭解古代的中國人為什麼沒有因
而獲得現代人所獲得的偉大成果。」〔註40〕因為「一個具有光榮歷史以及自
己創造了燦爛文化的民族，在一個新的文化中決不會感到自在的」〔註41〕。
同時胡適明確指出：「如果那新文化被看作是從外國輸入的，並且因民族生存
的外在需要而被強加於它的，那麼這種不自在是完全自然的，也是合理的。
如果對新文化的接受不是有組織的吸收的形式，而是採取突然替換的形式，
因而引起舊文化的消亡，這確實是全人類的一個重大損失。因此，真正的問
題可以這樣說：我們應怎樣才能以最有效的方式吸收現代文化，使它能同我
們的固有文化相一致、協調和繼續發展？」〔註42〕

他說，解決這個重大問題的辦法，「唯有依靠新中國知識界領導人物的遠

〔註37〕 以賽亞・伯林：《自由論》（胡傳勝譯）第 186 頁，譯林出版社，2003。
〔註38〕 以賽亞・伯林：《自由論》（胡傳勝譯）第 187 頁。
〔註39〕 以賽亞・伯林：《自由論》（胡傳勝譯）第 188 頁。
〔註40〕 胡適：《胡適全集》第 5 卷第 13 頁。
〔註41〕 胡適：《胡適全集》第 5 卷第 10 頁。
〔註42〕 胡適：《胡適全集》第 5 卷第 10 頁。

見和歷史連續性意識，依靠他們的機智和技巧，能夠成功地把現代文化的精華與中國自己的文化精華聯結起來」。具體地說來，胡適又感到這是一個較爲特殊的問題：「我們在哪裏能找到可以有機地聯繫現代歐美思想體系的合適的基礎，使我們能在新舊文化內在調和的新的基礎上建立我們自己的科學和哲學？」〔註43〕所以，胡適在 1930 年 12 月 6 日歷史語言研究所的茶話會上的講話中，特別明確提出自己平生的三大志願：「一是提倡新文學，二是提倡思想改革，三是提倡整理國故。」〔註44〕而這一切都依賴他「作爲新中國知識界領導人物的遠見和歷史連續性意識」。

價值趨向和文化立場的不同，使胡適等「新文化派」認同了杜威及實驗主義，而「學衡派」則接受了白璧德及新人文主義。白璧德認爲「盧梭和感情的個人主義者所發起的針對普遍意識的戰爭實際上意味著對兩種偉大傳統的戰爭——古典主義傳統和基督教傳統」〔註45〕。同時他又指出「現代的實證主義常常忽略掉人的片面性」。而胡適及「新文化派」所發起的針對普遍意識的戰爭實際上意味著對中國兩種偉大傳統的戰爭——文學的古典主義傳統和儒教傳統。由白璧德反對盧梭及浪漫主義，到白璧德的中國弟子及「學衡派」同人反對胡適及「新文化派」的文化激進主義，內在的關聯是顯而易見的。胡適及「新文化派」是要解放思想，將國人從僵化的儒學倫理、道德中拯救出來，以適應來自西方衝擊下的現代中國的社會倫理、道德，他們借助五四政治運動而佔據輿論的制高點，使自己的言論成爲主流話語，並形成話語的權力霸權。他們獲得了社會的普遍擁護，是因爲他們從自由主義理念出發，批判了中國封建主義的種種缺陷。當然這種自由主義理念的具體展示姿態是反傳統的激進主義形式。其中最爲突出的表現是他們拆穿了傳統中國許多約定俗成的謊言，尖銳地批判了道貌岸然的古典傳統倫理壓制了真正的人的個體性，稱其阻礙了個人生命狀態的健全發展，以至於有「禮教吃人」的激烈言辭。而「學衡派」則是以抵抗的姿態，要將「新文化派」直接、間接所極力摧殘的「宗教之精神與道德之意志」恢復或重建。

五四運動以後，人道主義曾一時成爲重要的社會思潮。而 1922 年《學衡》的出現，又將美國的新人文主義思潮推到學界。白璧德指出：「相對於人道主

〔註43〕胡適：《胡適全集》第 5 卷第 11 頁。

〔註44〕胡適：《胡適全集》第 31 卷第 825 頁。

〔註45〕歐文・白璧德：《盧梭與浪漫主義》（孫宜學譯）第 70 頁。

義者而言，人文主義者感興趣的是個體的完善，而非使人類全體都得到提高這類空想；雖然人文主義者很大程度上考慮到了同情，但他堅持同情須用判斷加以訓練和調節」。「眞正的人文主義者，在同情與選擇兩者間保持著一種正確的平衡。」〔註46〕這種平衡是在極度的同情與極度的紀律與選擇之間遊移，即「有限制的自由」與「有同情心的選擇」的平衡，並根據調和這兩個極端之比例的程度而變得人文化。這種人文主義與中國儒學的中庸之道在形而上學的精神上是一致的。

在《學衡》創辦5年後的1927年7月3日，吳宓與日本友人橋川時雄談到自己的志業時說：「中國人今所最缺乏者，爲宗教之精神與道德之意志。新派於此二者，直接、間接極力摧殘，故吾人反對之。而欲救中國，捨此莫能爲功。不以此爲根本，則政治之統一終難期。中國受世界影響，科學化、工業化，必不可免。正惟其不可免，吾人乃益感保存宗教精神與道德意志之必要。故提倡人文主義，將以救國，並以救世云。」〔註47〕直到1946年10月，吳宓在接受《中華人報》記者「銳鋒」的採訪時，重申他對人文主義的選擇和堅守：「予半生精力，瘁於《學衡》雜誌，知我罪我，請視此書。大體思想及講學宗旨，遵依美國白璧德教授及穆爾先生之新人文主義。」〔註48〕

「學衡派」同人實際上是在響應白璧德的號召：「激進分子用一些觀念來攻擊人文主義傳統，人文主義者必須站在自己的立場上予以回應，清楚地解釋自身的忠誠。然後，他也許會在那些並不直接對他的總結感興趣卻有著良好直覺的人那裡獲得有價值的支持。」〔註49〕

在「學衡派」同人看來，捍衛中國知識界的偉大傳統，維護它的聲譽，推動中國文化的發展，是他們神聖的歷史使命。他們堅信目前更爲緊迫的任務是要對已經取得的成就加以重新審視，爲現代中國重塑平衡、穩定的心態。有了這個文化本位，才會有批判性地接受西方文化中有益的東西的可能。「學衡派」的雜誌的特別之處更在於它以各種方式告示國人，民族傳統中的精華部分，才是建設新中國的唯一基礎。其立場集中表現在哲學、政治和教育上的理想主義及文學中的古典主義。梅光迪明確指出，《學衡》的「立足點是儒家的學說」。這和新文化的激進派要「打孔家店」的行爲是公然敵對的。和美

〔註46〕美國《人文》雜誌社編：《人文主義：全盤反思》（多人譯）第5～6頁。
〔註47〕吳宓：《吳宓日記》第Ⅲ冊第364～365頁，生活・讀書・新知三聯書店，1998。
〔註48〕李繼凱、劉瑞春選編：《追憶吳宓》第469頁，社會科學文獻出版社，2001。
〔註49〕美國《人文》雜誌社編：《人文主義：全盤反思》（多人譯）第56頁。

國的人文主義者一樣，中國人文主義運動的領導者都十分強調道德和文學的重要性，將其視爲一種表達方式和生活方式。因此，他們成了中國文學古典派的擁護者，並且特別推崇中國傳統文人所追求的詩意的個性化的生活。

對人文道德精神的重視，是「學衡派」與「新文化派」的根本不同，也是「學衡派」普遍的道德理想主義的體現。並且這種「道德理想主義」是以現代的新的宗教精神作爲內在支持的。白璧德、穆爾〔沈按：「學衡派」同人還有譯摩爾、莫爾（1864～1937）〕通過對基督教神學的新的闡釋所弘揚的新人文主義，就是要使現代人避免受實證主義、經驗主義以及唯科學主義思潮的衝擊。純粹道德理想主義有時是軟弱的，具體的宗教道德精神卻是排他的、執著的，甚至是黨同伐異的。而具體的人文主義者，往往會以人文主義的名義去「做不切實際的古怪行爲」〔註50〕。吳宓、梅光迪的特立獨行和性格的古怪，有時表現出的是「錯亂的善行」〔註51〕。王伯沆曾說梅光迪的古怪行爲是「迪生守狷潔」〔註52〕。賀昌群則進一步說這是「狷介自守，有所不爲」〔註53〕。

吳宓認爲政治實業等皆須有「宗教精神充盈貫注於其中」的觀點，是對白璧德、穆爾思想的接受和認同。這一點，吳宓的弟子賀麟在1940年代所著的《五十年來的中國哲學》中就已經明確指出過。他在談到吳宓的《藝術修養與宗教精神》（《建國導報》創刊號）一文時，說：「吳先生認政治實業等皆須有宗教精神充盈貫注於其中的說法，尤值得注意，蓋依吳先生之說，則宗教精神不一定是中古的出世的了，而是政治實業，換言之，近代的民主政治，工業化的社會所不可缺少的精神基礎了。德哲韋伯（Max Weber）於其宗教社會學中，力言歐美近代資本主義之興起及實業之發達，均有新教的精神和倫理思想爲之先導，吳先生之說，實已隱約契合韋伯的看法了。」〔註54〕這段話在表達上雖有些艱澀，但基本意思已經明瞭。

大學場域

布爾迪厄認爲大學鑄就國家和社會的精英，國家和社會同時也爲大學

〔註50〕美國《人文》雜誌社編：《人文主義：全盤反思》（多人譯）第3頁。
〔註51〕美國《人文》雜誌社編：《人文主義：全盤反思》（多人譯）第4頁。
〔註52〕轉引自賀昌群：《哭梅迪生先生》，羅崗、陳春豔編：《梅光迪文錄》第262頁。
〔註53〕轉引自賀昌群：《哭梅迪生先生》，羅崗、陳春豔編：《梅光迪文錄》第262頁。
〔註54〕賀麟：《五十年來的中國哲學》第60頁，商務印書館，2002。

提供外在的生存空間。但大學又是一個相對自足的場域，有屬於自己的獨特空間，並由內在聯繫的標準和差異共同構成〔註 55〕。中國現代大學產生的時間較歐洲短，1910 年代北洋政府時期形成的國立大學、教會大學和私立大學的基本形態，成為現代大學的基礎。1912 年北洋政府取法日本而新開辦的六所高等師範學校隨後融入國家的教育體制。從中國現代大學的初級形態看，基本上是由三種師資力量影響大學的教育趨向：高等師範學校的日本教員、國立大學的留學日本、歐美教授、私立大學的外國教員。1927年以後，日本教員完全退出中國的大學教育講臺，特別是退出高等師範學校。高等師範學校的辦學模式，也由日本化轉向美國化。國立大學逐步由留學日本、歐美歸來的教授佔據，並形成大學理念中德國教育理念和美國教育理念。隨著不同的留學背景和知識結構的差異，以及文化觀念、大學理念的差別的形成，特別是教授的學術權力和社會思潮的結合所形成的個人話語權力的大小（主流或邊緣），共同構成了大學場域多種力量的交匯和相互作用。

　　大學場域在某種程度上說也是一個權力場域，即實際的相互鬥爭的場所。校長—教授—學生之間既是一個和諧相處共存共生的集合體，又是一個站在不同位置上相互鬥爭的場域，這是大學的內在屬性。同時，這一集合體又具有與政治、社會鬥爭以及爭取各種權利的外在屬性。大學場域既是國家、社會的一個獨立的力量和空間，也是知識和尊嚴的象徵性存在。在大學的場域裏，爭奪話語權尤其是一件顯而易見的事。「學衡派」成員與「新青年派」成員的較量，就是被邊緣化的非主流話語向佔據主流話語的霸權挑戰，是「保守」與「激進」在大學場域的競技空間的較量。從文化的視野看，是代表傳統文化或堅守本位文化者對來自外在文化衝擊的回應和反抗。

　　「學衡派」成員大都是大學的師生，他們的個人行為是大學場域許可的。這個群體的活動不同於其它文學團體或政治、宗教團體。大學場域與文化傳媒有密切的關係，但又有其相對的獨立性。《學衡》、《文學副刊》分別對中華書局、《大公報》社的依附關係是經濟上的，而不是思想信念上的。我所展示的「學衡派」與大學場域的關係，也是在學術思想，尤其是精神層面上進行的，諸如大學的理念、學風、傳統、張力、內耗以及教授的學術權力、校長

〔註 55〕P・布爾迪厄：《國家精英》（楊亞平譯）第 405 頁，商務印書館，2004。

的個人魅力等，而非關注大學的技術層面。

　　個人的文化體驗以及同人文主義思潮的關係，因人而異，知識背景不同，時間、環境不同，從事的專業也不一樣。著名藝術家、民間思想家黃永玉有一段充滿智慧的語錄：「世上寫歷史的永遠是兩個人。比如，秦始皇寫一部；孟姜女寫另一部。」〔註 56〕事實上，還有作為知識分子的司馬遷的一部。愛德華・W・薩義德在轉述了班達關於「知識分子是一小群才智出眾、道德高超的哲學家——國王（Philosopher-Kings），他們構成人類的良心」〔註 57〕的定義後強調：真正的知識分子是稀有罕見之人，並形成一個階層，他們支持、維護的正是不屬於這個世界的真理與正義的永恒標準。「他們的活動本質上不是追求實用的目的，而是在藝術、科學或形而上的思索中尋求樂趣，簡言之，就是樂於尋求擁有非物質方面的利益，因此以某種方式說：『我的國度不屬於這世界』」〔註 58〕。愛德華・W・薩義德還進一步強調：「知識分子既不是調解者，也不是建立共識者，而是這樣一個人：他或她全身投注於批評意識，不願接受簡單的處方、現成的陳腔濫調，或迎合討好、與人方便地肯定權勢者或傳統者的說法或做法。不只是被動地不願意，而是主動地願意在公眾場合這麼說。」〔註 59〕

　　在關注知識階層的角色問題時，卡爾・曼海姆也曾指出：「知識階層是一個處在階級與階級之間的空隙中的階層」，「它是存在於階級之間、而不是階級之上的集合體。」〔註 60〕。與其它群體相比，知識階層更缺少共同利益，也缺乏團結一致的精神。在大學體制下，「學衡派」是一個「相對自由飄移的知識階層」，其「位置取向」是文化，而非政治、經濟利益。因此，他們的「責任」和「意圖」所展示的統一性是文化擔當上的繼往開來。

　　卡爾・曼海姆還將知識分子的社會處所分為地方的、制度的和獨立的三種類型〔註 61〕。大學作為兼有這三種類型共性的場所，為人文主義者提供了思想的產生和發散的機會，使得他們可以不投身任何政黨。研究中國政治思

〔註 56〕黃永玉：《斗室的散步》第 254 頁，生活・讀書・新知三聯書店，1997。

〔註 57〕愛德華・W・薩義德：《知識分子論》（單德興譯）第 12 頁，生活・讀書・新知三聯書店，2002。

〔註 58〕愛德華・W・薩義德：《知識分子論》（單德興譯）第 12～13 頁。

〔註 59〕愛德華・W・薩義德：《知識分子論》（單德興譯）第 25 頁。

〔註 60〕卡爾・曼海姆：《卡爾・曼海姆精粹》（徐彬譯）第 173 頁，南京大學出版社，2002。

〔註 61〕卡爾・曼海姆：《卡爾・曼海姆精粹》（徐彬譯）第 219 頁。

想史的學者蕭公權在 1940 年代曾指出過：「教育文化是一種前進的努力。愈是自由，愈能發展。……『講學自由』只能在學校師生自動自擇條件之下存在。」〔註62〕現代大學場域是「學衡派」成員的學問交流場所，他們的存在，是依靠知識的共享和友情繫聯。

1917～1937 年間，中國南北大學的思想觀念與學術精神是不同的。魯迅在東南大學的「學衡派」與北京大學的「新文化派」論爭時，是先「估『學衡』」，後「觀北大」。1922 年 2 月，他就《學衡》第 1 期而言，說「諸公掊擊新文化而張皇舊學問」，「可惜的是於舊學並無門徑」〔註63〕。在 1925 年底為北大 27 週年紀念徵文所寫的文章中，他說：「惟據近七八年的事實看來。第一，北大是常新的，改進的運動的先鋒，要使中國向著好的，往上的道路走。……第二，北大是常與黑暗勢力抗戰的，即使只有自己。」〔註64〕魯迅以「只有自己」強調北大的獨特性。曾在北大執教，後擔任過武漢大學校長的王世杰也曾指出：「從思想的革命方面去評量北大，北大的成就，不是當時任何學校所能比擬，也不是中國歷史上任何學府能比擬的。」〔註65〕儘管魯、王都提出了其它高校與北大的不可比性，胡適、魯迅等大家因佔據主流話語霸權地位而表現出對「學衡派」的嚴重輕蔑（當然吳宓、梅光迪、胡先驌對新文學家也有極端的謾罵和抱怨），但本書還是從南北學術的差異進行了一點相應的比較。同時也特別彰明「學衡派」的存在是建立在反北京大學及新文化運動的基點上。同時，我特別認同愛德華・W・薩義德對 1920 和 1930 年代新人文主義者局限性和生存空間的揭示：「除了大學之外，還有什麼地方能夠容忍白璧德及其追隨者們的褊狹，他們千篇一律的腔調，他們的訓示中的喋喋不休的抱怨？」〔註66〕把「學衡派」放在新文化運動、新文學運動的歷史行進的互動、互為制衡中，以及現代大學場域內考察，並與北京大學作比較，一方面可以看出從南京高等師範學校（以下簡稱「南京高師」）—東南大學—中央大學到南京大學的精神、學風和傳統。另一方面我們也可看到「學衡派」及現代人文主義思潮保守的反現代化的困境，和最終由民族主義意識的偏狹

〔註62〕蕭公權：《問學諫往錄》第 190 頁，學林出版社，1997。
〔註63〕魯迅：《估〈學衡〉》，《魯迅全集》第 1 卷第 379 頁，人民文學出版社，1981。
〔註64〕魯迅：《我觀北大》，《魯迅全集》第 3 卷第 158 頁。
〔註65〕王世杰：《追憶蔡先生》，陳平原、鄭勇編：《追憶蔡元培》第 80 頁，中國廣播電視出版社，1997。
〔註66〕愛德華・W・薩義德：《人文主義與民主批評》（朱生堅譯）第 22 頁。

和道德救國的偏至，而陷入國家觀念的強化而擁護極權統治的境地。因爲從那種強烈的民族文化認同，到尋求國家的政治建構，現實的時代的期待和集團利益左右了一部分「學衡派」成員。

歷史與敘事

對於早已成爲歷史的「學衡派」來說，是否存在歷史的誤解和學界的誤讀？是否有被壓抑的現代性？而現在的重讀是否會因新的「意圖倫理」的產生而遮蔽某些歷史的事實和意義？

是非的評判與價值重估，以及學理的充分論證都是所謂哲學上的範疇。「範疇總是存在於言語之中，……並以意識的直接習慣形式存在」〔註67〕。20世紀由於「革命」、「進步」的先驗性話語的實際影響和與中國政治的有機結合，使得對「保守」的評價有落伍、落後、守舊的感性色彩，在相關的「敘事」中就有明顯的二元對立的表達，和相應的由「敘事」達到象徵性的效應。學術研究本是學理的運作，不是政治評判。但在實際的「敘事」中，政治倫理以自己的強權會對學術倫理的秩序強勢入侵，一種外在的秩序影響或左右了學術本身。政治的象徵決定學術的實際命運。我這裡試圖淡化政治倫理和模糊哲學上範疇，以維護文化自身的有機性和尊嚴性。

「學衡派」與「新青年派」的尖銳對立是建立在彼此共存的保守與激進、人文主義與實驗主義、儒學本位與西方文化（科學、民主）、尊孔與反孔、古文與白話、信古與疑古等多重關係之上的，同時從地緣上出現了南與北、東南大學與北京大學在思想、學術中的差異。

懷海特爲自然科學的研究提供了一條「尋找簡單並懷疑之」的路向。而文化的解釋則可能是「尋找複雜並使之有序」〔註68〕的路向。「學衡派」是什麼，不是什麼，這早已成爲歷史。而我說這個歷史的存在是什麼，不是什麼，則是敘事。

海登·懷特提醒我們，作爲過去的「歷史」的存在具有可言說的意義，歷史話語才是可能的。因此「歷史」不僅是我們可以研究和進行研究的一個客體，「甚至從根本上是由一種獨特的書寫話語與過去相協調的一種關係。事實上，歷史話語是據結構上具有意義的形式發揮作用的，是一種特殊的書寫」

〔註67〕轉引自 P·布爾迪厄：《國家精英》（楊亞平譯）第13頁。
〔註68〕克利福德·格爾茨：《文化的解釋》（韓莉譯）第43～44頁，譯林出版社，1999。

〔註69〕。同時，海登‧懷特又明確指出：「在歷史的修撰中，話語始終是、而且將依然既是受制於規則的，又是發明規則的。」〔註70〕而對於舊規則的使用，是要通過「轉義策略」來實現的。

在歷史研究的過程中，敘事「既不是理論的產物，也不是方法的基礎，而是一種話語形式」〔註71〕。敘事作為一種特別的認知模式，又不僅僅是話語形式，因為「獨特的歷史話語必定生產關於其題材的敘事性闡釋」〔註72〕。當歷史話語出現在敘事的過程中時，必然會表現出事實（數據或信息）與解釋（關於事實的解釋或故事）的雙向互動，會有意識形態的滲透。當然，在以敘事再現歷史進程的某一時刻，作者不可能把全部歷史事實都包含進來，在闡釋事實材料時，會把無關敘事目的的事實材料排除出去。這就是海登‧懷特所說的「一個歷史敘事必然是充分解釋和未充分解釋的事件的混合」〔註73〕。

「學衡派」作為東方人文主義對來自西方唯科學主義、文學的浪漫主義和文化自由主義的抵抗，尤其反對新文化運動以後以西方世界為參照所建立起來的話語霸權，他們有自己的一套文化理念和思想方法。1990年代以後，所謂「全球化」帶來的「共同文化」的傾向極端，使得原有的殖民主義和帝國主義的共同文化研究思想與方法下的「東方學」，出現了自己的話語反抗。反映東方人文主義的新的研究範式，就是愛德華‧W‧薩義德的所建議的以「跨越了學科的界線，把推論領域、閱讀文化、政治和歷史這些不同部分當作有著緊密聯繫的範疇」的「對比法」〔註74〕，並以此來抵抗西方學術研究中的「二分想像」。這裡我有意識地含混以往「歷史」與「價值」、「傳統」與「現代」、「衝擊」與「回應」的二分「範式」，同時盡量在走進歷史語境中，進行動態的「歷時性」的敘事，而避免過多地對文本的想像的或審美的敘事。這也是我為什麼略去對「學衡派」成員在文學上所整體堅守的古典主義詩詞創作的批評的緣故。當然，我是一向服膺「一時代有一時代的文學」的。古典詩詞和現代白話文學分屬於不同的時代，分別代表著自己時代的民族文化精神。

〔註69〕海登‧懷特：《後現代歷史敘事學》（陳永國、張萬娟譯）第292頁。
〔註70〕海登‧懷特：《後現代歷史敘事學》（陳永國、張萬娟譯）第303頁。
〔註71〕海登‧懷特：《後現代歷史敘事學》（陳永國、張萬娟譯）第125頁。
〔註72〕海登‧懷特：《後現代歷史敘事學》（陳永國、張萬娟譯）第295頁。
〔註73〕海登‧懷特：《後現代歷史敘事學》（陳永國、張萬娟譯）第63頁。
〔註74〕巴特‧穆爾—吉爾伯特：《後殖民理論——語境　實踐　政治》（陳仲丹譯）第76～77頁，南京大學出版社，2001。

　　「學衡派」的骨幹人物柳詒徵說：「歷史之學，最重因果。人事不能有因無果，亦不能有果而無因。」〔註75〕歷史的因果鏈條，我以敘事來連接。從《學衡》雜誌的「原發性」思想與學術資源，到「學衡派」形成後的許多「繼發性」學術活動，我由「簡單」走向了「複雜」，並形成了作爲「學衡派」的可「敘事」的「歷史」。由於這種「歷史」的「敘事」，非文學的「想像敘事」，同時也有意避開文學文本（詩詞）的敘事空間，因此，我在以下的「敘事」中選用了大量的而又覺得是必要的、基本的史料。當然，史料本身是歷史的最基本元素，其意義卻是在於這「敘事」本身。

〔註75〕柳詒徵：《中國文化史》（上）第 1 頁，上海古籍出版社，2001。

緒論：史實與理路

「精神結構複合體」

在中國現代學術思想史的視野裏，「學衡派」不是個單純的某一特定時段與《學衡》相對應的社團、流派。時間與空間的延續和變化，成員的流動性出入，精神的內在聯繫，學術的師承相傳，使得文化認同成為其群體內部維繫的關鍵所在。社會政治和大學行政可以不介入這個群體，若有介入，則是個別成員的自覺和個人行為，與作為文化保守主義的「學衡派」群體成員無涉。借用卡爾·曼海姆在《保守主義》中的界說，可稱「學衡派」這一文化群體為一種「精神結構複合體」。也就是「學衡派」的精神導師歐文·白璧德所說的排斥絕對論者和相對論者，強調實際生活中的統一性和多樣性的融合〔註1〕。

卡爾·曼海姆認為「保守主義指的是一種可以從歷史上和社會學上加以把握的連續性，它在一定的社會歷史狀態下產生，並在與生活史的直接聯繫中發展」〔註2〕。作為這樣一種客觀的、歷史嵌入的、動態變化的結構複合體，總是某一特定時期的社會歷史現實的總的心理—精神結構複合體的一部分。它「總是以包含著不同時期、不同歷史階段、總是變化不居的不同客觀內容的意義複合體為取向」〔註3〕。個體之所以以一種保守主義的經驗方式和行為表現著，是因為他只是以這種保守主義的結構複合體的某一階段為取

〔註1〕美國《人文》雜誌社編：《人文主義：全盤反思》（多人譯）第110頁。
〔註2〕卡爾·曼海姆：《保守主義》（李朝暉、牟建君譯）第61頁，譯林出版社，2002。
〔註3〕卡爾·曼海姆：《保守主義》（李朝暉、牟建君譯）第60頁。

向,並把自己的行爲建立在這種結構複合體之上,「或者只是全部或部分地對它進行重建,或者通過使它與某一特殊的狀態相適應而對它加以進一步的發展」〔註4〕。「學衡派」從形成到發展、變化,是因爲其成員遵從著一種內在的意義指向,並形成保守主義學理的連續性。歷史的和社會學上的「連續性」,又具體表現在對以往事實存在的階段性復活,和嵌入現實的文化傳統的當下生活顯現。

建立在基本客觀史料上的事實,和由此形成的研究者主體意識上的所謂史識,是一個互動的存在。從基本的學理出發,於再現中描述歷史,並以史料體的「知識譜系」這種無聲的語言來觀照「學衡派」,這實際上是認同了米歇爾·福柯所說的「對歷史來說,文獻不再是這樣一種無生氣的材料,即:歷史試圖通過它重建前人的所作所言,重建過去所發生而如今僅留下印迹的事情;歷史力圖在文獻自身的構成中確定某些單位、某些整體、某些體系和某些關聯」〔註5〕。知識譜系一旦凸現,通常會瓦解已經成爲某些「事實」的話語和概念,自然也省去了言說中的陳述,或者概念上的推繹。

在日常工作和知識的學理中,思想和觀念一旦成爲主義,便會出現主義的獨尊,便具有鮮明的排他性和傾向性。學派的出現,即意味著相應的派系的產生。而派系態度的產生會使思維習慣在相應的學術團體構成方式上形成整體的褊狹。「特定群體的偏見使得立場僵化」〔註6〕,並表現出黨同伐異的現象。

卡爾·曼海姆說:「只有在保守主義作爲一個統一的政治和精神流派存在時,我們才能把保守主義的思想風格視爲一個現代思想史上的統一流派。」〔註7〕激進的革命使兩極對立成爲現實。保守主義是法國大革命的反動,也是起源於對啓蒙運動之主流的辯證的反動。史華慈的研究表明,「在十八世紀末與十九世紀初的西方,保守主義才以主義的形式出現。惟自十九世紀初,有些人始被別人或自身稱爲保守主義者。保守主義成爲一種自覺的理論,是以三位一體——保守主義╲自由主義╲激進主義——之不可

〔註4〕卡爾·曼海姆:《保守主義》(李朝暉、牟建君譯)第60頁。
〔註5〕米歇爾·福柯:《知識考古學》(謝強、馬月譯)第6~7頁,生活·讀書·新知三聯書店,1998。
〔註6〕美國《人文》雜誌社編:《人文主義:全盤反思》(多人譯)第1頁。
〔註7〕卡爾·曼海姆:《保守主義》(李朝暉、牟建君譯)第55頁。

分離的整體出現的」〔註8〕。這說明保守和主義相加，不是一個獨立的存在，而是有相應的歷史語境和思想發展脈絡的。

就保守主義本身來說，其內部有眾多的流派。相對於政治、經濟、哲學而存在的所謂文化，和保守主義聯姻，在這裡被稱之為文化保守主義。其基本內涵是「注重自由與美德以及傳統和宗教」〔註9〕，並表現出新人文主義的諸多特性。

保守主義的路徑是從存活到現在的過去的內容出發來介入歷史的。這一經驗在卡爾·曼海姆看來，其「在本真形式上意味著從某些經驗的中心獲取養分，這些經驗的根源在於過去的歷史格局。它們直到現代保守主義成型都相對保持不變，因為它們處在社會潮流中那些直到那時都還沒被現代事件的潮流卷走的部分。保守主義思想從這些生活的本真源頭和經驗形式獲得了它遠勝於純粹思辨的豐富和尊嚴」〔註10〕。這裡對「學衡派」的解說，則是基於外在觀念的移植與內部歷史語境，以及對史實的重新梳理、整合，並於存在和群體的關聯性上，銜接中西思想文化的歷史脈絡，同時又在敘事中呈現或還原。

從時間上看其借刊物集合力量

由《學衡》的存在而形成所謂的「學衡派」，這是一個基本歷史事實，是中國現代思想史、文學史和學術史上的一次震盪性起伏。《學衡》雜誌的實際存在是1922年1月～1933年7月。「學衡派」成員的活動卻不限於這個具體的時間。準確地說，「學衡派」的存在是新文化—新文學的反動。換句話說，「學衡派」是反對新文化—新文學的，是以保守來反對、牽制和制衡激進的新文化—新文學運動。在反抗新文化—新文學的話語霸權時，是以求中西思想融通、尊孔、國學研究和古典詩詞創作來作為對抗手段的。成員的活動開始於1915年的美國，是和新文學運動的討論、發生同步的。1915～1917年間，與胡適由醞釀、討論文學變革到矛盾尖銳對立的是梅光迪。

1917～1921年間，新文化—新文學運動在國內高漲，並成功地借助報刊等大眾傳媒和中小學教育的推動，取得了成功。「學衡派」作為反對勢力形成

〔註8〕史華慈：《論保守主義》，見傅樂詩等：《近代中國思想人物論·保守主義》第20頁，（臺北）時報出版公司，1980。
〔註9〕劉軍寧：《保守主義》第237頁，中國社會科學出版社，1998。
〔註10〕卡爾·曼海姆：《保守主義》（李朝暉、牟建君譯）第99～100頁。

之前的基本力量集結、醞釀是在美國的哈佛大學。可稱這一時期爲「前學衡時期」。

這一時期，南京高師──東南大學的師生中，反新文化──新文學的力量也正在鼓動，首先站出來批評胡適等人的是胡先驌〔註11〕、柳詒徵〔註12〕，繼之便發生了《時事新報・文學旬刊》（鄭振鐸主編）上「文學研究會」主要成員對《國立東南大學南京高師日刊》1921 年 10 月 26 日上「詩學研究號」的激烈批評和反批評〔註13〕。由於南京高師──東南大學的學生反對新文學，特別是抗拒白話新詩，他們「詩學研究號」中所表現出的文學立場是與新文學相互對立的。

1922 年 1 月，《學衡》在南京東南大學創刊，其時自哈佛大學歸來的梅光迪、吳宓、湯用彤、樓光來都在東南大學執教。「學衡雜誌社」社員基本上是這批留學哈佛的學生，加上南京高師──東南大學劉伯明、柳詒徵和他們的學生，以及南京支那內學院師生。極少數爲其它學術機構的成員。1922 年 1 月～1933 年 7 月的這一時段，可稱之爲「學衡時期」。

在柳詒徵、童季通、朱進之、竺可楨、徐則陵作指導下，由南京高師──東南大學文史地部學生組織「史地研究會」主辦的《史地學報》，創刊在《學衡》之前，實際是《學衡》的外圍刊物。與《學衡》同時出現的還有學生組織「文學研究會」和「哲學研究會」合辦的《文哲學報》。稍後「東南大學南高師國學研究會」於 1923 年 3 月又創辦了《國學叢刊》。1921 年

〔註11〕 胡先驌：《中國文學改良論》（上），《東方雜誌》第 16 卷第 3 號（1919 年 3月）。此文是轉載，文後注有「《南京高等師範日刊》」

〔註12〕 柳詒徵：《論近人講諸子之學者之失》，《史地學報》創刊號（1921 年 11 月）。

〔註13〕 《時事新報・文學旬刊》上關於《國立東南大學南京高師日刊》上「詩學研究號」的激烈批評和反批評的文章共刊 7 號（期）：1921 年 11 月 12 日第 19號上有斯提（葉聖陶）：《骸骨之迷戀》。1921 年 12 月 1 日第 21 號上有薛鴻猷：《一條瘋狗》、守廷：《對於〈一條瘋狗〉的答辯》、卜向：《詩壇底逆流》、東：《看南京（高）日刊裏的「七言時文」》、赤：《由〈一條瘋狗〉而來的感想》。1921 年 12 月 11 日第 22 號上有繆鳳林：《旁觀者言》、歐陽翥：《通訊──致守廷》、守廷：《通訊──致歐陽翥》。1921 年 12 月 21 日第 23 號上有靜農：《讀〈旁觀者言〉》、吳文祺：《對於舊體詩的我見》、王警濤：《爲新詩家進一言》、薛鴻猷：《通訊──致編輯》。1922 年 1 月 1 日第 24 號上有幼南：《又一旁觀者言》。1922 年 1 月 11 日第 25 號上有吳文祺：《駁〈旁觀者言〉》、西諦（鄭振鐸）：《通訊──致鳳林、幼南》和鳳林、幼南：《通訊──致西諦》。1922年 2 月 11 日第 28 號上有吳文祺：《〈又一旁觀者言〉的批評》。隨後此刊轉向對《學衡》的批評。

11 月～1926 年 10 月《史地學報》共出版 4 卷 21 期 20 冊（有兩期合一冊
的）。1922～1923 年間，《文哲學報》出版 4 期。《國學叢刊》共出版 9 期。
這三個刊物鍛鍊了學生，刊物的作者後來大都成了《學衡》、《國風》、《思
想與時代》的主力。

　　與北京大學胡適、錢玄同、顧頡剛等「古史辨」派「疑古」立場針鋒相
對的是南京高師—東南大學的柳詒徵和他的學生劉掞藜的「信古」。可以說，
1923～1924 年、1926 年的兩輪論爭，是在北京大學的「新青年派」—「新潮
派」和東南大學的「學衡派」之間展開的。前者的陣地是胡適主編的《努力
周報》的副刊《讀書雜誌》（顧頡剛主編，共出版 18 期）、顧頡剛參加編輯的
《北京大學研究所國學門周刊》；後者的陣地主要是《史地學報》和《學衡》
〔註14〕。同時北京、上海的多家報刊也介入了討論。柳詒徵及其學生反對「古

〔註14〕　「古史辨」1923～1924 年、1926 年的兩輪論爭中「疑古」方的主要人物及言
　　　　論有：
　　　　顧頡剛：《與錢玄同先生論古史書》，刊胡適主編的《努力周報》的副刊《讀
　　　　書雜誌》第 9 期（1923 年 5 月 6 日）。又被《史地學報》第 3 卷第 1、2 合期
　　　　（1924 年 6 月）轉載。《答劉、胡兩先生書》，刊《讀書雜誌》第 11 期（1923
　　　　年 7 月 1 日）。這裡「胡先生」是胡適的鄉友胡堇人。又被《史地學報》第 3
　　　　卷第 1、2 合期（1924 年 6 月）、第 4 期（1924 年 12 月）轉載。《討論古史答
　　　　劉、胡兩先生書》，刊《讀書雜誌》第 12、13、14、15、16 期（1923 年 8 月
　　　　5 日、9 月 2 日、10 月 7 日、11 月 4 日、12 月 2 日）。《討論古史答劉、胡二
　　　　先生書》《史地學報》第 3 卷第 3 期（1924 年 10 月 1 日）、第 3 卷第 4 期（1924
　　　　年 12 月）、第 3 卷第 6 期（1925 年 5 月 1 日）。《答柳翼謀先生》，刊《北京大
　　　　學研究所國學門周刊》第 15、16 期合冊（1926 年 1 月 27 日）。上文均收入《古
　　　　史辨》第 1 冊，北京樸社，1926。
　　　　錢玄同：《答顧頡剛先生書》，刊《讀書雜誌》第 10 期（1923 年 6 月 10 日）。
　　　　又被《史地學報》第 3 卷第 1、2 合期（1924 年 6 月）轉載。《論〈說文〉及
　　　　〈壁中古文經〉書》，刊《北京大學研究所國學門周刊》第 15、16 期合冊。《研
　　　　究國學應該首先知道的事》，刊《讀書雜誌》第 12 期（1923 年 8 月 5 日）、《史
　　　　地學報》第 3 卷第 3 期（1924 年 10 月 1 日）。上文均收入《古史辨》第 1 冊。
　　　　胡適：《古史討論的讀後感》，《讀書雜誌》第 18 期（1924 年 2 月 22 日）、《史
　　　　地學報》第 3 卷第 6 期（1925 年 5 月 1 日）。收入《古史辨》第 1 冊。
　　　　魏建功：《新史料與舊心理》，刊《北京大學研究所國學門周刊》第 15、16 期
　　　　合冊。收入《古史辨》第 1 冊。容庚：《論〈說文〉誼例代顧頡剛先生答柳翼
　　　　謀先生》，刊《北京大學研究所國學門周刊》第 15、16 期合冊。收入《古史
　　　　辨》第 1 冊。
　　　　反對「疑古」一方的主要人物及言論有：
　　　　柳翼謀：《論近人講諸子之學者之失》，刊《史地學報》第 1 卷第 1 期（1921
　　　　年 11 月），首先批評胡適的《中國哲學史大綱》、《諸子不出於王官論》。《學

史辨」派的「疑古」，一直持續到 1940 年以後，當時任中央大學歷史學教授的繆鳳林還寫文章批評顧頡剛〔註15〕。

在雙方的論爭中，顧頡剛明確地認識到，學術上對立的原因「是精神上的不一致」〔註16〕造成的。錢玄同、魏建功都感受到了「我們的精神與他們不同的地方」〔註17〕。這種由「精神上的不一致」所產生的群體「對立」，表現為「疑」與「信」的分歧，是「繼承」與「突破」的關係問題。他們都繼承了清代考證學的遺產，在史學觀念上，「古史辨」派則突破了傳統的格局，「把古代一切聖經賢傳都當作歷史的『文獻』來處理」〔註18〕。

1922 年 8 月，「學衡派」成員在湖南長沙的明德中學還辦了一個《學衡》的外圍刊物《湘君》（最初定為季刊，隨後成了不定期刊）。這個刊物與《學衡》的關係十分密切，其反對新文學的幾篇文章，《學衡》都轉載〔註19〕。1928

衡》第 73 期（1931 年）轉載此文。此文同時涉及對章太炎、梁啓超的批評。《論以〈說文〉證史必先知〈說文〉之誼例》，刊《史地學報》第 3 卷第 1、2 合期（1924 年 6 月），批評顧頡剛。同時這一期還刊出劉掞藜、顧頡剛、錢玄同的討論古史的文章。《史地學報》討論古史的文章在第 3 卷第 3、4 期繼續進行。《北京大學研究所國學門周刊》第 15、16 期合冊轉載了《論以〈說文〉證史必先知〈說文〉之誼例》，作為「《說文》證史討論號」的緣由，並同時刊登顧、錢、魏、容的文章。雙方的言辭激烈，針對性批評的態度十分明確。
劉掞藜：《讀顧頡剛君〈與錢玄同先生論古史書〉的疑問》，刊《讀書雜誌》第 11 期（1923 年 7 月 1 日）。又刊《史地學報》第 3 卷第 1、2 合期（1924 年 6 月）。收入《古史辨》第 1 冊。《討論古史再質顧先生》，刊《讀書雜誌》第 13、14、15、16 期（1923 年 9 月 2 日、10 月 7 日、11 月 4 日、12 月 2 日）。收入《古史辨》第 1 冊。《與顧頡剛討論古史第二書》，《史地學報》第 3 卷第 3 期（1924 年 10 月 1 日）。《與顧頡剛先生書》（未完），《史地學報》第 3 卷第 4 期（1924 年 12 月）。《與顧頡剛先生書》（三續，未完），《史地學報》第 3 卷第 6 期（1925 年 5 月 1 日）。
張蔭麟：《評近人對於中國古史之討論》，刊《學衡》第 40 期（1925 年 4 月）。文章指出顧頡剛史學方法上誤用「默證」。
〔註15〕顧頡剛：《我是怎樣編寫〈古史辨〉的》，《古史辨》第 1 冊 20 頁，上海古籍出版社，1982。
〔註16〕顧頡剛：《答柳翼謀先生》。
〔註17〕魏建功：《新史料與舊心理》。
〔註18〕余英時：《現代學人與學術》第 391 頁，廣西師範大學出版社，2006。
〔註19〕據《湘君季刊簡章》所示：「本刊以陶寫性情，注重文藝趣味，藉以互相觀摩砥礪為宗旨。」「無論文言白話，新舊體裁，俱所歡迎。」第一期所登的《湘君發刊詞》中有「相尚相勉者三事」：道德、文章、志氣。第一期的負責人為吳芳吉。刊物分為「學習之部」：詩歌類、散文類、小說類、戲曲類。「批評之部」：社論類、研究類、介紹類、通信類。「雜纂之部」：翻譯類、圖表類、

年1月2日～1934年1月1日，與後期《學衡》幾乎共存的《大公報‧文學副刊》，由吳宓主編，他原在東南大學和清華大學的幾個學生協編，每周一期，共出313期。

　　《學衡》停刊前的一、二年間，在南京中央大學的「學衡派」成員因不滿吳宓一人在清華大學把持刊物，南京的成員連個空名也沒有，於是開始醞釀新辦刊物。實際上，《學衡》後期（1928年以後），南京的成員已經不再與吳宓合作，「學衡派」出現了明顯的分裂現象。1932年9月1日在南京中央大學的「學衡派」成員創辦《國風》雜誌，把原《學衡》的大部分作者幾乎都吸引過來了。吳宓一人在清華大學無力支撐《學衡》，1933年7月第79期之後，便宣佈自第80期改由南京中央大學的「學衡派」成員接辦，交鍾山書局出版。實際上，是《國風》迫使《學衡》停刊的。南京的「學衡派」成員沒有再用《學衡》的名字，而是用《國風》取代。吳宓本人也只好加入《國風》的作者隊伍。《國風》開始於1932年9月1日，1936年12月終，它把原《學衡》的成員重新集結，實際上開始了一個「後學衡時期」。

　　由於反對新文化—新文學的緣故，新文學的第一個十年（1917～1927）間，南京高師—東南大學很少人寫白話新文學作品，而是堅持寫舊體詩詞。

民謠類、附錄類。爲《湘君》寫文章的主要作者有：吳芳吉、劉樸、劉永濟、吳宓、徐楨立、劉先沛、李肱良、凌其垰、景昌極、賀楚楠、胡徵、羅元錕、張璞友、劉鵬年、汪劍餘、蘇拯、劉作健、陳鼎芬、鄘遠猷、謝羡安、孫子仁、易俊（竣）、劉泗英、胡元俄、王鳳歧、周光午、童錫祥、王光益、呂光錫、湯素民、張潛秀、曾伋安、劉頌、石漱之、劉植、錢無咎、屈鳳梧、張鎮湖、文大衡、李廣等。吳宓除刊登舊體詩外，還有《文學入門》的文章。在大量的舊體詩詞外，尚有胡徵少量的白話新詩《牽牛花》、《我是一個蠶兒》。反對新文學的文章主要是吳芳吉的《論吾人眼中之新舊文學觀》（共分一、二、三論），分別刊《湘君》第一、二、三期。劉樸的《闢文學分貴族平民之詆》、劉永濟的《迂闊之言》。這些反對新文學的文章，《學衡》有轉載。
關於《湘君》與《學衡》的關係，《湘君》第三期所刊出的《上期報告》中特別寫道：「《湘君》之稿有互見於《學衡》者，以《學衡》、《湘君》同聲氣也。所微有不同之處，《湘君》旨趣但言文章，《學衡》範圍更及他事。《湘君》之性近於浪漫，《學衡》之人恪守典則。《湘君》意在自愉，《學衡》存心救世。」
《湘君》在第三期末介紹《學衡》的文章《學衡雜誌》中特別強調：「凡有志文哲藝術之士，欲不爲時髦之言所愚，不爲一偏之見所蔽，不爲一主義一黨派所拘束，不爲一家之見解一國之文字言語所顛倒錯亂者，請讀《學衡》雜誌，則黑暗之境，自有光明，煩悶之情，自能解慰，紛亂之象，自有條理，枯燥之思，自滋生趣。」文章最後又說《學衡》雜誌內涵豐富，「蓋其於安身立命之道，齊家治國之方，文化之眞諦所存，漢族之精神所在」等等。

他們文科的五個主要刊物中,除與其它學校合辦的《新教育》外,《史地學報》、《學衡》、《文哲學報》、《國學叢刊》四個刊物上的「文苑」或「詩詞」欄目也只登舊體詩詞。但在 1929 年 10 月 1 日創刊,1931 年 1 月 16 日停刊的《國立中央大學半月刊》出現了例外。共出版兩卷 24 期的《國立中央大學半月刊》上是新文學創作和舊體詩詞並存,許多期中有屬於新文學的詩歌、小說、劇本或翻譯小說,並在第 1 卷第 7 期出了「文學專號」(白話新文學作品專輯)〔註20〕。但至第 1 卷第 15 期又出現「學衡派」勢力的反彈。這一期上有「學衡派」成員參加的「上巳社詩鈔」和「禊社詩鈔」〔註21〕。但到 1932 年 9 月《國風》創刊後,新文學被完全排斥,刊物只登舊體詩詞。在文學古典主義風尚的籠罩下,中央大學、金陵大學的部分畢業生、在校學生組織的新文學社團「土星筆會」和刊物《詩帆》(1934 年 9 月 1 日～1937 年 5 月 5 日)也未能充分展開。

1941 年 8 月～1948 年 11 月,原《國風》的主持人張其昀與張蔭麟等在浙江大學文學院創辦《思想與時代》雜誌,「學衡派」的成員在大西南再度集結。

1949 年以後,「學衡派」成員在中國大陸的活動終止。到臺灣的「學衡派」成員的活動兵分兩路:以張其昀爲首於 1962 年創辦中國文化學院(1980 年改爲中國文化大學),復刊《思想與時代》,影印《學衡》、《史地學報》等;以戴運軌(《國風》時期的主要作者)爲首於 1962 年籌備成立國立中央大學地球物理研究所,隨後恢復中央大學。

所以,這裡的結論應當是:「學衡派」的活動時間不僅僅是在《學衡》時期,而是有這麼一個長的不同時期的「時段」。時間的變化使「學衡派」的許多人的生活、思想、學術都產生了變異,但基本的文化保守的精神沒有變。

從空間上看其借大學營造舞臺

1915 年至 1949 年間的中國大學校園,是一個相對自由的的公共空間,爲中國自由知識分子薈萃之地,也是中國現代新思想和新學術的生產基地。《學衡》時期的主要作者多在大學,他們的學術活動相對集中在東南大學──中央大學、東北大學、清華學校──清華大學。少數在湖南長沙的明德中學和其它

〔註20〕1930 年 1 月 1 日。刊物每年寒暑假的 2 月、7 月、8 月、9 月不出版。
〔註21〕1930 年 6 月 1 日。

行業。《學衡》雜誌的編輯工作主要在南京、瀋陽、北京完成。出版、印刷、發行在相對保守的上海中華書局。

　　《學衡》初期，與之相伴的有三個外圍性的兄弟刊物《史地學報》、《文哲學報》、《湘君》，前兩種的活動地點在南京高師—東南大學，後者的活動地點是在湖南長沙的明德中學。《湘君》的影響是有限的，或者說只是在長沙的部分學生和「學衡派」的部分成員之間。《學衡》後期，與之相伴的是《大公報·文學副刊》，主要作者的活動多在北京，組稿、編輯在清華大學，出版發行在天津。《大公報》是當時北方最大的新聞媒體，實際影響很大。《文學副刊》的影響也超過了《學衡》。「學衡派」成員由於沒有《學衡》和《文學副刊》的印刷、發行權，因此要受制於中華書局和《大公報》社。《學衡》的停刊，經濟問題是主要原因。《文學副刊》被楊振聲、沈從文主持的《文藝副刊》取代，也主要是由於吳宓等人沒有獨立的經濟支撐能力，另外還有守舊的形象和反對新文學的辦刊方針。這時候，「學衡派」成員的學術活動很大程度上要依附中華書局和《大公報》社這兩大文化資本家。胡適與《大公報》社領導階層良好關係的確立，必然促使創新的《文藝副刊》取代守舊的《文學副刊》。

　　吳宓及《學衡》同人本是反對北京大學以胡適爲首的新文化—新文學派，北方的反擊聲自然是很大的，尤其以《晨報副鐫》的聲音爲最。在南方的上海，吳宓注意到「文學研究會」中沈雁冰、鄭振鐸及《小說月報》一派、邵力子及《民國日報·覺悟》一派與《學衡》的敵對〔註22〕。同時吳宓也注意到了贊同《學衡》的上海《中華新報》〔註23〕，和因由哈佛大學的畢業生介入，登一些反對新文學的文章的《民心周報》。

　　1927～1937年間，國民黨政府定都南京，中央大學成了首都大學，加上戰時蔣介石曾一度兼任中央大學校長，中央大學的地位在中國大學中得以提升。抗戰時期，中央大學、浙江大學實際上也是得蔣介石及國民黨政府的照顧最多的學校〔註24〕。

〔註22〕吳宓：《吳宓自編年譜》第235頁，生活·讀書·新知三聯書店，1995。吳宓錯將《學燈》當成《民國日報》的副刊。《學燈》爲《時事新報》的副刊。《覺悟》爲《民國日報》的副刊。

〔註23〕吳宓：《吳宓自編年譜》第236頁。《中華新報》的主編爲張季鸞，同吳宓家世交，爲吳鄉友，因此時贊同《學衡》，和與吳宓的這份特殊關係，1928年他作爲天津《大公報》主持人，使得吳宓能自薦主編《文學副刊》成功。

〔註24〕陳平原：《首都的遷徙與大學的命運——民國年間的北京大學與中央大學》，載《文史知識》2002年第5期。

《國風》的印刷、發行在張其昀自己主持的南京鍾山書局。刊物和出版社是一家人，內部團結，稿源充足。《國風》編輯、出版、發行是一體的，沒有經濟的壓力。這是《國風》有別於《學衡》的地方之一。

由於抗日戰爭爆發，華北、東南地區大片淪陷，中國著名的大學都遷到西南，「學衡派」主要成員也隨之散居在昆明、重慶、成都、樂山、遵義等地的西南聯大、雲南大學、中央大學、金陵大學、齊魯大學、四川大學、武漢大學、浙江大學等高校。《思想與時代》在遵義的浙江大學創刊，又將散居西南各地的「學衡派」成員「群聚」在一起。《思想與時代》在這時就是「學衡派」成員的陣地。1947～1948 年，《思想與時代》在杭州的浙江大學復刊，編輯部在杭州，出版發行在杭州──上海，「學衡派」散居各地的部分成員再次「群聚」於一刊。

抗戰時期，胡先驌、王易等還把「學衡派」的文化精神帶到了江西泰和的中正大學（胡爲校長，王爲《文史季刊》主編）。汪國垣在重慶主編《中國學報》，繼續刊登舊體詩詞，並極力主張尊孔。

空間的變化，所顯示出的是「學衡派」作爲相對鬆散的流動的群體存在。空間變化的一個重要特點是生活的困苦和磨難，雖然空間多有變化，但他們堅守的文化道統沒有變，守望的精神是一貫的。

從成員看其作爲流動的群體

如果說凡是給「學衡派」的刊物《學衡》、《史地學報》、《文哲學報》、《湘君》、《文學副刊》、《國風》、《思想與時代》、《中國學報》寫文章的作者都屬於「學衡派」成員，那未免太絕對了，也太簡單化了。但有一點是可以肯定的：那就是爲這些刊物寫文章的人大都認同其文化保守的傾向。儘管《學衡》創刊時，梅光迪提出凡是給《學衡》寫文章的自然是「學衡社」社員，但實際運作中，「社員」的同仁性只是最初的幾個發起人而已。陳中凡在東南大學主辦《國學叢刊》，他有北京大學出身的特殊背景，雖是五四時期北大「國故」社成員，有文化保守的個人傾向，但他又不滿「學衡派」的反新文化的復古行爲，在刊物上沒有明顯表現出與北京大學的對立，而是積極地響應胡適「整理國故」的號召。同是「整理國故」，和而不同。對於陳中凡個人來說，《國學叢刊》實際上是《國故》的繼續，自然與胡適派文人「整理國故」的思想、方法不同，並表現出南北學術的差異。朱自清雖是吳宓的朋友，吳

宓拉他一起編《文學副刊》，他以「知白」爲筆名在《文學副刊》上寫評介新文學的文章，但他從不爲《學衡》寫文章。羅家倫做中央大學校長，《國風》就是在他的任上創辦的，他與《國風》同有「民族主義」的文化傾向，但他沒有給《國風》寫稿。因爲朱自清、羅家倫都是胡適的學生，是「新潮社」的成員，「新文化—新文學」運動的擁護者和參與者。北大、清華出身的段錫朋、羅家倫、顧毓琇曾出任中央大學的校長，但在文史教授的聘任上，中央大學內部的「南京高師—東南大學」的勢力始終與北大、清華出身的教授有矛盾〔註25〕。

　　當然，北京大學與南京高師—東南大學—中央大學在「激進」與「保守」的內在張力中，著名教授的具體表現不盡相同。黃侃不滿北京大學的「激進」，五四運動後離開北京，輾轉幾個高校後，最後於1928年春選擇了相對「保守」的中央大學〔註26〕。吳梅、陳漢章（伯弢）、朱希祖是從北京大學的任上離開的，最後融入東南大學—中央大學（吳是1922年秋，陳是1928年春。朱希祖是被北京大學的學生集體「驅趕」走的，經中山大學執教三年，1934年春到中央大學）。王易、汪辟疆是北京大學的畢業生（分別是1911、1912年畢業），陳中凡是在兩江師範學堂學習之後入北京大學，北京大學畢業後於1921年8月～1924年11月任東南大學國文系系主任，他們後來在東南大學—中央大學相處〔註27〕。反過來，北京大學所接受的是東南大學的著名哲學教授、「學衡派」重要人物湯用彤。湯用彤是吳宓的同學、朋友，同時也是胡適的朋友。他進北京大學完全是胡適的緣故（張歆海向胡適推薦）。而東南大學的另一位著名教授柳詒徵想進清華學校（由吳宓推薦）卻不成。

　　如同可以把北京大學學生辦的《新潮》看作《新青年》的影子和外圍刊物一樣，也可以把南京高師—東南大學學生辦的《史地學報》、《文哲學報》看作《學衡》的影子和外圍刊物。就文化領袖人物之間的對立來說，追隨他們的學生常常出現在不同的對立陣營，而且會影響到學生未來的學術活動。

〔註25〕參見劉敬坤：《烽火連天別金陵，巴山蜀水絃歌聲——八年抗戰中的國立中央大學》，載《高教研究與探索》（南京大學）2002年第1期。
〔註26〕參見程千帆、唐文編：《量守廬學記》，生活·讀書·新知三聯書店，1985。
〔註27〕據陳中凡的《自傳》所示，他1921年8月～1924年11月任東南大學國文系系主任時，「對當時的學衡派盲目復古表示不滿，乃編《國學叢刊》，主張用科學方法整理國故」。見吳新雷編：《學林清暉——文學史家陳中凡》第4頁，南京大學出版社，2003。

　　柳詒徵、竺可楨、徐則陵是「學衡派」的主要成員，他們指導的《史地學報》的作者後來也大都成了「學衡派」的成員。在「學衡派」的隊伍中可以明顯地看出老師對學生的導向性作用〔註28〕。

　　「學衡派」的成員主要是文史哲領域的學者，科學家中的成員只是少數，如胡先驌、竺可楨等。因此，從時間與空間的變化上，可把他們分為不同的層面。他們之間有著相應的群體存在的關聯性，而非完全自足封閉的黨派性。

　　《學衡》初期的成員是幾位歸國的哈佛大學留學生和南京高師—東南大學的師生，以及南京支那內學院的師生〔註29〕。尤其是《史地學報》、《文哲學報》、《國學叢刊》的作者，因多是出自原南京高師文史地部的學生，三個刊物的作者是一批人，有很大的交叉。指導教師更是這樣。隨後又加入了郭斌龢、張爾田、李詳、孫德謙等。另有留學生汪懋祖，1918 年夏在美與梅光迪相識並交談，在反對新文化—新文學，反對新道德、反對「實利主義」（實驗主義）等問題上，兩人意見一致，「而恨相見之晚」〔註30〕。回國後，汪懋祖也成為《學衡》作者。

　　1925 年，吳宓到清華學校，清華學校研究院的導師王國維、陳寅恪被他拉進《學衡》。清華學校研究院的研究生、清華的部分年輕教師（有原東南大學畢業的王庸、浦江清、趙萬里等）和學生（賀麟、張蔭麟、陳銓三位吳宓的弟子。賀麟說吳宓的「翻譯」課，人數最少時只有他們三人）〔註31〕，以及北大、清華的部分教授（如姚華、黃節等）也加入到《學衡》的隊伍裏。

　　《湘君》的主要作者劉永濟、劉樸、吳芳吉同時也是《學衡》的作者，原因在於他們為吳宓清華學校讀書時的同學。另有徐楨立、凌其峗、胡徵、劉易俊（竣）、劉泗英、胡元倓、周光午等，也為《學衡》寫稿。

　　這一時期加入《學衡》的成員中，還有屬原「國粹派」、「南社」、「常州

〔註28〕彭明輝：《歷史地理學與中國史學》第 103 頁，（臺北）東大圖書股份有限公司，1995。

〔註29〕據歐陽竟無的《金陵師友錄》所示，金陵刻經處研究部及支那內學院籌備處時，在他門下受學的門生中「學衡派」成員有蒙文通、王恩洋、湯用彤、繆鳳林、景昌極。1922～1940 年支那內學院時期，他的住院弟子中「學衡派」成員有蒙文通、繆鳳林、景昌極。轉引自徐清祥、王國炎：《歐陽竟無評傳》第 182～183 頁，百花洲文藝出版社，1995。

〔註30〕汪懋祖：《送梅君光迪歸圓橋（Cambridge Mass, U.S.A.）序》，《留美學生季報》第 6 卷第 1 號，1919 年春季號。又刊《學衡》第 4 期（1922 年 4 月）。

〔註31〕賀麟：《我所認識的蔭麟》，刊《思想與時代》第 20 期（1943 年 3 月 1 日）。

詞派」和「宗法」宋詩的「同光體」派的許多詩人〔註32〕。

《學衡》時期，有四個「學衡派」的主要成員去世：劉伯明（1923 年）、
王浩（1923）、王國維（1927 年）、吳芳吉（1932）。

《大公報・文學副刊》的 6 年間，文章作者大都與《學衡》交叉重疊，
吳宓、張蔭麟、浦江清、王庸、趙萬里、賀麟寫的文章爲多。

1927 年，借助南方的革命運動，中山大學在廣東崛起，北京大學的力量
對這所大學滲透和支持最大。僅從文科基本師資看，核心人物都出自北京大
學。由於傅斯年、顧頡剛的努力，中山大學語言歷史學研究所在 1927 年成立，
並仿照原《北京大學研究所國學門周刊》編輯出版《國立中山大學語言歷史
學研究所周刊》。爲刊物寫文章的基本力量是北京大學的學者以及到中山大學
任教的原北大教授、清華國學研究院的畢業生。原《學衡》的作者吳梅、張
蔭麟、趙萬里、陳柱，和東南大學—中央大學的任中敏、陳中凡、胡小石、
羅根澤、張世祿等也爲《國立中山大學語言歷史學研究所周刊》寫稿。《學衡》
作者原來與北京大學尖銳對立的其他教授則沒有寫文章。

《國風》在南京的中央大學，原南京高師—東南大學的畢業生，多成了
刊物的作者。《國風》的作者和《學衡》不同的是，一批科學家爲刊物寫文章，
如：翁文灝、秉志、竺可楨、熊慶來、顧毓琇、戴運軌、胡敦復、張江樹、
盧于道、錢昌祚、嚴濟慈、謝家榮、凌純聲等。出身清華的顧毓琇本人又是
新文學的作家。

相對於《學衡》，《國風》的新作者有章太炎、朱希祖、錢鍾書、胡光煒、
范存忠、唐圭璋、盧前、任中敏、唐君毅、賀昌群、錢南揚、滕固、謝國禎、
蕭一山、蕭公權、陳詒紱、李源澄、朱偰等。尤其是兩對父子朱希祖、朱偰，
錢基博、錢鍾書在同一刊物上露面，呈現出文學創作與學術研究的傳承和創新。

「學衡派」成員吳芳吉去世後，《國風》在第 1 卷第 4 期用三分之一的篇
幅爲他刊登了七篇紀念文章。劉掞藜（1935）去世，原南京高師同學中的「學
衡派」成員在《國風》爲他專門發起了「徵賻啓事」〔註33〕。《國風》還爲劉
伯明去世九週年〔註34〕、南京高師建校二十週年出了紀念專號〔註35〕，並借
機會造勢使「學衡派」群聚成員，以張揚「南高」精神和「南高」學風。

〔註32〕詳見沈衛威：《吳宓與〈學衡〉》第 19～20 頁，河南大學出版社，2000。
〔註33〕《國風》第 7 卷 1 號（1935 年 8 月 1 日）。
〔註34〕《國風》第 1 卷 9 號（1932 年 11 月 24 日）。
〔註35〕《國風》第 7 卷 2 號（1935 年 9 月）、第 8 卷 1 號（1936 年 1 月 1 日）。

　　爲《思想與時代》寫稿的「學衡派」成員相對集中在浙江大學文學院，如梅光迪、郭斌龢、王煥鑣、張其昀、陳訓慈、張蔭麟、繆鉞等。在《學衡》、《國風》原有作者的基礎上新加入了馮友蘭、錢穆、朱光潛、熊十力等著名的學人。

　　抗戰期間，由胡先驌任校長的中正大學所創辦的《文史季刊》，同樣繼承了《學衡》的文化精神。他們認爲國學中的文史研究，就是要弘揚民族文化精神。《文史季刊》堅持刊登胡先驌自己所寫的舊體詩詞。王易所做的《發刊辭》就明顯昭示出與《學衡》的精神聯繫。《中國學報》（重慶）的作者主要是中央大學、金陵大學的文史教授，如汪辟疆、唐圭璋、王玉章、汪東、朱希祖、陳匪石，以及支那內學院的歐陽竟無（漸）等。

　　三個主要人物張蔭麟（1942 年 10 月 24 日）、王伯沆（1944 年 9 月 25 日）、梅光迪（1945 年 12 月 27 日）的死，是這一時期的讓「學衡派」成員傷心的事。爲此，《思想與時代》爲張蔭麟、梅光迪出了兩個紀念專號。《南京文獻》爲王伯沆出了紀念專號。

　　「學衡派」成員爲劉伯明、王國維、張蔭麟、梅光迪、王伯沆所出的紀念專刊，無一不顯示了他們自覺的群體意識，和強烈的文化託命的責任感。同時又借悼亡友來悼中國傳統文化之衰亡〔註 36〕。

〔註 36〕「學衡派」成員的去世，與「學衡派」直接相關的刊物都出版有紀念專號，
　　　　或發紀念專集：
　　　　王國維──「王靜安先生逝世週年紀念」，《大公報・文學副刊》第 22 期（1928
　　　　年 6 月 4 日）、23 期（1928 年 6 月 11 日）、24 期（1928 年 6 月 18 日）。「王
　　　　靜庵先生紀念專號」，《學衡》第 60 期（1928 年 1 月）。「王靜安先生逝世週年
　　　　紀念」，《學衡》第 64 期（1929 年 4 月）。此是轉載《大公報・文學副刊》的
　　　　紀念文章。
　　　　與「學衡派」有間接關聯的學術刊物也有紀念，如「王靜安先生紀念專號」，
　　　　《國學論叢》第 1 卷第 3 號（1927 年 10 月，清華研究院出版）。「王靜安先生
　　　　專號」，《國學月報》第 8、9、10 合期（1927 年 10 月，清華研究院研究生參
　　　　與組織的北京「述學社」編輯，北京樸社承印）。上海的《文學周報》本是文
　　　　學研究會的刊物，曾激烈地批評過《學衡》及「學衡派」同人的復古傾向，
　　　　此時也出了王國維的紀念專號（1927 年 8 月 7 日，第 5 卷第 1、2 期合刊），
　　　　內有顧頡剛、徐中舒、周予同、賀昌群、陳乃乾、史達、陸侃如的悼念文章。
　　　　其中徐中舒、陸侃如爲清華研究院的研究生。
　　　　劉伯明──《學衡》第 26 期（1924 年 2 月）有郭秉文：《劉伯明先生事略》。
　　　　「劉伯明先生紀念專號」，《國風》第 1 卷第 9 號（1932 年 11 月 24 日）。
　　　　吳芳吉──「白屋詩人吳芳吉逝世」、（續志）、（三志），《大公報・文學副刊》
　　　　第 229 期（1932 年 5 月 23 日）、230 期（1932 年 5 月 30 日）、231 期（1932

文化保守作爲精神繫聯

　　三個刊物一個報紙副刊，三個外圍刊物，都是「學衡派」成員辦的，時間、空間雖有變化，但內在的精神是相通的，文化保守的特性是共同的。這種精神特性，實際上是中華民族的本位文化信念，是一種體現傳統的信仰，尤其是在外來文化的衝擊下的自覺回應，是世界範圍內現代化浪潮中民族國家的自我認同，並在 1920 年代、1930 年代、1940 年代明顯地表現出對文化倫理、民族意識、國家觀念的堅守。

　　「學衡派」成員在1920年代的精神傾向是要堅守中國文化的基本倫理，柳詒徵當時就明確提出中國文化的核心是「五倫」，並一直堅持自己的這一觀

年 6 月 6 日）、233 期（1932 年 6 月 20 日）。《學衡》第 76 期、79 期有紀念文章。「江津文獻」，《國風》第 1 卷第 4 號（1932 年 10 月 1 日）。另在《國風》第 5 卷第 8、9 號，第 5 卷第 10、11 號，第 6 卷第 1、2 號，第 6 卷第 3、4 號，第 6 卷第 5、6 號，第 7 卷第 1 號的多期還有零星的紀念文章。吳芳吉（1896～1932 年 5 月 9 日），清華學校時與吳宓同學，後任教於西北大學、成都大學。去世時爲四川江津中學校長。

劉揆藜──《國風》第 7 卷第 1 號。内有《徵購啓事》（爲劉揆藜逝世征集購金），署名是他的幾位同學，也是「史地研究會」的成員：景昌極、繆鳳林、張其昀、陳訓慈、王煥鑣、向達、鄭鶴聲、周愨。同時還登有陶元珍的《亡師新化劉先生事略》、景昌極的《故友劉揆藜楚賢事略跋》。劉揆藜（1899～1935 年 8 月 6 日），湖南新化人，1921 年秋入東南大學，畢業後先應馮友蘭之約，執教於開封的中州大學，1927 年由沈雁冰推薦到武昌的中山大學歷史系，後到成都大學，去世時爲武漢大學歷史系教授。景昌極在文章中特別提到劉揆藜在「古史辨」論爭中的作用和影響：「北京大學顧頡剛等，汲新文化運動之流，盛倡疑古之風，而漸趨於激。楚賢抗函與辨，理充辭暢，翹焉如圭角之漸露。然當爾時，南高醇正樸茂之學風，可稱極盛。同學中類多劬學篤行之士，各有以自樹立，壹是以溫故知新，折衷至當爲歸。楚賢之作，適爲此潮流中之一瀾，未以爲甚異也。」

張蔭麟──「張蔭麟紀念專號」，《思想與時代》第 18 期（1943 年 1 月 1 日）。以後此刊物仍有紀念文章。

梅光迪──「梅迪生先生紀念專號」，《思想與時代》第 46 期（1947 年 6 月 1 日）。

王伯沆──「王瀣紀念專輯」，《南京文獻》第 21 號（1948 年 9 月）。1945 年 8 月 18 日第 106 號「國民政府令」爲王伯沆發出褒揚令──「耆儒王瀣一生治學，造詣精深。歷任南京高等師範、中央大學教授，垂三十年。成德達材，後進咸知欽仰。近年因病留居陷區，堅貞守道，皭然不污，尤爲難得。茲聞溘逝，軫惜良深。應予明令褒揚，用彰儒碩，而資矜式。此令」。據《南京文獻》第 21 期。另有柳詒徵、胡小石、盧前等聯合南京市通志館上書南京市政府，請求將門東仁厚里三號王伯沆故宅及墓地加以永久保存，得南京市政府 1947 年第 4632 號公函批准。

點。「五倫」是維護中國政治文化和社會生活的等級秩序。在近代英美國家，「保守主義的立場要求維護一種公民秩序」〔註37〕。這也是許多保守主義者都信奉的一種社會有機理論，並成爲保守主義的原則之一〔註38〕。因爲「對於保守主義者而言，社會秩序是比個人自由更重要的主題，只有在立足於傳統和權威的基礎上的秩序中，才能找到個人自由的位置」〔註39〕。羅傑・斯克拉頓特別強調「個人從屬某種持續的、先在的社會秩序」〔註40〕的重要性，說這一事實決定了人們何去何從。這種公民秩序在近代英美國家表現爲權威、忠誠、社會契約與家庭。而這又與中國文化的「五倫」相通與相似。

在對倫理秩序的認同上「學衡派」成員有相當的一致性。王國維、陳寅恪、吳宓、錢穆等人都表現出與柳詒徵的求同。1927年6月王國維投湖自殺後，陳寅恪在《學衡》第64期刊出《王觀堂先生挽詞》的序中提出了著名的「文化─義盡」、「獨立─自由」說的同時，在挽詞中也始終貫穿著「殉清」說。他的第三句「一死從容殉大倫」的「大倫」，在吳宓爲之作注時就明確地指出是指「君臣」關係。因爲陳寅恪在另一首《挽王靜安先生》詩中同樣說明了王國維自沉是傚屈原（靈均）投水〔註41〕。吳宓在兩首詩中也同樣表達了王國維自沉是傚屈原（屈子、屈平）的殉「君臣」這一「大倫」〔註42〕。錢穆直到晚年在《晚學盲言》中有「五倫之道」的專題的探討，強調「亦可謂中國全部文化傳統乃盡在此五倫中」〔註43〕。

在1920年代以後「學衡派」活動的歲月，「五倫」已經成爲一種傳統，這一「傳統」在中國人政治文化和社會生活中，已經無法對倫理秩序產生決定性影響。柳詒徵的《明倫》以及「學衡派」同仁對已經成爲「傳統」的「五倫」的重申，目的是想借助「傳統」來「賦予歷史以理性，從而把過去引入現在的目標」〔註44〕的雙重力量，重塑現代人的倫理秩序，以穩定其被文化激進主義、自由主義變革了的人的心態，制衡文化的過度失範。而這一切又

〔註37〕羅傑・斯克拉頓：《保守主義的含義》（王皖強譯）第13頁。
〔註38〕羅傑・斯克拉頓：《保守主義的含義》（王皖強譯）「中譯者序」第9頁。
〔註39〕羅傑・斯克拉頓：《保守主義的含義》（王皖強譯）「中譯者序」第19頁。
〔註40〕羅傑・斯克拉頓：《保守主義的含義》（王皖強譯）第7頁。
〔註41〕參見沈衛威：《回眸「學衡派」──文化保守主義的現代命運》第285頁，人民文學出版社，1999。
〔註42〕參見沈衛威：《回眸「學衡派」──文化保守主義的現代命運》第46頁。
〔註43〕錢穆：《晚學盲言》（上）第222頁，廣西師範大學出版社，2004。
〔註44〕羅傑・斯克拉頓：《保守主義的含義》（王皖強譯）第26頁。

都是要重新確立新的社會秩序中的每一個個體的自我和自身的形象。

而胡適、陳獨秀、魯迅及「新青年派」掀動的新文化運動就是要反對舊的倫理道德，並有超越中國文化倫理的全面舉措。對文化倫理的「堅守」和「超越」的不同取向，形成了雙方矛盾鬥爭的焦點。1930 年代國共內戰，兩黨在朝在野，殘酷的政治軍事對立，使雙方有意識形態上的「政治倫理」之爭。原有的文化上的激進與保守之爭，發展成為左翼陣營所倡揚的無產階級文學與當局主張的民族主義文學之爭，形成了暴力敘事上的尖銳對立。文化思想形態上也形成社會主義、自由主義、三民主義的實際分化。「學衡派」的非政治傾向表現在他們超越「政治倫理」之爭，取向對「民族意識」的張揚，而又不同於「民族主義」文學的政治敘事。1940 年代，由於外敵入侵和山河破碎的刺激，知識分子對於家和國的訴求，尤其是對於小我與大家、大國的重新審視，加上「學衡派」一部分成員的政治化傾向，導致《思想與時代》和「學衡派」成員陳銓、賀麟等介入的《戰國策》，都具有明顯的國家觀念的色彩。

賀麟是「學衡派」的第二代，同時也是受到五四新文化運動影響的一代。他對「五倫」的看法是超越式的，是推陳出新的「新儒家」的理想化認識。在 1940 年 5 月 1 日《戰國策》第 3 期上刊出的《五倫觀念的新檢討》一文，他明確提出：「五倫的觀念是幾千年來支配了我們中國人的道德生活的最有力量的傳統觀念之一。它是我們禮教的核心，它是維繫中華民族的群體的綱紀。我們要從檢討這舊的傳統觀念裏，去發現最新的近代精神。從舊的裏面去發現新的，這就叫做推陳出新。必定要舊中之新，有歷史有淵源的新，才是真正的新。」〔註 45〕這樣做的目的是要從「舊禮教的破瓦頹垣裏，去尋找出不可毀滅的永恒的基石。在這基石上，重新建立起新人生、新社會的行為規範和準則」〔註 46〕。這種所謂的「新社會的行為規範和準則」是具有明顯的國家觀念的色彩。是超越柳詒徵在《國風》時代的純粹的民族主義理念的。

賀麟認為，「五倫觀念是儒家所倡導的以等差之愛、單方面的愛去維繫人與人之間常久關係的倫理思想」〔註 47〕。五倫觀念的最基本意義為三綱

〔註 45〕 賀麟：《五倫觀念的新檢討》，《文化與人生》第 51 頁，商務印書館，1988。
〔註 46〕 賀麟：《五倫觀念的新檢討》，《文化與人生》第 62 頁。
〔註 47〕 賀麟：《五倫觀念的新檢討》，《文化與人生》第 62 頁。

說，五倫觀念的最高最後發展，也是三綱說。而且五倫觀念在中國禮教中權威之大，影響之大，支配道德生活之普遍與深刻，亦以三綱說為最。三綱說實為五倫觀念的核心。西漢既然是有組織的偉大的帝國，所以需要一個偉大的有組織的禮教，一個偉大的有組織的倫理系統以奠定基礎，於是，將五倫觀念發揮為更有力量的三綱說，及以三綱說為核心的禮教。這樣，儒教便應運而生了。「由五倫進展為三綱包含有由五常之倫進展為五常之德的過程」〔註48〕。「由五倫到三綱，即是由自然的人世間的道德進展為神聖不可侵犯的有宗教意味的禮教」〔註49〕。賀麟尖銳地指出，這個傳統禮教在權威制度方面，有嚴重的僵化性和束縛性。「三綱說的軀殼，曾桎梏人心，束縛個性，妨礙進步，達數千年之久」〔註50〕。他同時強調：「三綱說在歷史上的地位既然如此重要，無怪乎在新文化運動時期，那些想推翻儒教，打倒舊禮教的新思想家，都以三綱為攻擊的主要對象。據我們現在看來，站在自由解放的思想運動的立場去攻擊三綱，說三綱如何束縛個性，阻礙進步，如何不合理，不合時代需要等等，都是很自然的事。」〔註51〕

「學衡派」中兩代人對五倫觀念的認識是有明顯的不同，但內在的聯繫和文化脈動是相通的。

北京大學和南京高師—東南大學—中央大學的思想、學術傳統的差異，可以用自由主義與民族主義作簡單的概括，也可以看作文化激進主義與文化保守主義的對立。

「新文化—新文學」是以超越中國傳統文化倫理，追求現代性為理性導向。而現代性的價值表現是在它與流動的時間關係上。運動的不確定性和對傳統的瓦解是現代性的表現形式。科學、民主是新文化運動的旗幟。活的文學（興白話）與人的文學（張個性）是新文學的基本內涵。科學主義、自由主義以及文學上的「活」與「人」的特性（廢古文、反載道）都是與傳統敵對的。因此希爾斯在指出科學主義與傳統的敵對時，特別強調科學主義「只承認被認為建立在科學知識之上的規則，而這些知識又與科學程序和理性分析密不可分。那些沒有科學根據的實質性傳統應該被取代」〔註52〕。

〔註48〕賀麟：《五倫觀念的新檢討》，《文化與人生》第 59 頁。
〔註49〕賀麟：《五倫觀念的新檢討》，《文化與人生》第 60 頁。
〔註50〕賀麟：《五倫觀念的新檢討》，《文化與人生》第 60 頁。
〔註51〕賀麟：《五倫觀念的新檢討》，《文化與人生》第 58 頁。
〔註52〕E. 希爾斯：《論傳統》（傅鏗、呂樂譯）第 317 頁，上海人民出版社，1991。

從南京高師到東南大學，七年的發展，使這所學校成爲南方最大、最好的大學。張其昀說「母校智育的最大特色，當然是注重科學」。「南高和其它高師不同的地方，即在其造就科學人才之眾」〔註53〕。隨後改制的中央大學，以及 1949 以後的的南京大學、南京工學院（現東南大學），注重科學仍是其最大的特色。這裡要說的是其人文形態和人文精神，即張其昀所說的科學時代的人文主義精神。

反抗「新文化—新文學」的話語霸權，以文化保守的姿態抗衡文化激進，強調民族歷史文化傳統的繼承和發揚，弘揚人文主義精神，是《學衡》雜誌的特徵（包括《湘君》）。人文主義所強調的是必須正確地對待歷史和過去的文化，並持同情的理解的態度。張其昀在《中國與中道》一文中強調：「中國所以能統制大宇混合殊族者，其道在中。我先民觀察宇宙，積累經驗，深覺人類偏激之失，務以中道詔人御物，以爲非此不足以立國，故制爲國名。歷聖相傳，無不兢兢焉以中道相戒勉。」在旁徵博引中國典籍的同時，張其昀還引用了白璧德的《中西人文教育談》，他在新人文主義思想家那裡找到了興奮點。因爲白璧德說過：「十九世紀之大可悲者，即其未能造成一完美之國際聯盟。科學固可爲國際的，然誤用於國勢之擴張。近之人道主義，博愛主義，亦終爲夢幻。然則若何能成一人文的君子的國際主義乎？初不必假宗教之尊嚴，但求以中和禮讓之道聯世界爲一體。吾所希望者，此運動若能發韌於西方，則中國必有一新孔教運動。」〔註54〕

《史地學報》主要體現了南京高師—東南大學師生對中國傳統史學的繼承，和對新興的歷史地理學的接受。其中歷史學的研究是以尊重民族文化傳統和立足民族文化本位爲基本理路的。梅光迪指導的《文哲學報》，與《學衡》在精神上是相通的。《大公報‧文學副刊》的古典主義立場和《學衡》的文化倫理堅守、文化整合態度，在精神上相呼應，使主編吳宓的影響發散到大學校園之外。

由於「九一八」民族蒙難的巨大刺激，強調民族文化本位、張揚民族主義，內凝民族精神，以及主張尊孔，是《國風》的精神特徵。《國風》在強調民族精神，國防教育，倡導科學精神的同時，仍不忘反對「新文化—新文

〔註53〕王成聖：《郭秉文與南高、東大》，見張宏生、丁帆主編：《走近南大》第 95 頁，四川人民出版社，2000。

〔註54〕張其昀：《中國與中道》先刊《學衡》第 41 期，後發《史地學報》第 3 卷第 8 期（1925 年 10 月）。

學」,堅持刊登舊體詩詞。當《國風》把張揚民族主義作爲最大的政治時,實際上就成了無政治。因爲其主要表現形式仍是學術活動。《大公報・文學副刊》的文化保守主義立場在向民族主義做應時的順轉過程中,一度經過了「道德救國」和「道德理想主義」的中介。《國風》則是一開始就張出民族主義的大旗。

刊物爲孔子誕辰〔註55〕、劉伯明逝世九週年、南京高師二十年等出了紀念專號,這種群體活動的出現可見其十分鮮明的思想傾向和內在精神的聯繫。其中尊孔是《國風》一開始就標榜的鮮明立場,寫文章的都是「學衡派」主要成員。作者之一的唐君毅二十多年後成爲「新儒家」的代表人物,這其中隱含著可觸摸的文化脈動。

張其昀說《思想與時代》「與《學衡》及《國風》雜誌宗旨相同,以溝通中西文化爲職志」〔註56〕。《思想與時代》所展示出的是「學衡派」成員國家觀念的強化。張其昀說刊物的目標是倡導科學時代的人文主義,其實際的意圖曾被胡適搗破,那便是《徵稿啓事》上說的「建國時期主義與國策之理論研究。我國固有文化與民族理想根本精神之探討」。胡適站在「新文化─新文學」的立場上,以民主、科學的理路寄託自己的社會政治理想,因此,他說《思想與時代》的反動主要表現在文化的保守和擁護集權的傾向上。擁護集權就是《思想與時代》的政治主張,也是刊物政治背景。刊物的主要成員張其昀、張蔭麟、賀麟與國民黨政府的領袖人物有直接的關係,錢穆、馮友蘭作爲儒學大師,也是後來(臺灣、大陸)獨裁、集權政治的積極擁護者。正如學者胡逢祥在對《思想與時代》解讀後所指出的:「儘管四十年代的學衡派因不合時尚,已被國內思想文化界的主流意識漸漸擠到了不甚起眼的邊緣地帶,但它作爲一股思想力量的長期存在,其潛在影響依然是不可低估的。」〔註57〕

這三個刊物一個副刊都是以學術作爲思想文化載體,以融通中西學術,強調學風作爲表現形式。從對待歷史、傳統的態度看,以柳詒徵爲代表的南京高師─東南大學的文史研究,是堅守傳統的文化倫理,崇尚古典,對中國文化道統有深切的關懷和心靈體會;以湯用彤、陳寅恪、吳宓、梅光迪、郭

〔註55〕《國風》第1卷第3號(1932年9月28日)。
〔註56〕張其昀:《六十年來之華學研究》,《張其昀先生文集》第19冊第10257頁。
〔註57〕胡逢祥:《社會變革與文化傳統──中國近代文化保守主義思潮研究》第153〜154頁,上海人民出版社,2000。

斌龢爲代表的留學哈佛大學的白璧德的學生，主張中西融通，持「同情的理解」的姿態。

從《學衡》、《文哲學報》、《國學叢刊》、《文學副刊》到《國風》、《中國學報》，刊登的所謂文學創作，就是舊體詩詞。對舊文學形式的熱愛，和對新文學的抗拒，是「學衡派」成員文學活動的一個重要組成部分。特別是吳宓、胡先驌、陳寅恪等人，堅持寫舊體詩詞，他們這是從人文主義的立場出發，向白話新文學發動的一場不指望獲勝的殊死防守。這在白璧德看來恐怕也屬於「過時而不足以適應時代的要求」的「舊人文主義」的行爲。他說「舊人文主義有時將會導致超美學的（ultra-aesthetic）、享樂主義的生活態度，即退回到自己的象牙塔中，僅僅在古典文學中尋求精緻慰藉的那種傾向」〔註58〕。

國學研究作爲學術承傳

「學衡派」形成於1920年代初的東南大學，梅光迪主張稱這一時期的文化保守主義思潮爲「現代中國的人文主義運動」。

從三江師範學堂—兩江師範學堂—南京高師，到東南大學、中央大學、南京大學的百年歷史來看，「學衡派」爲這所學校所帶來的文化精神和學術傳統主要是體現在人文學科上，傳統的國學研究和中西融通之學是其主要學術特色。這裡主要說國學研究。

爲《學衡》雜誌撰寫《簡章》，並提出「論究學術，闡求眞理，昌明國粹，融化新知」作爲刊物宗旨的是吳宓。動議創辦《學衡》的是梅光迪、吳宓。吳宓提出的《學衡雜誌簡章》自然也得到同仁的認可。問題在於梅光迪、吳宓的學術背景和所學專業是西洋文學批評。《簡章》中「昌明國粹」的提法也是籠統、含混的。因爲他們兩人既不研究這個「國粹」，也就不再提這個「國粹」了。可以說「國粹」在他們兩人僅僅是一個口號而已。後來刊物上有關「國粹」的文章都不是他二人所作的。而刊物本身所刊登的所謂「昌明國粹」的文章實際上就是有關國學的基本東西。

章太炎是晚清「國粹派」的代表人物，他在一次《我的生平與辦事方法》的白話演講中，對「國粹」有明確的所指和目的揭示。他說：「爲什麼提倡國粹？不是要人尊信孔教，只是要人愛惜我們漢種的歷史。這個歷史，是就廣義說的。其中可以分爲三項：一、語言文字。二、典章制度。三、人物事迹。」

〔註58〕歐文‧白璧德：《文學與美國的大學》（張沛、張源譯）第106～107頁。

〔註59〕章太炎特別強調這樣做是出於「感情」上需要,「是要用國粹,激動種性,增進愛國的熱腸」〔註60〕。這裡有反清排滿的極端的民族主義的傾向性,也是他帶動起來的「國粹派」的學術政治化的體現。「學衡派」的「昌明國粹」是非政治化的,他們的對立面是白話新文學和整個新文化運動。同說「國粹」,內容可能多有相似,而目的卻不同。

國學研究實際上是知識傳統的延續。胡適在 1922 年 12 月北京大學的校慶演講中曾說,北京大學只有社會科學研究(即實際的國學研究)可在世界上有自己的地位,因為中國現代大學的科學研究都是剛剛起步。國學研究自然也是東南大學的優勢,相對保守的國學研究的學術基礎和學術傳統可追溯到張之洞。

張之洞是晚清的大政治家、學問家,在倡導實業、發展經濟、興辦教育的同時,堅持文化保守主義的立場。《勸學篇》、《書目答問》集中體現了他「中學為體,西學為用」的思想。他是三江師範學堂的創辦人,三江師範學堂的首任校長是繆荃孫。《書目答問》實際是張之洞、繆荃孫合作的產物。繆荃孫在三江師範─兩江師範─南京高師─東南大學最有影響的門人是柳詒徵〔註61〕。「學衡派」成員中柳詒徵在南京高師─東南大學培養的國學研究的學生最多。所以張其昀在紀念老師柳詒徵的文章中說:「民國八年(1919)以後,新文化運動風靡一時,而以南京高等師範為中心的學者們,卻能毅然以繼承中國學統,發揚中國文化為己任。……世人對北大、南高有南北對峙的看法。柳師所以能挺身而出,領袖群倫,形成了中流砥柱的力量,可說是南菁書院求是學風的發揚光大。」〔註62〕

張其昀甚至在談到他的創業歷史,特別是華岡興學時,還聯繫南京高師,說它是對中國正宗文化的繼承。他說:「民國十年左右,南高與北大並稱,有南北對峙的形勢。北大是新文化運動的策源地,而南高則是人文主義的大本營,提倡正宗的文化。Classics 一字,一般譯為經典,南高大師們稱之為正宗。從孔子、孟子、朱子、陽明,一直到三民主義,都是中國的正宗。本人在南

〔註59〕章炳麟:《章太炎的白話文》第 72 頁,遼寧教育出版社,2003。

〔註60〕章炳麟:《章太炎的白話文》第 69 頁。

〔註61〕柳曾符:《柳詒徵與繆荃孫》,見柳曾符、柳佳編:《劬堂學記》,上海書店出版社,2002。

〔註62〕張其昀:《吾師柳翼謀先生》,見《張其昀先生文集》第 9 冊第 4712 頁,(臺北)中國文化大學出版部,1988。

高求學期間，正當新文化運動風靡一世，而南高師生，主張融貫新舊，綜羅百代，承東西之道統，集中外之精神，儼然有砥柱中流的氣概。南高北大成爲民國初期大學教育的兩大支柱，實非偶然。」〔註63〕

陳三立、李瑞清、江謙三位江西人分別是三江師範—兩江師範—南京高師三個不同時段的校長，陳三立之子陳寅恪後來成爲「學衡派」成員也是必然的。由於陳三立、李瑞清、江謙的緣故，許多江西籍的學者在這所學校任教（如胡先驌、汪辟疆、王易、邵祖平、蕭純錦、楊銓、熊正理、陳植等）。同時，宗法「宋詩」，崇尚「江西詩派」的「同光體」的許多詩人成爲《學衡》的作者。也有非《學衡》作者的黃侃、胡小石等，和非江西籍的《學衡》作者汪東、王伯沆、胡翔多等宗法「宋詩」，而胡小石、胡翔多本是李瑞清門人。1930 年代，在中央大學、金陵大學，這批宗法「宋詩」的詩人，還結爲「上巳社」和「禊社」，同時吸引了文學新人如沈祖棻、程千帆等，隨他們學習舊體詩詞。無獨有偶，1980 年代中國第一部以「江西詩派研究」爲題的博士論文出自南京大學中文系的學人莫礪鋒（程千帆的弟子）之手。這就是傳統的力量。

東南大學學生組織辦的刊物《史地學報》、《文哲學報》、《國學叢刊》的學術工作大都是在國學領域。「學衡派」的主要成員胡先驌，雖是科學家，但他是「同光體」詩人沈曾植的門生，反對白話新詩，他是先鋒官，同時畢生寫舊體詩〔註64〕。其他幾位《學衡》作者王國維、張爾田、李詳、孫德謙也都是沈曾植的門人。

錢穆抗戰時成爲《思想與時代》的作者，並應張其昀之邀到浙江大學講學一月〔註65〕。其思想觀念與張其昀等人趨同的原因，如他自己所說意見早與「學衡派」較近〔註66〕。

〔註63〕 張其昀：《華岡學園的萌芽》，《張其昀先生文集》第 17 冊第 9038～9039 頁，（臺北）中國文化大學出版部，1989。

〔註64〕 胡先驌爲沈曾植門人一事，見胡先驌遺稿《憶沈乙庵師》，《學林漫錄》第五輯。中華書局，1982。另據《黃侃日記》所示，胡先驌與黃侃交往頗多。胡先驌也曾將自己的詩給黃侃看，並託他轉請陳衍看。

〔註65〕 錢穆：《八十憶雙親・師友雜憶》第 243～244 頁，生活・讀書・新知三聯書店，1998。

〔註66〕 錢穆：《紀念張曉峰吾友》一文中說：「民國二十年，余亦得進入北京大學史學系任教。但余之大體意見，則與《學衡》派較近。」見《張其昀先生紀念文集》第 7 頁，私立中國文化大學張其昀先生紀念文集編纂委員會，1986。

　　將陳寅恪歸爲「學衡派」，除他留學美國，受白璧德及新人文主義的影響，成爲《學衡》雜誌的作者之外，主要還是基於他國學研究中所體現出的文化精神上的緣故。當時清華研究院的四大導師，三人是胡適推薦的，陳寅恪本人是吳宓引薦的。吳宓把《學衡》帶到清華學校編輯後，陳寅恪自然成了《學衡》的作者。陳三立於 1900 年 4 月舉家移居南京，陳寅恪的侄女陳小從說：「我父和六叔在出國前那段啓蒙教育都是延師在家教讀，先後所延聘教師有王伯沆（瀣）、柳翼謀、蕭屺泉（散原精舍詩中所稱蕭稚泉）等。」〔註 67〕王伯沆、柳翼謀分別是兩江師範學堂—南京高師文、史學科的骨幹力量，和南京高師—東南大學時期的著名教授。陳寅恪在 1934 年爲馮友蘭《中國哲學史》下冊所寫的審查報告中明確表明：「寅恪平生爲不古不今之學，思想囿於咸豐同治之世，議論近乎湘鄉南皮之間」〔註 68〕。「南皮」即張之洞。在同一篇文章中他更是說明了自己的文化立場，他從中國六朝吸收外來文化談起，說：「竊疑中國自今日以後，即使能忠實輸入北美或東歐之思想，其結局當亦等於玄奘唯識之學，在吾國思想史上，既不能居最高之地位，且亦終歸於歇絕者。其眞能於思想上自成系統，有所創獲者，必須一方面吸收輸入外來之學說，一方面不忘本來民族之地位。此二種相反而適相成之態度，乃道教之眞精神，新儒家之舊途徑，而二千年吾民族與他民族思想接觸史之所昭示者也。」〔註 69〕陳寅恪的這一文化立場正是「學衡派」同人所張揚的「昌明國粹，融化新知」的主張。他們彼此之間所認同的也正是在這一基點上。即便是到了晚年，巨大的政治變革，也沒能改變陳寅恪的文化立場。據南下訪問陳寅恪的吳宓在 1961 年 8 月 30、31 日的日記中所示：「寅恪兄之思想及主張，毫未改變，即仍遵守昔年『中學爲體，西學爲用』之說（中國文化本位論），而認爲共產黨已遭遇甚大之困難，……即是中國應走『第三條路線』，……獨立自主，自保其民族之道德、精神、文化，而不應『一邊倒』，爲 C.C.C.P. 之附庸。……但在我

〔註67〕 蔣天樞：《陳寅恪先生編年事輯》第 12 頁，上海古籍出版社，1997。關於王伯沆（名瀣，字伯沆、伯謙，號冬飲）爲陳三立家塾師之事，錢堃新在《冬飲先生行述》中說：「如文道希、陳伯嚴、俞恪士諸公，一見先生詩詞，咸大驚折節下之。陳伯嚴建精舍爲文酒之會，雅知先生有師道，固請就館，使子女執經問業。」見《南京文獻》第 21 期。
〔註68〕 陳寅恪：《金明館叢稿二編》第 285 頁，生活・讀書・新知三聯書店，2001。
〔註69〕 陳寅恪：《金明館叢稿二編》第 284～285 頁。

輩個人如寅恪者，則仍確信中國孔子儒道之正大，有裨於全世界，而佛教亦純正。我輩本此信仰，故雖危行言殆，但屹立不動，決不從時俗爲轉移。」〔沈按：爲刪節式引文〕吳宓特別感慨陳寅恪「威武不能屈」的事實：「始終不入民主黨派，不參加政治學習，不談……，不經過思想改造，不作『頌聖』詩，不作白話文，不寫簡體字，而能自由研究，隨意研究，縱有攻訐之者，莫能撼動。」〔註70〕這是由學統到道統的守護。

馬修·阿諾德和歐文·白璧德的實際影響

阿倫·布洛克在《西方人文主義傳統》一書中反覆強調，「人文主義不是一個哲學體系或者信條，而是一場曾經提出了非常不同的看法而且現在仍在提出非常不同的看法的持續的辯論」〔註71〕。「學衡派」成員中，有一批是留學美國哈佛大學的學子。在五四時期，舊派文人、學者或者說傳統的國學研究者反對「新文化—新文學」是可以理解的，而一批留學生反對「新文化—新文學」卻是件有著特殊的原因和不被理解的新鮮事。其原因則是在他們的思想、學術活動中始終搖曳著美國新人文主義思想家、文學批評家白璧德、穆爾、薛爾曼（謝爾曼 1881～1926）的身影，有一種保守的西學的知識和思想支持。

「學衡派」與新文化運動的主力人物論爭時，一條清晰可見的線索是：「對知識的爭奪，爭奪的焦點是：誰掌握了西方文明之精髓？」〔註72〕這是海外學者的簡約之說。梅光迪、吳宓、胡先驌有明顯的知識元典精神的崇拜傾向。吳宓在《論新文化運動》一文中說中國的新文化簡稱之曰歐化。清末光緒以來，歐化則國粹亡，新學則滅國粹。「言新學者，於西洋文明之精要，鮮有貫通而徹悟者」。「西洋正眞之文化，與吾國之國粹，實多互相發明，互相裨益之處。甚可兼蓄並收，相得益彰。誠能保存國粹，而又昌明歐化，融會貫通，則學藝文章，必多奇光異採。」吳宓認爲對於西洋文化的選擇，「當以西洋古今博學名高之定論爲標準，不當依據一二市儈流氓之說，偏淺卑俗之論」〔註73〕。

〔註70〕吳宓：《吳宓日記續編》第 V 冊第 160～161 頁，生活·讀書·新知三聯書店，2006。
〔註71〕阿倫·布洛克：《西方人文主義傳統》（董樂山譯）第 233 頁，生活·讀書·新知三聯書店，1997。
〔註72〕劉禾：《語際書寫──現代思想史寫作批判綱要》第 8 頁，上海三聯書店，1999。
〔註73〕《留美學生季報》第 8 卷第 1 號（1921 年春季號）。1922 年 4 月《學衡》第 4 期轉載。

為了論證胡適等人在西學上的淺薄，引用、借助的是白璧德的基本觀點。白璧德認為16世紀以來，特別是個人主義出現以後，西方的主流文化有一種趨勢，那就是對古典人文主義傳統的背叛。因此中國人不須膜拜以盧梭為代表的浪漫主義以下之狂徒，冒進步之虛名，而忘卻中國固有之文化。反倒是應該昌明國粹，研究、吸收、融化西洋自希臘以來真正的古典文化。

美國批評家里昂納爾·特里林稱馬修·阿諾德為「我們的時代中人文主義傳統在英國和美國的偉大繼承者和傳播者」〔註74〕。白璧德的思想和學術資源得自英國的著名批評家馬修·阿諾德。其文學批評與馬修·阿諾德是「一脈相承」〔註75〕的。他們不接受任何教條的宗教和任何系統哲學，要求人們安於「詩境的」人生觀，其無傳統宗教信仰又無系統哲學理論但卻重視道德和情感。趨於保守的尚古與道德教諭，以及主張中庸之道是他們共同的理性導向。馬修·阿諾德是一位文化決定論者和「真正的理想家」，他所謂的西方偉大的精神傳統就是希臘精神和希伯來精神的體現。這兩大精神傳統，就像是兩大準繩，自然地堅固人類的道德力量，鑄就必要人格基礎。這些宗教信仰、思想理念、價值觀念和歷史事實，共同形成所謂的文化資源。他認為：「文化就是或應該是對完美的探究和追尋，或曰美好與光明，就是文化所追尋的完美之主要品格。」〔註76〕具體說來，「文化認為人的完美是一種內在的狀態，是指區別於我們的動物性的、嚴格意義上的人性得到了發揚光大。人具有思索和感情的天賦，文化認為人的完美就是這些天賦秉性得以更加有效、更加和諧地發展，如此人性才獲得特有的尊嚴、豐富和愉悅」〔註77〕。他一再強調的所謂文化傳統的崩潰將導致人的精神陷入混亂狀態的觀點，對五四新文化運動時期的「學衡派」的重要成員的影響也是十分有刺激性的。因為文化所具有的智慧和美好是理性的，也是可靠的權威的基礎，是中國士大夫的「內聖」理念。馬修·阿諾德堅信文化可以「提煉出最優秀的自我，將普通自我大量的騷動、盲目的衝動協調起來，使之服務於優秀的自我，服務於完美的

〔註74〕轉引自阿倫·布洛克：《西方人文主義傳統》（董樂山譯）第167頁。

〔註75〕雷納·韋勒克：《近代文學批評史》（楊自伍譯）第四卷第181頁，上海譯文出版社，1997。

〔註76〕馬修·阿諾德：《文化與無政府狀態——政治與社會批評》（韓敏中譯）第41頁，生活·讀書·新知三聯書店，2002。

〔註77〕馬修·阿諾德：《文化與無政府狀態——政治與社會批評》（韓敏中譯）第11頁。

人性的理念」〔註78〕。一旦「有了最優秀的自我，我們就是集合的，非個人的，和諧的。將權威交給這個自我不會危及我們，它是我們大家能找到的最忠實的朋友；當失序狀態造成威脅時，我們盡可以放心地求助於這個權威。其實這就是文化、或曰對完美的追尋所要培育的自我」〔註79〕。

「學衡派」的成員梅光迪、吳宓等基本上是將這些理論移植到中國，然後再在現實語境中融通。在梅光迪、吳宓、湯用彤、樓光來、陳寅恪等成為白璧德的學生之後，另一位從白璧德讀書的中國學生是張歆海。他的博士論文是《馬修·阿諾德的古典主義》。東南大學西洋文學系學生胡夢華在1922年12月24日和1923年12月25日《時事新報·學燈》上分別刊出《英國批評家安諾德與中國文學界》、《安諾德之教育論》、《安諾德論文學與考據》，同時批評汪靜之新詩集《蕙的風》的道德失範。此時在美國留學的聞一多，在1922年11月26日致梁實秋的信中說：「《蕙的風》只可以掛在『一師校第二廁所』底牆上給沒有帶草紙的人救急。實秋！便是我也要罵他誨淫。」〔註80〕在1923年3月25日一封致聞家駟的信中說汪靜之的藝術「粗劣」。「胡夢華底批評我也看見了，講得有道理」。〔註81〕梅光迪在1923年2月《學衡》第14期上刊出《安諾德之文化論》，並借機批評胡適〔註82〕。據《吳宓詩集》所示，吳宓在1935年所寫的一首詩中，自稱「我是東方安諾德」〔註83〕。作為詩人的吳宓，其精神人格更接近阿諾德，並在多處文章中稱道阿諾德。在《學衡》第14期的《英詩淺釋》中，譯有阿諾德的輓歌，並有《論安諾德之詩》詳細解說。他特別認同阿諾德「惟詩可以代宗教，而能為人生慰藉扶持之資」〔註84〕之說。為此，他還將此文收入《吳宓詩集》。

〔註78〕馬修·阿諾德：《文化與無政府狀態——政治與社會批評》（韓敏中譯）第169頁。

〔註79〕馬修·阿諾德：《文化與無政府狀態——政治與社會批評》（韓敏中譯）第62頁。

〔註80〕《聞一多全集》第12卷第127頁，湖北人民出版社，1993。

〔註81〕《聞一多全集》第12卷第162頁。

〔註82〕梅光迪在文章最後影射胡適「借用勢力威權，以強人之必從」。「壟斷教育」，「濫收門徒，收買青年」。

〔註83〕吳宓：《吳宓詩集·空軒詩話》第199頁，中華書局，1935。關於吳宓與馬修·阿諾德的關係，可參見向天淵：《吳宓與馬修·阿諾德》，王泉根主編：《多維視野中的吳宓》，重慶出版社，2001。

〔註84〕吳宓：《吳宓詩集》卷末所附錄安諾德象的解說語。

　　同時馬修・阿諾德的批評精神也直接影響到了「學衡派」的文化批評立場。《學衡》雜誌的英文譯名為 The Critical Review，具有批評和評論的實際含義。《學衡雜誌簡章》和《大公報・文學副刊》的《本副刊之宗旨及體例》都是吳宓撰寫。其中《學衡雜誌簡章》「宗旨」中所謂「以中正之眼光，行批評之職事。無偏無黨，不激不隨」。《大公報・文學副刊》的《本副刊之宗旨及體例》中所說的「文學副刊之言論及批評，力求中正無偏，毫無黨派及個人之成見」。這二者相同的「宗旨」即是馬修・阿諾德批評精神所提倡的「超然」態度，尋求「精華」。雷納・韋勒克把馬修・阿諾德的這種「超然」態度進一步解釋為：「擯棄眼前的政治及宗教目的；視野開闊；不存偏見；不為一時激情所動而保持沉靜。」〔註85〕即馬修・阿諾德本人所說的「力求……如其本然地看待客體本身」。「精華」則指「擺脫所處時代區域的束縛，意識到西方的全部傳統，意識到經典名著的存在」〔註86〕。The Critical Review 所具有批評和評論的實際含義正如同愛德華・W・薩義德在《人文主義的範圍》的演講中所強調的：「從根本上說，認識人文主義，就是把它理解成民主的，對所有階級和背景的人開放的，並且是一個永無止境的揭露、發現、自我批評和解放的進程。我甚至說，人文主義就是批評。」〔註87〕

　　胡先驌第二次留學美國是在哈佛大學，一個植物學家的人文修養和文學主張也有白璧德的直接影響。批評胡適的人，說胡適的實用主義是杜威思想的中國版；與胡適對壘交戰的梅光迪、吳宓、胡先驌等人的新人文主義主張，何嘗不是照搬阿諾德、白璧德的學說？在中國現代文化的變革進程中，導師的思想學說，由學生承繼過來進行交鋒，同時也是適者生存，勝者為王。王者便佔有主流話語權。

　　沒有為《學衡》寫文章，但以學生身份到東南大學聽過吳宓的課的清華學子梁實秋，也是白璧德的學生。中國第一部關於白璧德與新人文主義的文集是他編的。他的文學的人性論主張、對新文學源流的揭示和批評、以及文學的紀律都是來自馬修・阿諾德和白璧德。梁實秋是胡適的弟子、朋友，也是吳宓的弟子、朋友。因此他的雙重身份十分明顯：政治上的自由主義和文化─文學上的保守主義。梁實秋 1977 年 10 月 11 日為文集《論文學》寫的序

〔註85〕雷納・韋勒克：《近代文學批評史》（楊自伍譯）第四卷第 183 頁。
〔註86〕雷納・韋勒克：《近代文學批評史》（楊自伍譯）第四卷第 183 頁。
〔註87〕《人文主義與民主批評》（朱生堅譯）第 26 頁。

言中再次強調：「白璧德教授是給我許多影響，主要的是因爲他的若干思想和我們中國傳統思想頗多暗合之處。」〔註88〕「他強調西哲理性自制的精神，孔氏克己復禮的教訓，釋氏內照反省的妙諦。我受他的影響不小，他使我踏上平實穩健的道路。」〔註89〕

　　1933年4月16日《論語》半月刊第15期載有林語堂的《有不爲齋隨筆・論文》一文。主張「文章者，個人性靈之表現」的林語堂，借評論沈啓無編的《近代散文鈔》，由談論胡適與公安三袁排斥倣古文學的性靈立場，進而拉出金聖歎與白璧德的對決。他說了這樣一段讓梁實秋不快的話：

　　　　文章者，個人之性靈之表現。性靈之爲物，惟我知之，生我之父母不知，同床之吾妻亦不知。然文學之生命實寄託於此。故言性靈之文人必排古。因爲學古不但可以不必，實亦不可能。言性靈之文人，亦必排斥格套，因已尋到文學之命脈，意之所之，自成佳境，決不會爲格套定律所拘束。所以文學解放論者，必與文章紀律論者衝突，中外皆然。後者在中文稱之爲筆法、句法、段法，在西洋稱爲文章紀律。這就是現代美國哈佛大學白璧德教授的「人文主義」與其反對者爭論之焦點。白璧德教授的遺毒，已由哈佛生徒而輸入中國。紀律主義，就是反對自我主義，兩者冰炭不相容。……

　　　　中國的白璧德信徒每襲白氏座中語，謂古文之所以足爲典型，蓋能攫住人類之通性，因攫住通性，故能萬古常新，浪漫文學以個人爲指歸，趨於巧，趨於偏，支流蔓衍必至一發不可收拾。殊不知文無新舊之分，惟有眞僞之別，凡出於個人之眞知灼見，親感至誠，皆可傳不朽。因爲人類情感，有所同然，誠於己者，自能引動他人。

　　　　金聖歎尤能解釋此理，與西方歌德所言吻合〔註90〕

梁實秋隨即在天津《益世報・文學周刊》第27期（1933年5月27日）刊出《說文》，表示不滿。他說我是「哈佛生徒」之一，但不自承是「中國的白璧德信徒」之一，「因爲白璧德教授的思想文章有些地方是我所未能十分瞭解，

〔註88〕《梁實秋文集》編輯委員會編：《梁實秋文集》第7卷第740頁，鷺江出版社，2002。
〔註89〕《梁實秋文集》編輯委員會編：《梁實秋文集》第7卷第734頁。
〔註90〕林語堂：《林語堂散文經典全編》第1卷第59～61頁，九州出版社，2002。《梁實秋文集》編輯委員會編：《梁實秋文集》第7卷第136～137頁引了林語堂的的這段話。

亦有些地方是我所不十分贊同的。不過白璧德教授這個人的六部著作，中國現在在雜誌上隨便寫寫文字的人怕還未必能讀得懂罷。林語堂先生當然是另當別論，他譯過《新的文評》，他至少從側面，從反面多少曉得一點白璧德的文章思想」。他認爲林語堂所說的「遺毒」，頗似衛道口吻，未免有違幽默之旨。梁實秋說：「以我所知，白璧德教授並未主張過『筆法、句法，段法』之類的『文章紀律』，並未說過『古文足爲典型』，亦並未說過文章要什麼『格套、定律』。」並進一步表示：「林語堂先生要談『性靈』儘管談，要引金聖歎儘管引，但不知爲什麼拉上一位哈佛老教授做陪襯？」〔註91〕

梁實秋表示他個人的私見，和林先生一樣，也是以爲「性靈」是很重要的。還說自己的意見比林先生的還要更進一步，不但反對「模擬古人」，也反對模擬今人。模擬金聖歎，模擬鄭板橋，令人作嘔；模擬魯迅，模擬蕭伯訥，也令人作嘔。何以呢？因爲，林先生說得最好。「文章者，個人性靈之表現也。」一模擬起來，便容易發生林先生所謂的「遺毒」了。

梁實秋這時候實際上回擊了林語堂，因爲林本人正在大談金聖歎，欣賞金聖歎的「不亦快哉」三十三則，並和周作人一起推崇「公安派」。

這裡需要指出的是，白璧德的中國學生中，陳寅恪、林語堂、湯用彤、張歆海、梁實秋五人都是胡適的好友。陳寅恪、梁實秋雖與胡適的文化觀念和知識背景不同，但沒有影響他們的朋友關係。梁實秋與胡適的文學思想不一致，也批評胡適的文學革命，但在自由主義議政方面，又是戰友、朋友。他晚年回憶說：「我在新月書店出版《白璧德與人文主義》一書，按常理胡適先生會要提出異議，因爲《學衡》一向和胡先生處在敵對地位，但是胡適先生始終沒說過一句話，他的雅量是可佩服的。胡先生也從來沒有譏訕過白璧德一句話。」〔註92〕而林語堂、張歆海從不和胡適及新文學對立。在白璧德的中國學生中，梁實秋最具有批評家的氣質和明晰的思想。陳寅恪、湯用彤是史學家、哲學家，林語堂、樓光來受白璧德的影響並不大，尤其是樓本人有「活字典」之稱，一生沒有著作，以純教授生活終。吳宓是詩人、自傳（日記）體作家，因始終攪不清倫理與藝術、文學與道德的關係而無法形成自己的完整的文學批評觀。

新人文主義早在第一次世界大戰前就已赫赫有名，在 30 年代仍一直很有

〔註91〕《梁實秋文集》編輯委員會編：《梁實秋文集》第 7 卷第 137 頁。
〔註92〕《梁實秋文集》編輯委員會編：《梁實秋文集》第 7 卷第 735 頁。

影響。因此，傑・格拉夫在《美國文學批評中的左派與右派》一文中特別指出：「在頹廢派和激進派興盛的年代。保守派（或者說反革命新派）陣營中影響較大的是以歐文・白璧德、保羅・艾爾馬・摩爾和斯圖亞特・謝爾曼爲代表的新人文主義。」〔註93〕「學衡派」成員在美國時即受到他們極大的影響。在梅光迪、吳宓的反新文化—新文學的文章中，這些新人文主義的代表人物的名字經常出現。他們的主張通常也是「學衡派」的理論武器。尤其是吳宓主編的《大公報・文學副刊》，曾系統地介紹過美國的新人文主義的代表人物布朗乃爾（布勞內爾 1852～1929）、白璧德、穆爾、薛爾曼。這些文章多數被《學衡》轉載。

白璧德及新人文主義在「學衡派」成員中的影響，主要表現在文化觀念和文學批評上。其直接影響力是在「學衡派」大本營東南大學—中央大學，之外還有張歆海、吳宓、陳寅恪執教的清華學校—清華大學和抗戰時期「學衡派」成員聚集的浙江大學文學院。同時由大學發散到整個中國的思想文化界。梅光迪認爲，「學衡派」的集體活動與白璧德、穆爾領導的人文主義運動頗爲相似，「就許多基本的思想和原則而言，美國的人文主義運動爲它提供重要的資料和靈感源泉」〔註94〕。

意大利學者加林強調：「正是在對待過去的文化，對待歷史的問題上所持的態度，明確地確定了人文主義的本質。這種態度的特徵並不在於對古代文化的特殊讚賞或喜愛，也不在於更多地瞭解古代文化，而是在於具有一種非常明確的歷史觀。」〔註95〕因此，其著作《意大利人文主義》的中文譯者李玉成在「譯序」中說意大利的人文主義的主要觀點有重視研究歷史和繼承古代文化遺產，重視文學、語言學和修辭學，崇尚理性、智慧和從經驗中得來的知識，以及重視倫理和內心修養生活等特性。

從《學衡》到《大公報・文學副刊》，宣揚西洋文學的古典主義及新人文主義精神，是「學衡派」中人的一項重要的學術工作和與新文學抗衡的有意追求。他們和美國的人文主義者一樣，十分注重道德基礎和文學的重要性，進而成了中國古典文學的擁護派，反對文學革命者推崇的偏激思想

〔註93〕凱・貝爾塞等：《重解偉大的傳統》（黃偉等譯）第 197 頁，社會科學文獻出版社，1999。
〔註94〕梅光迪：《人文主義和現代中國》，羅崗、陳春豔編：《梅光迪文錄》第215頁。
〔註95〕加林：《意大利人文主義》（李玉成譯）第 14 頁，生活・讀書・新知三聯書店，1998。

和傾向。因此表現出以保守的姿態，以各種方式告示國人，「建立一個新中國唯一的堅實的基礎是民族傳統中的精華部分。其立場集中表現在哲學、政治和教育上的理想主義及文學中的古典主義。也就是說，其立足點是儒家學說」〔註96〕。

五四運動以後，杜威、羅素等人的「自由」、「進步」、「民主」、「科學」的思想在中國影響日益深遠，使得最古老、最沈穩的中國文明形式趨向西方化，文化保守主義者對不同派別的現代激進思潮加以抵制，但都顯得無力和蒼白。而「學衡派」的企圖是明確的，也是最有學理的。

「學衡派」中人的希望是有機會向中國人和西方人證明，中國文化眞正的創造力在本國的現代化進程中同樣可以大有作爲。他們和白璧德、穆爾的人文主義的親和力，是希望借助人文主義的影響，能使中國人的思想混亂得以澄清。因爲梅光迪、吳宓、陳寅恪等人在哈佛大學留學時，白璧德在對他們的一次講演中，就希望西方的人文主義運動，可以在中國的新儒家運動中得到呼應，「這種儒家學說就能夠徹底掙脫幾百年來背負著的學究式的、形式主義的沉重包袱」〔註97〕。

當然白璧德及新人文主義與中國現代文化—文學的關係並非如此簡單，而實際的遭遇和「宿命角色」〔註98〕也頗有意思。同時也有更複雜的文化互動和影響關係。白璧德本人並不懂中文，他對中國文化原典的接受是通過法文閱讀到《論語》、《孟子》的譯本〔註99〕，並從他那位出生在中國、父母都是傳教士的夫人多拉（Dora Drew）那裡得到影響〔註100〕。「白璧德的文化保守主義和精英主義，與儒家的傳統十分契合，……在這點上，與其說學衡派發現了白璧德，毋寧說是白璧德通過他們發現了中國，因而使他能論證人文主義的國際性」。因此，「兩者之間有一種相互影響的關係」

〔註96〕梅光迪：《人文主義和現代中國》，羅崗、陳春豔編：《梅光迪文錄》第224頁。
〔註97〕梅光迪：《人文主義和現代中國》，羅崗、陳春豔編：《梅光迪文錄》第228頁。
〔註98〕參見朱壽桐：《歐文‧白璧德在中國現代文化建設中的宿命角色》，《外國文學評論》2003年第2期。《中國現代作家對哈佛的發現》，《中國比較文學》2003年第2期。
〔註99〕王晴佳：《白璧德與「學衡派」》，見陸曉光主編：《人文東方——旅外中國學者研究論集》第510頁，上海文藝出版社，2002。
〔註100〕梁實秋在《現代》第5卷第6期（1934年10月1日）的「現代美國文學專號」上所寫的《白璧德及其人文主義》一文中，誤認爲白璧德的母親出生中國的寧波，「故對於中國文物特具同情，對於儒家典籍道家精神均有領悟」。

〔註 101〕。因為白璧德本人的儒家研究，得到過梅光迪的協助，而他的佛教研究則得益於與張歆海的討論。張歆海曾說：「白璧德並不想成為一個專業的東方學者；他只是想從佛教中找到能支持他觀點的東西。」〔註 102〕而事實上，他在中國的傳統文化中找到了印證自己人文主義思想的東西，並在中國學生身上加以實驗和驗證。

出身清華大學的批評家李長之對白璧德的人文主義的理解是：「人文主義者的人生態度，必需的是二元的。這意義是在他必須承認人人有兩個人格，一個人格是能夠去約束節制的，另一個人格卻是需要被約束節制的。前者是一種很高的意志，據他說，正是孔子所謂的『天命』（the will Heaven），它之能節制人的，自然的，物質的，生物的一方面，是比理性的節制更方便了許多的。白璧德的人文主義，是一種希臘思想和東方神秘思想的混合，又佐之以近代種種科學常識而成的。他的特色，在我看，是掇拾一切，又不創造，又不偏於一方面的一種東西。」〔註 103〕李長之自然是說不清白璧德的人文主義究竟是什麼東西。這還得由梁實秋來說。

梁實秋認為人文主義並非僅僅是一套淺顯的文藝理論，而實在是一種人生觀，是做人的一種態度。人文主義沒有抽象的理論系統，所以又異於純粹的人生哲學。據 Norman Foerester 在他的「Towards Standards」中所說，人文主義的內容有八項：

（一）標準的人性是完整的，需要各各部分的涵養，不要壓制任何部分。

（二）但人性各各部分的發展需要均衡，要各各部分都是和諧的。不無條件的「承認人生」，而要有價值的衡量。

（三）完整的均衡的人性要在常態的人生裏去尋求。常態的人生是固定的，普遍的。

（四）完整均衡的標準人性也許是從來沒有存在過，但是在過去有些時代曾經做到差不多的地步。例如希臘的人生觀，基督教的傳統精神，東方的孔子和佛教等等，這裡面都含著足以令後人效法的東西。

〔註 101〕陸曉光主編：《人文東方——旅外中國學者研究論集》第 539 頁。
〔註 102〕陸曉光主編：《人文東方——旅外中國學者研究論集》第 533 頁。
〔註 103〕李長之：《現代美國的文學批評》，《現代》第 5 卷第 6 期（1934 年 10 月 1 日）「現代美國文學專號」。

（五）浪漫主義重情感，人文主義則信仰理性。

（六）人文主義異於由科學演變出來的人生觀，因爲人文主義者除
　　　了理性之外還要運用倫理的想像。此倫理的想像，乃是透視
　　　人生的一種直覺。

（七）倫理的基本原則是節制。「自然律」是完全物質的，若適用於
　　　人生則流於紊亂放浪，一方面變成定命主義的唯物論，另一
　　　方面變成浪漫主義。

（八）人文主義異於宗教，因爲人文主義者沒有「禁欲」的趨勢，
　　　也沒有形式的「神學」；但有一點又同於宗教，因爲他反對「自
　　　我的擴張」而主張對於「普遍的理性」的遵從，即宗教中所
　　　謂之 humility。〔註104〕

簡約言之，人文主義的文藝論即古典主義文論的一種新的解釋。因此，梁實
秋把人文主義者的批評方法歸結爲：第一步是歷史的瞭解，第二步是價值的
判斷。這種以研究始，以論斷終，是完全異於近代所謂的「科學的批評」。他
認爲人文主義有三大優點：積極的主張、不涉及宗教與玄談、倡導節制的精
神。同時他也不迴避人文主義的缺憾：人文主義者的論著在文字上太嫌含混
籠統，人文主義不應該與近代科學處在敵對的地位。

　　梁實秋在理念與文字「含混籠統」的「學衡派」中是個例外。其理論明晰，
論說有力有據。他儘管只是「學衡派」的外圍成員和邊緣性人物，並不居於「學
衡派」反新文學的敵對前沿，但卻是一位宣揚白璧德及人文主義思想的同時又
敢於指出其不足的中國學生。這也是他和其他「學衡派」成員的不同之處。

　　實際上梁實秋所說的人文主義的缺憾，也正是中國「學衡派」及其人文
主義思潮的缺憾。特別是五四運動以後，他們在《學衡》上還固執地用文言
文來介紹白璧德及人文主義，連梁實秋都認爲這樣一來很難引起青年人的共
鳴，同時也有極大的含混籠統性。意義本身的不明確恐怕連他們自己也不甚
清楚，在行爲上自然也不遵從。梅光迪、吳宓離婚後追求女學生，特別是吳
宓陷入了浪漫詩人與人文主義者的矛盾時，郭斌龢就一針見血地指出這有礙
人文主義的開展〔註105〕。其行爲正是吳宓自己、也是白璧德及人文主義者所

〔註104〕轉引自梁實秋：《白璧德及其人文主義》，《現代》第5卷第6期（1934年10
　　　月1日）「現代美國文學專號」。
〔註105〕吳宓：《吳宓日記》第V冊第56頁，生活・讀書・新知三聯書店，1998。

反對的 Romantic〔註106〕。

在這種人生觀和態度的作用下，梁實秋認定人文主義者所謂的人性是固定的、普遍的，文學的任務即在於描寫這根本的人性。在《文學的紀律》一文中指出：「一切的文學都是想像的，我們要問的是：這想像的質地是否純正」。「文學發於人性，基於人性，亦止於人性」。「文學的態度之嚴重，情感想像之理性的制裁，這全是文學最根本的紀律，而這種紀律又全是在精神一方面的。」最後他強調：「文學的紀律是內在的節制，並不是外來的權威。文學之所以重紀律，為的是要求文學的健康。」〔註107〕

文化締造個人。從文化信仰和知識譜繫上看，文化激進和文化保守都是一種時間過程，是現代與傳統的歷史分野。文化激進主義者和文化保守主義者以不同的文化立場，在信仰和知識上尋求相應的個人承擔，並試圖實現各自的人生理想。

非政治化與道德秩序法則

羅傑・斯克拉頓認定「保守主義沒有什麼普遍性的政治主張」，和「保守主義與事物的外觀保持一致，與社會從中汲取活力的動機、理性、傳統和價值觀念相吻合」這兩項原則足以「構成保守主義思想的公理」〔註108〕。這裡說文化保守主義的非政治化，是符合二十世紀上半葉中國的國情的。「學衡派」的思想和行為也是在這一文化保守主義的語境中展開的。新人文主義在美國是學院式的，沒有政治勢力，不具有政治影響，因此是非政治化的。1928年，馬西爾在《美國人文主義之運動》一書中所列舉的三位人物布朗乃爾、白璧德、穆爾的身份是大學教授或報刊編輯，均以反現代化思潮的保守者著名。他們無法和美國的主流文化抗衡。史華慈認為二十世紀上半葉的中國，幾乎沒有柏克式的全盤肯定現行的社會秩序的保守主義，所有的只是一種受民族主義情感影響的文化保守主義。這種由民族主義情感貫穿其中的文化保守主義很少會對當時的政治秩序有所肯定。〔註109〕現代中國的文化保守主義者，在根本上既放棄了前清社會的皇權統治思想，也不墨守現行的社會政治的思

〔註106〕吳宓：《吳宓日記》第V冊第72頁。
〔註107〕《新月》第1卷第1號（1928年3月10日）。
〔註108〕羅傑・斯克拉頓：《保守主義的含義》（王皖強譯）第30頁。
〔註109〕史華慈：《論保守主義》，見傅樂詩等著：《近代中國思想人物論・保守主義》第36頁。

想統治。他們關心的是如何保存中國文化中固有的精華，使之不被激進主義的全面反傳統所徹底毀滅。同樣，文化保守主義非政治化的基本觀念也是從西方傳入中國的。

在政治思想和政治經驗居於中心位置的社會，保守主義的非政治化選擇並非易事。尤其是他們要在知識社會從事文化建設的企圖，是非主流意識形態的行為，也是和佔據主流文化的文化激進主義和自由主義相抗衡的。卡爾・曼海姆在《意識形態與烏托邦》一書中通過對知識社會學類型分析，進而指出，文化激進主義和自由主義都十分看重「時代精神」這一進步概念，因此他們反對文化保守主義堅守的「民族精神」。當保守主義與激進主義、自由主義在「自由」的概念和它作用的社會秩序層面上展開論爭時，保守主義「為了維持事物的原狀，他們也不得不把關於自由的爭論問題從外部政治領域轉向內部的非政治領域」〔註110〕。他們通常會從過去也就是歷史的傳統中，尋求已經消亡了的或者原本子虛烏有的烏托邦的超越現實的精神化的世界，尤其是想「通過恢復宗教感情、理想主義、象徵和神話來起這樣的作用」〔註111〕。同時，我們也可以看到，保守主義在理論上是追求「內心的自由」，而「內心的自由」在其不明確的、世間的目標方面，「必須服從於已被規定的道德信條」〔註112〕。事實上所有的「道德信條」都是一種理想化的產物，道德和社會秩序的結合更是理想主義的心靈之約。尤其是道德理想主義的秩序法則，特別是有關良知、責任的道德倫理，在變革的社會和文化激進主義、自由主義的強大攻勢面前，時常顯得蒼白無力。

一旦保守主義者有意識地將注意力放在文化這一層面上，便擺脫了與政治聯盟的可能，並把自己定位在文化精神的特殊歷史經驗和思想方式上。他們重傳統文化中的經驗性知識、思維方式和行為準則，並以此來觀照現實的思想和社會狀況，呈現出相對自由的文化繼承態勢，而沒有政黨或黨派團體的組織原則和思想的一統。那種以繼承文化道統為己任的姿態，使得他們自覺地成為現實的新文化的反對派。

由於中國此時的保守主義是文化上的，所以在與馬修・阿諾德、穆爾、白璧德的思想親和時，表現出人文主義的理性。拉塞爾・科克（Russell Kirk）

〔註110〕卡爾・曼海姆：《意識形態與烏托邦》（黎鳴、李書崇譯）第 278 頁。
〔註111〕卡爾・曼海姆：《意識形態與烏托邦》（黎鳴、李書崇譯）第 265 頁。
〔註112〕卡爾・曼海姆：《意識形態與烏托邦》（黎鳴、李書崇譯）第 244 頁。

在 1953 年出版的《保守主義心智》中以英國和美國的保守主義者爲參照，指出「保守主義者一般相信，存在一種超驗的道德秩序，我們應當努力使社會中眾多的行爲方式與這種秩序相一致。」〔註113〕而「道德秩序」通常是和「社會秩序」相關聯的。柏克關於「愼重變革的社會必要條件」，是在強調「社會連續性原則」中的漸進式變革。「道德秩序」與「社會秩序」在這種漸進的變革中會取得一致。道德秩序是保守主義的理性精神的體現。這種體現，實際上是一種道德的強制性和自我約束性，是建立在對「道德傳統」和「道德權威」〔註114〕的認同上。

事實上，「道德是對一個普遍性法則服從的產物，這個普遍性法則可以被發現於我們自身，而非現象世界。道德要成爲可能，它必須獨立於支配現象的種種法則」〔註115〕。因此，道德法則就不可能像物理法則一樣。道德的有序原則，既不依賴神性，也不依賴高級的形而上學基礎，而是「依賴獨立地、批判地進行活動的心靈所獲得的束西」〔註116〕。

作爲文化保守主義一部分的新人文主義，有其基本的道德秩序法則和神學色彩。馬修・阿諾德、穆爾和白璧德都有基督教神學背景。歐美文化保守主義者在提出傳統、古典的合法性問題時，喜歡作神學——神秘的或超驗的定義，並且具有十分鮮明的道德教諭作風。卡爾・曼海姆指出：「神權的觀點位於保守主義思想的底層，即使後者已泛神論化——也就是說事實上不信仰什麼時——仍然如此，這樣，歷史取代了神聖超驗性。因此，保守主義的論證所遵從的研究路線首先在一個神秘超驗的水平上操作。」〔註117〕這種研究路線上神秘超驗的操作方式最明顯的體現，是他們所主張的以道德理想主義爲底線的人性二元論，和思想方法上兩極對立原則：物質／精神、理智／情感、理想／實際、分析／綜合、古典主義／浪漫主義、人文主義／自然主義、寫實／審美。

同時，作爲文化保守主義一部分的新人文主義又將道德秩序法則落實爲具體的人的立身社會的準則：中庸、節制、紀律、規範、標準和合理。這樣

〔註113〕美國《人文》雜誌社編：《人文主義：全盤反思》（多人譯）第 112 頁。
〔註114〕關於「道德傳統」和「道德權威」的具體分析參見約翰・凱克斯：《爲保守主義辯護》（應奇、葛水林譯），江蘇人民出版社，2003。
〔註115〕埃里・凱杜里：《民族主義》（張明明譯）第 14 頁，中央編譯出版社，2002。
〔註116〕埃里・凱杜里：《民族主義》（張明明譯）第 13～14 頁。
〔註117〕卡爾・曼海姆：《保守主義》（李朝暉、牟建君譯）第 35 頁。

一來，「學衡派」成員和阿諾德、布朗乃爾、穆爾、白璧德在中西文化之源上便找到了基本精神的契合。

道德秩序和法則的具體體現，是自律。埃里‧凱杜里說「合法的限制就是自我強加的限制」〔註118〕。因為道德的艱辛成為道德的標誌，「一種行為過程如果不是深刻的道德鬥爭的結果便不是好的過程」〔註119〕。而一個自律的人，必然有一個永遠遭受磨難的，同時又是自由的靈魂支撐。「學衡派」中受穆爾和白璧德影響的學生梅光迪、吳宓、陳寅恪等人都曾嘗試過道德的自律和與政治的疏離。1927年6月29日，吳宓、陳寅恪因王國維的死而相約不入國民黨，反對黨化教育，保全個人思想的自由與精神的獨立。「艱難固窮，安之而已」〔註120〕。這也正是羅傑‧斯克拉頓在《保守主義的含義》中所說的，「對於厭惡所有黨派觀念的人來說，保守主義是一種有吸引力的立場」〔註121〕。

由個人的道德自律式體驗到中國語境中的文化──文學批評，「學衡派」成員有外在的知識支持和精神的依託。道德理想主義思想基礎上的道德秩序法則和道德教諭作風是馬修‧阿諾德批評英國政治與社會時的表現〔註122〕；是布朗乃爾所謂的生活的「作風」（他說標準即是一種作風）〔註123〕；是白璧德批評法國文學時的標準〔註124〕；也是穆爾寫《絕對之鬼》的基本立足點〔註125〕；而「學衡派」中白璧德的門生梅光迪、吳宓、梁實秋更是全面繼承了白璧德的這些思想，並移植到中國的反新文化──新文學運動，或批評胡適文學主張的語境中，作為理論武器。在交鋒時，雖然力不從心，或語境錯位，但都顯得有來頭，有背景，即有學理支撐。梁實秋說白璧德「強調人

〔註118〕埃里‧凱杜里：《民族主義》（張明明譯）第23頁。

〔註119〕埃里‧凱杜里：《民族主義》（張明明譯）第22頁。

〔註120〕吳宓：《吳宓日記》第Ⅲ冊第363頁。

〔註121〕羅傑‧斯克拉頓：《保守主義的含義》（王皖強譯）第1頁。

〔註122〕參見馬修‧阿諾德：《文化與無政府狀態──政治與社會批評》（韓敏中譯）。雷納‧韋勒克在《近代文學批評史》（楊自伍譯）第四卷中，特別指出馬修‧阿諾德的道德教諭作風和對白璧德的影響。

〔註123〕馬西爾：《布朗乃爾與美國之新野蠻主義》（義山譯），《大公報‧文學副刊》第130期。

〔註124〕歐文‧白璧德：《法國現代批評大師》（孫宜學譯），廣西師範大學出版社，2002。

〔註125〕吳宓在《大公報‧文學副刊》第62期介紹《絕對之鬼》。第101期譯介該書的部分章節，題目為《穆爾論自然主義與人文主義之文學》。此文《學衡》在第72期（1931年3月）轉載。

生三境界，而人之所以爲人在於他有內心的理念控制，不令感情橫決。這就是他念念不忘的人性二元論」〔註 126〕。白璧德認爲盧梭的浪漫主義頗有中國老莊的色彩。中庸所謂「天命之謂性，率性之謂道，修道之謂教」，孔子所說的「克己復禮」，正是白璧德所樂於引證的道理。他重視的是人的克制力，而不是創造力。「一個人的道德價值，不在於做了多少事，而是在於有多少事他沒有做」〔註 127〕。白璧德所堅持和力主的是健康與尊嚴的人生態度。所以梁實秋說白璧德「在近代人文主義運動中，他是一個最有力量的說教者」〔註 128〕。

　　白璧德、艾略特之後，作爲人文主義批評譜系的一個重要發展人物是英國劍橋大學的文學教授弗・雷・利維斯（1895～1978），表現出與中國「學衡派」部分同人極其相似的關注「文學與人生」和重視傳統的文學思想展示。他和白璧德一樣十分關注大學的文學教育，有《教育與文學》的專論。他既推重馬修・阿諾德所呼籲的批評才智和批評標準以及關於「核心立場」的思想陳述，維持「人生批評」的這一提法〔註 129〕，強調「文學批評必須始終體現人文主義」〔註 130〕，認爲人文文化應該「始終恰當意識到自身胎源於而且依傍本土文化」〔註 131〕。同時又發揮了艾略特的洞見和趣味，並對馬修・阿諾德、白璧德他們思想觀念中過分的道德和文化偏重有所修正〔註 132〕。他一方面排斥批評中純粹的說教作風，同時卻強調批評活動中隱含的道德判斷。甚至聲稱批評家不得已時，也可能成爲「顯見的道德家」。這是西方知識界所普遍認同的人文主義所必須的倫理標準的底線，也可以說一種重要的道德原則。甚至可以說是人文主義者注重個人自身榮譽的價值的立足點——頗似伏爾泰對個人的勸喻：「謹記你爲人的尊嚴。」

〔註 126〕　梁實秋：《影響我的幾本書》，《中華散文珍藏本・梁實秋卷》第 134 頁，人民文學出版社，2001。

〔註 127〕　梁實秋：《影響我的幾本書》，《中華散文珍藏本・梁實秋卷》第 134 頁，人民文學出版社，2001。

〔註 128〕　《梁實秋文集》編輯委員會編：《梁實秋文集》第 1 卷第 552 頁，鷺江出版社，2002。

〔註 129〕　雷納・韋勒克：《近代文學批評史》（楊自伍譯）第五卷第 382 頁，上海譯文出版社，2002。

〔註 130〕　雷納・韋勒克：《近代文學批評史》（楊自伍譯）第五卷第 383 頁。

〔註 131〕　雷納・韋勒克：《近代文學批評史》（楊自伍譯）第五卷第 375 頁。

〔註 132〕　雷納・韋勒克：《近代文學批評史》（楊自伍譯）第五卷第 383 頁。

反潮流傾向與反思性

20 世紀初開始的新文化運動—新文學運動，在陳獨秀、胡適看來，類似歐洲的啓蒙運動或文藝復興，是有組織，有目的，也充滿理性的運動。即便是對西方五百年人文主義作出另類解釋的當代美國學者約翰·卡洛爾也十分看重啓蒙運動。他說：「啓蒙運動將人文主義的潛能發揮得淋漓盡致。它是人文主義理想最純粹、最堅定的體現，是人文哺育的最生氣勃勃、最樂觀、最成功的孩子。」〔註133〕中國的啓蒙運動同樣以人的解放、自新和知識進步作爲主導性的目標，首次以科學的方法讓理性和自由意志來面對客觀的事實本身，進而由思想界進入知識界，成爲現代大學教育的基礎。但在新文化運動的反對力量「學衡派」看來，則是一場浪漫主義運動，是非理性的。梅光迪、吳宓、梁實秋借助白璧德對法國文學的研究方法——推崇古典主義，反對盧梭以下的浪漫主義的思想方法，把新文化—新文學運動看成是西方浪漫主義運動在中國的表現。

事實上，陳獨秀、胡適、魯迅面臨中國文化強大的保守勢力，爲了達到思想—文學革命的目的，也就有意識地採取了摒棄一切傳統思想，乃至求助於非理性〔註134〕，從根基上反對傳統的文化，而沒有把僵死的傳統文化與流動的文化傳統區別對待〔註135〕。文化保守主義者群起而攻之，所痛擊的正是這一要害部位。

從思想史的內在結構上看，浪漫主義是作爲啓蒙主義意識形態反動開始的，是從理性主義到非理性主義的轉向。卡爾·曼海姆把浪漫主義的倡導者看成是獨立的「社會上自由飄蕩的知識分子」。說這些獨立的自由知識分子都是典型的辯護家、意識形態專家，「他們善於爲他們所爲之效力的政治提供基礎和予以支持」。「由於這些浪漫主義文人具有一個遠遠超出他們狹隘生活領域的精神視野，他們極端敏感，道德上不穩定，總是願意接受冒險和蒙昧主義」〔註136〕。尤其是思想風格上的敏感、自我張揚和泛神論傾向，使得他們遭到社會的種種非議和與保守主義的趨向反動的對立。「浪漫主義的

〔註133〕約翰·卡洛爾《西方文化的衰落：人文主義復探》（葉安寧譯）第 153 頁，新星出版社，2007。

〔註134〕參見林毓生：《中國意識的危機——「五四」時期激烈的反傳統主義》，貴州人民出版社，1988。

〔註135〕「傳統文化」與「文化傳統」概念上的區別，參見朱維錚：《音調未定的傳統》第 14～26 頁「傳統文化與文化傳統」一章。遼寧教育出版社，1995。

〔註136〕卡爾·曼海姆：《保守主義》（李朝暉、牟建君譯）第 127～129 頁。

特徵在於它吸收了不受法則控制的概念，並因此超出了啓蒙運動的線性發展概念」〔註137〕。以賽亞‧伯林明確指出浪漫主義的重要性在於它是近代史上規模最大的一場運動，改變了西方世界的生活和思想。從文學藝術上，浪漫主義帶來的是自由的觀念，進而破壞了寬容的日常生活和世俗趣味，破壞了常識和人們平靜的娛樂消遣，把每一個人提升到滿懷激情的自我表達經驗的水平。〔註138〕白璧德個人就十分反感浪漫主義文學自我中心觀所表現出的狂熱、極端的自我主義傾向，以及由此所引發的思想、政治和社會革命。保守主義的反潮流傾向也由此而生。只是在 1915～1920 年間，新文化—新文學運動中的這種所謂的浪漫主義並不明顯。1921 年間「創造社」等一批新的文人的崛起，才真正使中國有了相應的浪漫主義文學。而倡導新人文主義的「學衡派」同樣具有浪漫的傾向性和超現實的理想主義色彩，導致他們失敗的原因也正是其和自己的反對派一樣具有「自由飄蕩」的習性。這可以從吳宓、梅光迪思想—行爲的內在分裂中看出。

在 20 世紀初的歐美，堅守保守主義陣營的人文主義者曾付出六年的努力，將它以理性與文化相結合的運動形式推上了社會歷史的舞臺。梅光迪認爲在中國，一場與白璧德和穆爾領導的人文主義運動頗爲相似的運動也引人入勝地展開了。人文主義在中國的傳播與其在歐美的傳播有類似的過程。作爲文化保守主義的新人文主義領袖白璧德和穆爾的「主要目標是要將當今誤入歧途的人們帶回到過去的聖人們走過的路途之上」；用白璧德的話來說，就是「用歷史的智慧來反對當代的智慧」〔註139〕。梅光迪說「學衡派」所做的是要捍衛中國的傳統文化。因爲現代中國激進的新文化運動有兩個突出的特點：「只專注於傳統中的瑕疵；鼓吹低劣而不加選擇的世界主義」。這樣一來就「帶走了僅剩不多的一點點民族自尊心和自信心，將現代中國推向了自我詛咒的無邊深海中」〔註140〕。但同時，梅光迪也承認，他們這種保守的反新文化—新文學的人文主義運動是失敗的。

事實上，陳獨秀、胡適、魯迅等激進的反傳統主義者，是知恥近乎勇。誰也沒有，也不可能只專注傳統中的瑕疵，或鼓吹低劣而不加選擇的世界主義。他們反傳統的目的很明確，就是爲了「再造文明」，或「文藝復興」。由

<hr />

〔註137〕卡爾‧曼海姆：《保守主義》（李朝暉、牟建君譯）第 31 頁。
〔註138〕以賽亞‧伯林：《浪漫主義的根源》（呂梁等譯）第 145 頁，譯林出版社，2008。
〔註139〕羅崗、陳春豔編：《梅光迪文錄》第 223 頁。
〔註140〕羅崗、陳春豔編：《梅光迪文錄》第 218 頁。

文學革命而進入「整理國故」的胡適，曾說「整理國故」是爲了打鬼，即拆穿古典文化中的虛僞的、不合人性的東西，爲中國再造新的文化基礎和精神形態。

　　20 世紀的世界文化主潮是科學與民主，中華民族是在向西方學習中求進步的。推動這一思想文化進步的動力，是新文化─新文學運動，而不是「學衡派」的所謂人文主義運動，更不是中國文化的傳統力量在起主要作用。這是歷史的事實。而這些倡導人文主義運動的文化保守主義者在反對新文化─新文學運動時，本身就存在著巨大的思想與行爲的逆差和內在的衝突。在 1920 年北洋政府教育部下令一、二年級小學生改學白話文後起而反白話新文學的「學衡派」中人，如梅光迪，不得不讓自己的女兒學白話文。反新文化─新文學最有力的胡先驌、吳宓、梅光迪，也都是享受新文化運動帶來的實惠，在二婚時或娶或愛上受過新式教育的新女性。吳宓更是以一個浪漫詩人之資質來反對浪漫主義文學，身陷浪漫文人與古典主義倡導者的嚴重分裂之中。這實際上正是白璧德在《盧梭與浪漫主義》一書中提醒注意的新古典主義理論家成爲形式主義的教訓〔註141〕，即他所警告的「純粹傳統的人文主義者經常有陷入僞古典主義的形式主義的老套中去的危險」〔註142〕。因爲他們喜歡搬弄大量根據外在東西建立的概念，而不是根據自己的典範和實際的工作來確立批評的對象和規則，必然會陷入形式主義的困境，猶如堂·吉訶德大戰風車之尷尬。梅光迪、吳宓兩個最強烈的反對胡適，抵抗新文化─新文學運動的白璧德信徒，由古典主義的中庸、節制、紀律和人文主義的標準限制下的道德責任感，以及憤世嫉俗的痛苦，與本身爲浪漫主義文人「夢想著一種能夠滿足自己所有被壓抑的欲望的生活」的訴求，形成了他們自相矛盾、對立的分裂人格。這二者之間所存在的張力，實際是兩種情緒的糾纏，看似自相矛盾，而又不可分割。他們的「古典主義」傾向和對「傳統」的訴求，事實上只是一個形式，或陷入形式主義迷陣。這正是由傳統中國向現代中國轉型時代，一部分知識分子的「精神分裂」現象，也同樣是過度時代的現代人的人格表現，「分裂」本身正是「現代性的想像起源」〔註143〕。具有傳統古典主義傾向的形式主義的迷霧，和堂皇的人文主義色彩，往往會遮蔽他們所隱含的現代性。

〔註141〕歐文·白璧德：《盧梭與浪漫主義》（孫宜學譯）第 13 頁。
〔註142〕美國《人文》雜誌社編：《人文主義：全盤反思》（多人譯）第 101 頁。
〔註143〕美國《人文》雜誌社編：《人文主義：全盤反思》（多人譯）第 202 頁。

　　事實上，白璧德在強調「人文主義者的目標是平衡和協調地生活。他們渴望通過遵守行為準則來實現這一願望」〔註144〕的同時，也明確指出，「遺憾的是，人文主義者的理論與事實總是不一致」〔註145〕。

　　保守主義所表現出的反思性意識和反思行為，是它與傳統主義區別的關鍵。

　　E.希爾斯認為，幾乎任何實質性內容都能夠成為傳統。「實質性傳統是人類的主要思想範型之一，它意味著讚賞過去的成就和智慧以及深深滲透著傳統的制度，並且希望把世傳的範型看作是有效指導」〔註146〕。傳統有相應的規範，同時也就在人們心中形成一定的心理定式，並成為一種普遍的人類屬性，自覺與不自覺的遵從，便形成所謂的傳統主義。事實上，人們在傳授和接收任何信仰、知識和習慣性生活方式時，總有其固有的規範因素。傳統主義的意圖，就是要人們去肯定它，接受它。生活在過去和重建過去的生活方式都是不可能的，那麼，傳統主義所能做到的就是引導人們「對於想像中的過去的依戀」〔註147〕。

　　卡爾·曼海姆主張將傳統主義與保守主義區別開來。他認為保守主義是作為一種思考「人與社會」的方法出現的。「它重視某些被理性化毀壞了的精神和物質的利益，但又通過一個有效性的標準為新近才政治化和理性化的世界提供了實踐的方向。因此，它顯然和它的對手一樣也屬於新時代」〔註148〕。因此，保守主義在二十世紀同樣具有現代性。保守主義與傳統主義的區別在於前者指的是一種特殊的歷史和現代現象，其行事時表現出的是與一種客觀存在的結構性環境相一致的行為。後者指的是一種普遍的人類屬性，是在每個人那裡都多少存在的心理態度，是一種對舊方式的依戀，表現為對革新的恐懼。傳統主義的這種心理狀態是人類所普遍具有的。馬克斯·韋伯認為這種行為模式與神秘意識有關，是原始人類固守代代相傳的生活方式，與對帶來變化的神秘的邪惡所產生的恐懼感相關〔註149〕。

〔註144〕歐文·白璧德：《盧梭與宗教：我相信什麼》，歐文·白璧德：《性格與文化：論東方與西方》（孫宜學譯）第154頁，上海三聯書店，2010。
〔註145〕歐文·白璧德：《盧梭與宗教：我相信什麼》，歐文·白璧德：《性格與文化：論東方與西方》（孫宜學譯）第155頁。
〔註146〕E.希爾斯：《論傳統》（傅鏗、呂樂譯）第27頁。
〔註147〕E.希爾斯：《論傳統》（傅鏗、呂樂譯）第72頁。
〔註148〕卡爾·曼海姆：《保守主義》（李朝暉、牟建君譯）第3頁。
〔註149〕卡爾·曼海姆：《保守主義》（李朝暉、牟建君譯）第56頁。

保守主義的反思性表現在由於對手或對立行為的存在，它必須流露出某種思想方式的傾向性，同時對自己所操持的內容和形式能夠通過歷史的深層得到解釋，並對自己的對立面作出反省式的批評。因此，可以把保守主義看作是一種反運動。卡爾‧曼海姆十分肯定地說：「這個事實本身就使它成為反思性的」〔註150〕。其顯著的表現是對經驗和思想中科學、民主、自由、平等等所謂「進步」因素的「自我組織」與凝聚的一種回應。這種回應的表現形式是對宏大潮流的「反潮流」。

保守主義只有在他們被迫作出反應時才會以體系的方式進行反思。即被迫建立一個或借助一種思想體系來對抗激進主義的體系，這時候，保守主義才會從自我反思中意識到自己的性質。同時將對思想經驗的反思作為與對立面共同存在的基礎，並借助在這種反思的思想方法保全自己。當「學衡派」奮力抗衡新文化—新文學運動的巨大浪潮時，是明知不可為而為之。他們試圖在對新文化—新文學運動進行瓦解的過程中，以小抗大，以少對多。其明顯的對立存在和有意識的反動，顯得悲壯而孤寂。

「學衡派」成員堅持古文觀和用古文寫作的意圖，是要爭奪語言的合法性和古文的話語權。以爭奪話語權為目的的鬥爭實際上就是爭奪語言的合法化。這自然是一場以弱抗強的較量。1920 年 1 月北洋政府教育部下令小學一、二年級課本廢止文言文，改用國語，1930 年 2 月教育部又通令全國學校厲行國語。這樣古文就失去了原有可以依託的文化形態和專制政治力量。白話文借助新文化形態和新的政治社會基礎，特別是新的教育體制形成的具有霸權性的意識形態，使其作為文學的語言和大眾語言趨向統一，同時也就自然而然地形成世俗的語言和文人語言的趨同。白話文的社會普及化程度是其話語霸權的基礎和可以依託的文化形態，也是「學衡派」所無力抗拒的宏大潮流。

受白璧德保守的新人文主義影響的梁實秋，其身上表現出政治上的自由主義和文化上的保守主義的二元傾向。在清理「古典主義」與「浪漫主義」的基本概念時，白璧德強調既要在明顯不同的事物中看出相同，又要在明顯相似的事物中看出區別。他說「古典主義」與「浪漫主義」有著根本的對立。「只有一件東西是奇異的、出乎意料的、強烈的、誇張的、極端的、獨特的時，它才是浪漫的。另一方面，只有當一件東西不是獨特的，而是一個階層的代表時，它才是古典的。……當一件東西屬於高等階層或最優秀的階層時，

〔註150〕卡爾‧曼海姆：《保守主義》（李朝暉、牟建君譯）第 71 頁。

只要將其意思稍微擴展一下，它就成爲古典主義了」〔註151〕。古典與浪漫的
對立在文學觀念的表現上，是人性中永恒、實在、有限與變革、超越、無限
的二元對立。梁實秋在自己的文學批評中，尤其是在使用「古典主義」與「浪
漫主義」的基本概念時，通常是直接照搬白璧德的。因爲他覺得白璧德會通
了中西最好的智慧。正如他在《關於白璧德先生及其思想》一文中所昭示的
那樣，他是在逐漸明白了白璧德人文主義思想在現代的重要性後，從極端的
浪漫主義，「轉到了多少近於古典主義的立場」〔註152〕。

　　梁實秋在清華學校讀書時，是屬於新文學派，他是《創造》季刊的作者，
有白話新詩《荷花池畔》和新詩評論集《〈草兒〉評論》（與聞一多合作出版
《〈冬夜〉、〈草兒〉評論》）等發表。1923 年 9 月～1926 年 7 月留學美國，其
中 1924 年 9 月～1926 年 7 月在哈佛大學。1926 年 9 月～1927 年 4 月梁實秋
在東南大學任教。他在《槐園夢憶》中說：「我拿著梅光迪先生的介紹信到南
京去見胡先驌先生，取得國立東南大學的聘書。」〔註153〕隨後他到了上海，
成了胡適領導的《新月》的總編輯。他在《影響我的幾本書》中列了八本書，
排在前三位的是《水滸傳》、《胡適文存》、白璧德的《盧梭與浪漫主義》。這
分明可見他思想的二元傾向。同時，歷史的反思性也因此而顯示出來。他說
胡適影響他的地方有：明白清楚的白話文、獨立思考的思想方法和認眞嚴肅
的態度。他自己是五四運動養育的，也是新文學的積極參與者。到美國聽了
白璧德的「法國十六世紀以後的文學批評」〔沈按：梁誤寫爲「英國」〕的選
修課後，「前所未聞的見解，而且是和我自己的見解背道而馳」的刺激，使得
他得以讀到白璧德的《盧梭與浪漫主義》。他說：「白璧德的思想主張，我在
《學衡》雜誌所刊吳宓、梅光迪幾位介紹文字中已略爲知其一二，只是《學
衡》固執的使用文言，對於一般受了五四洗禮的青年很難引起共鳴。我讀了
他的書，上了他的課，突然感到他的見解平實通達而且切中時弊。我平凡心
中蘊結的一些浪漫情操幾爲之一掃而空。我開始省悟，五四以來的文藝思潮
應該根據歷史的透視而加以重估。我在學生時代寫的第一篇批評文字《現代
中國文學之浪漫的趨勢》就是在這個時候寫的。隨後我寫的《文學的紀律》、
《文人有行》，以至於較後對於辛克萊拜金藝術的評論，都可以說是受了白璧

〔註151〕歐文・白璧德：《盧梭與浪漫主義》（孫宜學譯）第 3 頁。
〔註152〕《梁實秋文集》編輯委員會編：《梁實秋文集》第 1 卷第 548 頁。
〔註153〕《梁實秋文集》編輯委員會編：《梁實秋文集》第 3 卷第 542 頁。

德的影響。」〔註154〕他在反思五四新文學運動時,把視野投向西方,說這種浪漫的趨勢來自歐美,是對歐美文化思潮和文學思潮的移植,或者說是在中國的延續性表現,「現今中國的新文學就是外國式的文學」。他在《現代中國文學之浪漫的趨勢》〔註155〕一文所揭示的是「新文學運動」的趨向是「浪漫主義」。到了 20 世紀 30 年代梅光迪借助保守的新人文主義的基本理論和方法,通過《人文主義和現代中國》一文進行自我反思。周作人在對中國新文學的產生進行反思時,把注意力落在固有的文學傳統中,他反思的結論是:中國新文學的源頭在明代的公安派。中國新文學是從反載道始,到載道終。這是言志與載道互爲消長的一種歷史的輪迴。

　　非「學衡派」成員,而與梅光迪等人交往頗好的中央大學歷史系教授賀昌群(爲「文學研究會」成員,入會號是 169),在《哭梅迪生先生》一文中,對新文學運動與「學衡派」的價值取向有一客觀的歷史的評說。他說一種影響於後世幾千年的思想學說,本身有兩個不可分的成分:一是屬於時代的,一是屬於超時代的。前者是現實的,後者是總集文化之大成的,形而上學的。五四新文化運動所攻擊的,「是儒家思想的時代部分,這是曾經歷代帝王政治利用、墨守、假借,成了一種虛僞的古典的形式主義,演成了中國政治、文化思想的種種腐敗與停滯,百害而無一利,我們應當絕對排斥的,我們有我們的問題。『五四』運動所做的是這個破壞工作,我們現在還需要繼續做這個工作」〔註156〕。關鍵問題是要具備高超的鑒別古今的能力,才能不至於在攻擊應當破壞之物時,玉石俱焚。同時賀昌群也指出「學衡社」所欲發揚的,是那超時代的部分,那是一個民族文化的基石,終古常新,雖打而不倒。因爲我們自身與古代即在這個同樣的時間空間內,無法跳出這個文化圈。「不過『五四』運動的攻擊得其時,『學衡社』的發揚非其時,須知在一個深厚的文化基業上,沒有破壞,如何能先言建設?」〔註157〕這是「學衡派」語境錯位的關鍵,也是雙方對立的癥結所在。

〔註154〕《梁實秋文集》編輯委員會編:《梁實秋文集》第 5 卷第 200 頁。
〔註155〕梁實秋:《現代中國文學之浪漫的趨勢》完成於 1926 年 2 月 15 日的紐約,刊發在《晨報副鎸》第 1369、1370、1371、1372 號(1926 年 3 月 25、27、29、31 日)。收入 1927 年新月書店刊印的論文集《浪漫的與古典的》。他的結論是:「現今中國文學是趨向於浪漫主義。」
〔註156〕賀昌群:《哭梅迪生先生》,羅崗、陳春豔編:《梅光迪文錄》第 261 頁。
〔註157〕賀昌群:《哭梅迪生先生》,羅崗、陳春豔編:《梅光迪文錄》第 262 頁。

　　正如同巴赫金所言，思想不是獨白，而是多種聲音的對話交流。借用雷納・韋勒克在《近代文學批評史》第六卷中對白璧德的評價，這裡可以說，「學衡派」不論存在什麼局限性，也還是有值得稱道的。因爲他們「維護了評判的自由：批評的必要性」〔註158〕。你我可以不同意他們所說的具體意見，但要尊重他們說話的權利。

〔註158〕雷納・韋勒克：《近代文學批評史》（楊自伍譯）第六卷第 63 頁，上海譯文出版社，2005。

第二卷　文化載體

文化整合：《學衡》

人與事

　　《學衡》雜誌創刊於 1922 年 1 月，編輯部設在南京東南大學，出版發行為上海中華書局。該雜誌為月刊，每月一日出版發行。1923 年冬繼劉伯明之後出任東南大學副校長的任鴻雋（叔永）對這所大學的認識是：「東南大學者，承江南優級師範及南京高等師範之後，嘗為江南教育界新舊勢力角逐之場。」〔註1〕

　　據版權頁上標明的時間和期刊號所示，1922 年 1 月至 1926 年 12 月，《學衡》以月刊形式刊行了 60 期。1927 年停刊一年。1928 年 1 月復刊，以雙月刊印行，至 1929 年 11 月，出版第 61～72 期。1930 年停刊。1931 年以後，時出時斷，至 1933 年 7 月又印行了第 73～79 期。但事實上，由於戰亂和吳宓歐遊，乃至經濟因素，刊物出現了標明的日期和實際出版時間不符的情況〔註2〕。

　　此時東南大學校長為郭秉文（1880～1969），字鴻聲，江蘇江浦人，留學美國哥倫比亞大學，1914 年以《中國教育制度沿革史》獲哲學博士學位。此君有政治意識，商業頭腦（同時兼任上海商科大學校長），雖略輸學者風采，作為大學主持人，對中國現代高等教育，特別是南京高師向東南大學的過渡、發展有重要的貢獻。但新舊兩派學人多對他不滿，胡先驌、梅光迪、

〔註 1〕《任鴻雋自述》，《近代史資料》總第 105 號第 16 頁，中國社會科學出版社，2003。
〔註 2〕詳見沈衛威：《吳宓與〈學衡〉》。

任鴻雋都有具體的文字表示。1926 年胡先驌對這位校長的評價是：「其缺大學校長之度，無教育家之目光，但以成功爲目的」。「對學術政治無一定之主張。」〔註3〕任鴻雋說：「當時校長郭秉文君與江蘇教育會接近，甚爲新派諸人所不喜。會民國十三年冬，南方民黨勢力浸入北方，素不慊於郭者遂因而傾之。」〔註4〕東南大學學生李清悚說：「郭氏本人學術上無所表現。其態度作風有如交際家、政客。」〔註5〕郭秉文 1925 年 1 月 6 日被北洋政府教育部免職，被迫離開教育界後，步入商界、外交界。這對於他來說，是不得已而爲之。從事教育和爲官、經商是不同路向，有各自的理念，無法兼而爲之。

郭秉文與胡適爲哥倫比亞大學的同學，同時也是新文化運動，特別是新教育運動的積極參與者，他與胡適始終是朋友。東南大學《學衡》雜誌社中反對胡適及新文化運動的核心人物是梅光迪、吳宓、胡先驌、柳詒徵。

副校長爲劉伯明（1887～1923），名經庶，江蘇南京人，留學美國西北大學，獲哲學博士學位。劉伯明兼任哲學系系主任，爲《學衡》雜誌社成員，同時也是《學衡》雜誌強有力的支持者。著有《西洋古代中世紀哲學史大綱》、《近代西洋哲學史大綱》等。此君有蔡元培執掌北京大學的風度和學識，是東南大學在 1921～1924 年間，群賢紛至、學者濟濟的靈魂人物。可惜天公不假以時日，使他英年早逝，東南大學的人文優勢在 1925 年即散落。吳宓對劉

〔註3〕胡先驌：《東南大學與政黨》，《東南論衡》第 1 卷第 1 期（1926 年 3 月 27 日）。1926 年 3 月 27 日，原《中國評論》改組更名爲《東南論衡》。據現在查得的 30 期可知，《東南論衡》爲周刊，每星期六出版。刊物自 1926 年 3 月 27 日～1927 年 1 月 15 日共出版 30 期。其中胡先驌發表詩、文有 11 篇（首）。第 1 卷第 1 期上刊出的《本刊啓事一》說「本刊爲純粹公開討論機關」。編輯部在南京東南大學。胡先驌在《東南論衡》上刊出的反胡適及新文化的著名文章是《學閥之罪惡》（第 1 卷第 6 期，1926 年 5 月 1 日）。他說：「吾國學閥之興，始於胡適之新文化運動。胡氏以新聞式文學家之天才，秉犀利之筆，持偏頗之論，以逢迎青年喜新厭故之心理。風從草偃，一唱百和。有非議之者，則以憸薄尖刻之惡聲報之。陳獨秀之流，復以卑劣政客之手段，利誘點染之學生，爲其徒黨。於是篤學之士，不見重於學校，浮誇之輩名利兼收。」胡先驌還進一步列舉了學閥、政客對教育抱有懷疑態度，以教育爲武器，學生爲爪牙，破壞固有文化，倡虛僞之教育，不顧國家命脈等罪狀。「學閥」們「據學校爲淵藪，引學生爲爪牙」。「卑劣遠勝官僚，橫暴倍蓰武夫」。最後他表示要把「學閥」「投諸豺虎，投諸有北」。使之「匿迹銷聲於光天化日之下」。

〔註4〕《任鴻雋自述》，《近代史資料》總第 105 號第 16 頁。

〔註5〕李清悚：《回憶東大時代柳翼謀師二三事》，見柳曾符、柳佳編：《劬堂學記》第 125 頁。

伯明的評價是:以道德入政治,先目的後定方法。開誠心,布公道,納忠諫,務遠圖。合學問與事功,有理想並期實行〔註6〕。

《學衡》雜誌的發起人為梅光迪(1890～1945),字迪生,一字覲莊,安徽宣城人。「南社」社員。留學美國西北大學、哈佛大學,師從白璧德。此時任東南大學西洋文學系系主任、教授。他性格孤傲,思想偏至,放言空論,眼高手低,在《學衡》社主要成員中,學術建樹最少。吳宓對他的評價是:「好為高論,而完全缺乏實際工作之能力與習慣。」〔註7〕在他去世後,友人收集其舊作,結集印行一小冊《梅光迪文錄》。他和另一位中央大學教授樓光來一樣,畢業於哈佛名校,出自名師門下,執教於中央大學、浙江大學,一向鄙夷他人著書立說,成了章太炎告誡黃侃時所說的「吝不仁」的「重著書」〔註8〕者。

「集稿員」為吳宓(1894～1978),原名陀曼,字雨僧,陝西涇陽人。留學美國佛吉尼亞州立大學、哈佛大學,師從白璧德。此時為東南大學西洋文學系教授,《學衡》雜誌的實際主持人,也是維繫《學衡》雜誌編輯出版 12 年的靈魂。他集苦難和風流於一身,融古典人文主義思想與浪漫主義詩情為一體,重感情,講道義,自己卻陷於感情與道義糾纏不清的泥淖之中。有嚴重的精神、人格分裂,學術成就平常,是一位以日記傳世的自傳體作家。一個主觀情感上的浪漫詩人和信念理性上的古典主義者,在一系列的抗爭、挫折和妥協之後,情感與戒律兩者都得以保留下來。著有《吳宓詩集》、《吳宓日記》等。

吳宓對自己有深刻的認識,他說:「與寅恪談,並與他人較。自覺(一)我猶未免為鄉人也。其識見之偏狹,行事之樸陋,雖自詡真誠,而常為通人(如寅恪、宏度等)所笑。(二)我腹中空空,毫無實學。但務虛理空說,而絕少真獲。既不通西國古今文字,又少讀中國書籍。(三)我之所思所行,勞精疲神者,皆無益事,皆不可告人之事。宜痛改之。」〔註9〕這裡所說的「不可告人之事」即是他追逐女性時寫情書、情詩、寫日記的浪漫行為。

陳寅恪對吳宓的看法是:「昔在美國初識宓時,即知宓本性浪漫,惟為舊禮教、舊道德之學說所拘繫,感情不得發抒,積久而瀕於破裂。猶壺水受熱

〔註6〕這裡是節錄。吳宓:《吳宓自編年譜》第 254 頁。
〔註7〕吳宓:《吳宓自編年譜》第 230 頁。
〔註8〕程千帆、唐文編:《量守廬學記》第 2 頁,生活・讀書・新知三聯書店,1985。
〔註9〕吳宓:《吳宓日記》第Ⅲ冊第 429 頁。

而沸騰，揭蓋以出汽，比之任壺炸裂，殊為勝過。」〔註10〕

吳宓的小女兒吳學昭對父親的評價是：性格悲劇。（引諾瓦利斯的一句話：「性格即命運。」）〔註11〕

吳宓的同事溫源寧對吳宓的評價（英文），經吳宓的哈佛大學同學林語堂的翻譯變成了：「悲哉雨生，你是那樣的孤芳自賞，不屈不移。更可悲者，是雨生對自己也沒有瞭解。他立論上是人文主義者，雅典主義者；但是性癖上卻是徹頭徹尾的一個浪漫主義者。雨生為人坦白無偽，所以此點人人都已看出，只有他自己看不見。」〔註12〕「這個弱點，病不在論理不明或者立意不誠，病在他人文主義的立場──而且是白璧德式的人文主義的立場。雨生不幸，墜入這白璧德式的人文主義的圈套。現在他一切的意見都染上這主義的色彩。倫理與藝術怎樣也攪不清。你聽他講，常常莫名他是在演講文學或者是在演講道德。」〔註13〕

溫源寧是林徽因的姊丈，徐志摩留學英國時的同學。他對吳宓的認識，和林徽因對沈從文、徐志摩、雪萊的認識相同。1934年，因沈從文個人陷入一場感情的危機，林徽因在給費正清、費慰梅的信中說道：「他的詩人氣質造了他自己的反，使他對生活和其中的衝突茫然不知所措，這使我想到雪萊，也回想起志摩與他世俗苦痛的拚搏。……過去我從沒有想到過，像他那樣一個人，生活和成長的道路如此地不同，竟然會有我如此熟悉的感情，也被在別的景況下我所熟知的同樣的問題所困擾。這對我是一個嶄新的經歷。」〔註14〕吳宓本人在1936年3月1日《宇宙風》第12期發表有《徐志摩與雪萊》，他承認「志摩與我中間的關鍵樞紐，也可以說介紹人，正是雪萊」〔註15〕「我那時沉酣於雪萊詩集中（雖然同時上著白璧德師的文學批評課），以此因緣，便造成我後來感情生活中許多波折」〔註16〕。他特別強調凡是受過雪萊影響，身歷人生的困苦的人，誰不為志摩同情而哀悼呢？「我一生處處感覺Love（所欲為）與Duty（所當為）的衝突，使我十分痛苦」〔註17〕。「大家哀

〔註10〕 吳宓：《吳宓日記》第V冊第60頁。
〔註11〕 吳宓：《吳宓自編年譜》第263頁。
〔註12〕 溫源寧：《一知半解及其它》（南星等譯）第99頁，遼寧教育出版社，2001。
〔註13〕 溫源寧：《一知半解及其它》（南星等譯）第98頁。
〔註14〕 林徽因：《林徽因詩文集》第203頁，上海三聯書店，2006。
〔註15〕 徐葆耕編：《會通派如是說：吳宓集》第256～266頁，上海文藝出版社，1998。
〔註16〕 徐葆耕編：《會通派如是說：吳宓集》第266頁。
〔註17〕 徐葆耕編：《會通派如是說：吳宓集》第270頁。

悼志摩，我便更要哀悼我自己！」〔註18〕林徽因此信所要表達的正是新月派理論家梁實秋所謂的永恒的人性。她在沈從文這樣的「鄉下人」身上看到了和他們留學生所共同具有的浪漫情懷。在這種對比中同時也彰顯出吳宓的兩個精神「導師」：詩情的浪漫的雪萊與人文的古典的白璧德的矛盾。甚至可以說吳宓在本質上是一個浪漫的詩人，他那得自白璧德人文的古典的外衣，只是偶而的穿著打扮。

吳宓的學生錢鍾書對老師的評價是：是偉人，也是傻瓜。最終只是一個矛盾的自我，一位精神錯位的悲劇英雄〔註19〕。

吳宓的學生、女朋友陳仰賢對他評價是：吳先生是最好的教授，但是沒有資格做父親，也沒有資格做丈夫〔註20〕。吳宓一生癡迷的情人毛彥文說他是「書呆子」〔沈按：1999 年 6 月 21 日在臺北，毛彥文與沈衛威談話錄〕。

最初同人遵從梅光迪的主張，決議：《學衡》雜誌不立社長、總編、撰述員等，以免有名位之爭，凡為《學衡》雜誌做文章者，即為社員，不做文章即不是社員。因此筆者把為《學衡》雜誌撰文者即視為寬泛的「學衡派」成員。

《學衡》雜誌仿《庸言》體例，分為「插畫」、「通論」、「述學」、「文苑」、「雜綴」、「書評」等。具體編輯事務分工如下：

「通論」為梅光迪。

「述學」為馬承堃（1897～1976），字宗霍，湖南衡陽人，王湘綺晚年門生，三十年代又師從章太炎。通今文經學、古文經學，無門戶之見，可謂老馬識途。此時為南京暨南學校教授，晚年任中華書局編審。著有《中國經學史》、《音學通論》等。

「文苑」為胡先驌（1894～1968），字步曾，號懺庵，江西新建縣人。「南社」社員，宗法宋詩，推崇「同光體」。他 12 歲參加科舉考試時得晚清著名學者沈曾植賞識，成為沈的門生。入京師大學堂預科時，與秉志、汪國垣（辟疆）、王易、朱鴛雛、林庚白、梁鴻志等同學。留學美國加州柏克萊大學、哈佛大學，學習森林植物學。在美國留學時，曾有《懺庵詩稿》、《懺庵詞稿》刊於 1914、1915 年的《留美學生季報》（上海出中文版）第 1 卷第 2、3 號，

〔註18〕徐葆耕編：《會通派如是說：吳宓集》第 273 頁。
〔註19〕轉引自李洪岩：《錢鍾書與近代學人》第 53～54 頁，百花文藝出版社，1998。
〔註20〕浦江清：《清華園日記·西行日記》第 38 頁，生活·讀書·新知三聯書店，1999。

第 2 卷第 4 號上。晚年編《懺庵詩》、《懺庵詞》均未收入。後人編《胡先驌文存》也沒能收錄。留學時他和胡適、任鴻雋、陳衡哲、楊銓、唐鉞、趙元任、張孝若等一起在《留美學生季報》上發表舊體詩詞，當胡適等轉向白話新詩後，他是極端的反對者。此時爲東南大學生物系系主任、教授。胡君身在自然科學，卻有極大的人文關懷，終生不忘情舊體詩詞。在舊體詩壇，他早年得「同光體」代表人物陳三立的提攜，並與之唱和；晚年與後生錢鍾書交好，得老友（錢基博）這位哲嗣的敬重。

由於胡先驌的關係，《學衡》雜誌上大量刊登江西人的詩，且作者大都宗法宋詩（江西詩派）。同時「南社」社員的詩作也大量流入《學衡》，使得《學衡》雜誌的「文苑」成了「江西詩派」之絕響，「南社」社員之餘音。「南社」社員中因「宗唐」與「宗宋」而出現內訌。「宗唐」者成就了「南社」社員的話語霸權，將「宗宋」的「江西詩派」排斥在詩社之外。但《學衡》雜誌的「文苑」則包容了他們雙方詩學的「唐宋之爭」。

從文化精神上看，「學衡派」內承「南社」、「國粹派」的餘脈，外受白璧德新人文主義思想的影響。79 期《學衡》雜誌中，「南社」社員計有胡先驌、梅光迪、諸宗元、葉玉森、吳梅〔註 21〕、黃節、吳恭亨、曹經沅、楊銓、汪精衛、徐英、陳柱、林學衡。「南社」的文學保守和極端文化民族主義傾向也被帶進了《學衡》雜誌。其中汪精衛學詩詞時爲朱祖謀弟子。「國粹派」成員計有：黃節、諸宗元、陳澹然、王國維。《學衡》雜誌簡章所說的「昌明國粹」，即可見其與「國粹派」的密切傳承關係。1928 年，在南京的「學衡派」成員胡先驌與黃侃商議，有將《學衡》與後「國粹派」刊物《華國》合刊的動議。〔註22〕

〔註21〕吳梅在北京大學執教 5 年後，於 1922 年 9 月到東南大學任教，東南大學改制後仍在中央大學教授詞曲，同時在金陵大學中文系兼課。

〔註22〕黃侃：《黃侃日記》第 285 頁。1928 年 5 月 28 日的日記有：「至蕭叔絅處晤學衡社人。伯弢先生亦在。綜其所議，大氐謀與《華國》合併，續印《學衡》，請汪旭初爲經理三事而已。胡步曾發議，謂其報宗旨略有二事，一則必須用文言，二則溝通中西學術，非純乎保存國粹。」5 月 29 日的日記有：「在校時與小石、錫予論步曾昨語之失。」蕭叔絅爲「學衡派」的蕭純錦。伯弢爲原北京大學教授陳漢章，此時爲中央大學史地系系主任。汪旭初爲《華國》月刊的編輯汪東，黃侃的同學，同爲章太炎弟子。胡步曾即胡先驌。小石爲胡小石。錫予爲湯用彤。事實上，黃侃一開始對《學衡》就有好感。1922 年 2 月 23 日黃侃得到《學衡》第 1、2 期，內有黃侃門人張文澍（馥哉）、鍾歆（駿臣）之作。他對《學衡》中梅光迪文章的評價是：「譏彈今世新學狂人。多中

　　爲《學衡》寫文章的「常州詞派」成員有：朱祖謀、況周頤。「桐城派」後期成員有：方守彝、方守敦、姚永樸、林紓。《學衡》作者中宗法「宋詩」的「同光體」詩派成員計有：陳三立、夏敬觀、華焯、王易、王浩、胡先驌、汪國垣、陳衍恪（「江西派」）、沈曾植（「浙派」）、諸宗元、林學衡、陳寶琛

肯綮。」1922 年 2 月 24 日黃侃日記記有「致張馥哉鍾駿臣一書，贊《學衡》之美，並指其違誤三事」。「違誤三事」分別指的是柳詒徵、胡先驌、張馥哉的詩文之誤。見《黃侃日記》第 127 頁。

據 1923 年 9 月《華國》月刊創刊號所示，《華國》爲上海華國月刊社編輯，中華書局出版發行。章太炎任社長（主任），編輯兼撰述爲汪東，撰述爲黃侃、孫世揚（鷹若）、鍾歆、但燾（植之）、李健、孫鏡、田桓。編輯爲方海客、汪景熙。而後實際的作者還有劉師培（遺稿）、唐大圓、劉紹寬、吳承仕、汪榮寶、吳梅等。舊體詩作者如陳柱、況周頤、姚華、陳三立、陳衍恪、姜忠奎等。少數作者與《學衡》交叉。兩篇反對新文學及白話文的文章出自汪東（《新文學商榷》）、章太炎（《論白話詩》）之手。1923 年 9 月～1926 年 7 月《華國》共出版 3 卷（第 1 卷 12 期，第 2 卷 12 期，第 3 卷 4 期）。《華國》之後，他們又創辦了《制言》和《國學論衡》（1933 年 6 月 1 日出版的第 1期名爲《國學商兌》，第 2 期改名爲《國學論衡》）。《學衡》作者中的陳柱、姜忠奎、吳梅、邵祖平、馬宗霍、孫德謙等和南京中央大學的部分史地專業的教授同時也爲蘇州的《國學論衡》寫文章。其中陳柱就是《國學論衡》的「文學部幹事」。據《國學論衡》第 6 期（1935 年 12 月 31 日）所登《國學會員遷移表》、《國學會撰述員表》所示，姜忠奎、邵祖平、馬宗霍、孫德謙爲撰述員。陳柱同時還爲上海大東書局的《國學月刊》寫文章。抗戰期間，中央大學遷至四川重慶，在南京的汪僞政權又新立「中央大學」，陳柱曾出任文學院院長、校長，爲學界所唾罵。而在北京的部分《學衡》的作者又爲述學社辦的《國學月報》寫文章。

1935 年 9 月 16 日，《制言》半月刊由蘇州的「章氏國學講習會」創刊發行。在「章氏國學講習會徵求會員」的「發起人」中，有原《學衡》作者馬宗霍、邵祖平。「讚助人」中有原《學衡》作者陳柱、趙萬里、陳訓慈。「發起人」和「讚助人」本身就是《制言》的作者，其他「學衡派」成員爲《制言》寫文章的還有吳梅、汪辟疆、李詳、徐英、柳詒徵、李源澄。

另外，吳宓 1925 年到北京的清華學校，把《學衡》的編輯部設在清華後，刊物引起了反對新文學的章士釗及《甲寅》周刊同人的注意。據吳宓：吳宓：《吳宓日記》所示，1926 年 2 月，梁家義向吳宓表示，要介紹吳宓與章士釗及《甲寅》周刊的經理彭毅相識，並展開闔作。17 日《甲寅》周刊的經理彭毅拜訪吳宓，勸他將《學衡》從中華書局那裡收回自己印刷發行，但遭吳宓的拒絕。他表示仍將與中華書局合作。見吳宓：吳宓：《吳宓日記》Ⅲ 第 149～150 頁。也就在這時候，《甲寅》周刊開始爲《學衡》登廣告。1926 年 2 月 27 日《甲寅》周刊第 1 卷第 31 號用整版封底爲《學衡》作宣傳。很大的題目爲《愛讀甲寅周刊者不可不速訂閱學衡雜誌》。此時，爲《甲寅》周刊寫文章的《學衡》作者有汪辟疆（國垣）、汪榮寶、李濂鏜、蒙文通、錢基博、吳其昌、唐大圓、林思進、邵祖平、繆鉞等。

（「閩派」）、陳澹然。

　　為《學衡》寫文章的沈曾植、朱祖謀、陳三立、張爾田、孫德謙同時也是 1912 年 10 月 7 日在上海發起成立的「孔教會」的重要成員。其中沈曾植、朱祖謀、陳三立位列 13 位發起人之中。沈曾植本人也是 1915 年袁世凱稱帝，1917 年張勳復辟的積極支持者，其文化保守的性質十分明顯。張爾田、孫德謙為 1913 年 2 月創刊的《孔教會雜誌》的編輯。張、孫兩人為《學衡》寫文章，是吳宓 1923 年 9 月 3 日親自到上海約成的。

　　「雜綴」為邵祖平（1898～1969），字潭秋，室名無盡藏齋、培風樓，江西南昌人。此時為南京東南大學附屬中學教師。著有《培風樓詩存》、《中國文字概說》、《七絕研究》等。此君因身處中學，與諸位大學教授相比，略有自卑，於是處處表現出自卑的超越，時常與吳宓等牴牾。

　　「書評」為吳宓。

　　上海中華書局的具體負責人為「新書部」主任左舜生（1893～1969），名學訓，號仲平，湖南長沙人。

　　為封面題「學衡」二字的是曾農髯（1860～1930），名熙，湖南衡陽人，馬宗霍的老師。著名書法家。曾農髯為光緒二十九年進士，1915 年以後至上海，以賣字為生。他與當時江寧提學使，兩江師範學堂監督李瑞清（梅庵，1867～1920）為友，兩人書法各樹一幟，並稱「曾李」。「曾李」的書法是當時學書者的榜樣。沈從文 1931 年 8 月在青島寫作《從文自傳》時特別提到他1922 年在湘西巡防統領陳渠珍的部將張雲龍（子青）的身邊作書記員，每天練習書法，他說：「我房間中卻貼滿了自寫的字。每個視線所及的角隅，我還貼了小小字條，上面這樣寫著：『勝過鍾王，壓倒曾李。』因為那時節我知道寫字出名的，死了的有鍾王兩人，活著卻有曾農髯和李梅庵。我以為只要趕過了他們，一定就可獨霸一世了。」〔註 23〕事實上，李梅庵此時已經去世，沈從文尚不知道。

　　「發刊辭」即《弁言》為柳詒徵（1880～1956）所撰，柳氏字翼謀，號劬堂，江蘇鎮江人。由原南京高師文史地部主任，改任此時的東南大學歷史系教授。著有《歷代史略》、《中國文化史》等。執教南京高師時，指導「史

〔註 23〕沈從文：《沈從文文集》第 9 卷第 205 頁，花城出版社、生活·讀書·新知三聯書店香港分店，1984。
　　　　曾農髯 1930 年去世時曾引起胡適的注意，他在日記中寫道：「曾農髯也在前幾天死去。此種字匠，更不足道。」見胡適：《胡適全集》第 31 卷第 720 頁。

地研究會」和《史地學報》，培養了繆鳳林（贊虞）、劉掞藜（楚賢）、景昌極
（幼南）、張其昀（曉峰）、王煥鑣（駕吾）、徐震堮（聲越）、王庸（以中）、
向達（覺明）、鄭鶴聲（蕚蓀）、胡士瑩（宛春）、趙萬里（斐雲）、陳訓慈（叔
諒）、錢堃新（子厚）、范希曾（耒研）、陸維釗（微昭）等一批學有所長的學
生，且多成了《學衡》雜誌的作者暨社員，很快又都成為著名的學者。柳氏
是南京高師文史地學科的代表人物，後來浙江大學文學院史地系「歷史地理」
學的崛起，是南京高師文史地系學術精神的延續，是一種自然的學術傳承。

　　近代以來，南京一直是佛學研究、傳播的中心。1910 年，以楊文會（仁
山）為會長的佛教研究會成立於金陵刻經處，沈曾植、陳三立、章太炎、歐
陽竟無、張爾田等多人入會。這些學人後來直接或間接都與「學衡派」的刊
物發生聯繫。因金陵刻經處此時改為研讀佛學的支那內學院，《學衡》作者中
的湯用彤、吳宓、景昌極等到那裡短期學習過佛學，與當時的主持歐陽竟無
以及弟子呂澂、熊十力、蒙文通等相識，使得蒙文通成為《學衡》作者。後
來《國風》在南京創刊，歐陽竟無、熊十力也加入寫文章。同時湯用彤、景
昌極也在支那內學院兼課。其中蒙文通 1911 年在成都存古書院讀書時，為廖
平、劉師培弟子，通過支那內學院的學習，成了「學衡派」成員。「學衡派」
因支那內學院師生的加入而使學術勢力加強。熊十力、蒙文通在 1928 年以後
也都曾在中央大學執教。

刊物的立場

　　《學衡》的編輯是有意學習《國粹學報》，《學衡》在開卷的兩位人物「插
畫」是孔子、蘇格拉底〔註 24〕，意義在於融通中西。十多年前《國粹學報》
創刊時，第一卷刊登的 25 位人物「插畫」中，第一位是孔子。以後的各卷（共
7 卷）均有先賢畫像，或名人字畫、著名器物、碑刻。《學衡》是將中西人物、
名人字畫、著名器物、碑刻、建築作為卷首或文中「插畫」。在「國學」上，
《學衡》是有意繼承《國粹學報》。
　　《學衡》的《弁言》全文如下：
　　　　雜誌通例，弁以宣言。綜其旨要，不逾二輒。自襃則誇飾，斥
　　　人則詆訶。句必盈尺，字或累萬。同人俊劣，謝未能也。出版之始，

〔註 24〕吳宓在 1922 年寫有《蘇格拉底像贊》，其中有「明法殉道，殺身成仁。……
　　　　舉世橫逆，吾獨辛勤。內省不疚，常視斯人」的詩句。見吳宓：《吳宓詩集·
　　　　清華集下》第 35 頁。

謹矢四義：

　　一、誦述中西先哲之精言，以翼學。

　　二、解析世宙名著之共性，以郵思。

　　三、籀繹之作，必趨雅音，以崇文。

　　四、平心而言，不事謾罵，以培俗。

　　揭櫫真理，不趨眾好，自勉勉人，期於是而已。莊生有言，瞽者無以與乎文章之觀，聾者無以與乎鐘鼓之聲。豈惟形骸有聾盲哉。夫知亦有之。同人不敏，求知不敢懈。第祝斯志之出，不聾盲吾國人，則幸矣。

胡先驌在《評〈嘗試集〉（續）》一文中將 Irving Babbitt 譯白璧德，將 Humanism 譯為人文主義。白璧德及新人文主義思潮進入中國，從此開始，《學衡》雜誌是白璧德及新人文主義精神展示的舞臺。白璧德是《學衡》作者中一部分人的精神領袖，新人文主義思潮是《學衡》雜誌一部分作者的理論武器。

　　自第三期始，卷首刊有《學衡雜誌簡章》，為吳宓撰寫。其主要宗旨是：「論究學術，闡求真理，昌明國粹，融化新知。以中正之眼光，行批評之職事。無偏無黨，不激不隨。」

　　作為現代文化保守主義的一個重要刊物，也是「學衡派」的發端陣地，這裡謹述其史略。儘管《學衡》借「昌明國粹，融化新知」的理性來整合文化斷裂的努力和作用，是十分有限的，也是具有特定的時代色彩的。但是，其試圖進行文化整合所開啟的人文主義思想的理路，在以後「學衡派」同人的學術活動中卻得到了進一步的發揮〔註 25〕。至於《學衡》本身的變化和流

〔註25〕在南京東南大學——中央大學的「學衡派」成員，1920 年代後期和 1930 年代，堅持與新文學對立，寫舊體詩詞。到 1940 年代遷校到重慶，一群人對舊體詩詞仍情有獨鍾。在重慶，1943 年 1 月～1945 年 8 月汪辟疆（號方湖）主編的《中國學報》（與此同時，北京有張紹昌主編的《中國學報》，1944 年 3 月創刊。而早在 1912 年 11 月，北京的國粹派已創辦有《中國學報》。中間停刊一段時間，復刊後由劉師培主編，主張「保存國粹，淪發新知」），便體現這一傾向。為刊物寫文章（包括舊體詩詞）的有李翊灼、汪東、唐圭璋、陳匪石、王玉章、金毓黻、章士釗、朱希祖、歐陽漸、羅常培、容園、程康、熊公哲、劉修業、許承堯、潘重規等。汪辟疆在第 1 卷第 1 期重刊《近代詩派與地域》（由吳棻作箋）。因為此文在 1935 年 6 月南京中央大學文學院辦的《文藝叢刊》（第 2 卷第 1 期）已經刊登過。此文可與 1920 年代刊在北京《甲寅》周刊（連載於第 1 卷第 5、6、7、8、9 號，時間為 1925 年 8 月 15 日～9 月 12 日）的《光宣詩壇點將錄》相印證。汪辟疆主編的《中國學報》和《學衡》

動性，可以從吳宓任教地點的變化和作者隊伍的變動中看出〔註26〕。

吳宓與刊物的實際運作

　　吳宓認爲自己的名字進入知識界，被人所知，是由於《學衡》雜誌的緣故。這是一個名分上的所得。爲了這一名分，也是他所謂的志業，他投入很多，付出也最大。

　　刊物《學衡》出現有標明的日期與實際出版時間不符的情況。如第60期標明爲1926年12月出版，實際卻是1928年1月才印出〔註27〕，因爲王國維1927年6月自殺，這一期爲王的紀念專號。第71期版權頁寫明爲1929年9月出版，但內文中卻登的有1930年5月15日逝世的英國小說家洛克的像。同時刊登的還有1930年5月10日被命名爲英國桂冠詩人的梅絲斐爾的像。第78、79期的出版時間也是模糊不清的。因爲1933年7月爲終刊號第79期的出版時間，但內文中有注明1933年8月1日的啓事的日期。對這種現象，只能推斷編輯時間和出版時間不一致，特別是版權頁上的標明時間和實際出版時間不一致。

　　該雜誌由「發起同志數人，擔任編輯」，但自始至終實際主持編務的是「總編輯兼幹事吳宓」。1924年8月吳宓到東北大學執教半年，《學衡》增設柳詒徵、湯用彤爲幹事，1928年1月第61期改由繆鳳林擔任副編輯兼幹事。

　　《學衡》出版發行至1932年秋冬，《學衡》雜誌社在南京的社員不滿於吳宓把本屬南京東南大學的這個刊物的編輯權獨攬，他一人在清華大學編，上海印行，南京的社員連個空名也沒有，便提出與中華書局解約，使本雜誌

　　　相同的傾向性在於尊孔、推崇舊體詩詞。如李翊灼第1卷第1期刊出的《中國學術與中國學報》，第2期刊出的《復興禮學之管見》（上）。汪辟疆第1卷第4期刊出的《怎樣瞭解孔子》。
〔註26〕樂黛雲在《「昌明國粹，融化新知」——湯用彤與〈學衡〉雜誌》一文中，説刊物具有「一貫性和穩定性」，其實不是這樣。1925年以後，吳宓主要用北方作者的稿件和藉重清華的力量，而《學衡》的大本營南京高師—東南大學的主力已經對他不滿。文章見樂黛雲：《跨文化之橋》，北京大學出版社，2002。
〔註27〕《學衡》的拖（脱）期，在59～60期尤爲明顯。據《吳宓日記》第Ⅲ冊第440頁所示，1927年11月17日，吳宓接中華書局11月10日覆函，説《學衡》59～60期，「雖令出版部趕印，而因應印之書甚多，何日出版，殊不能預定」。結果是，吳宓於11月27日收到中華書局寄到的《學衡》第59期樣本（《吳宓日記》第Ⅲ冊第444頁）。1928年1月16日收到第60期的《學衡》樣本（《吳宓日記》第Ⅳ冊第10頁）。因此，可以認定第59期、60期的出版時間分別爲1927年11月、1928年1月。

歸張其昀創辦的南京鍾山書局印行。吳宓堅決反對，因爲這些年，他獨立主持編務，備嘗艱辛，當經費困難時，他拿出了自己的薪水，也曾請清華研究院的導師梁啓超出面向中華書局說情，以減免部分印刷費用。由於吳宓不同意與中華書局解約，便與南京的社員產生了意見分歧，相持之中，吳只好辭去總編輯的職務。南京社員改舉繆鳳林爲總編輯，並與中華書局解約。其結果是《學衡》無法再出版，第 79 期遂成終刊號。

《學衡》雜誌的實際運作是這樣的：一是它沒有政治和經濟上的依靠。東南大學在經濟上並未給它提供任何經費。因此，可以說它在政治、經濟上是獨立的（這樣也就超越了政治保守主義，游離於黨派之外）。基本的印刷費用是最初志同道合的骨幹成員每人出一百元作基金。二是刊物始終沒有稿酬。三是吳宓一人始終主持編務。在後期出版經費緊張時，他個人每期津貼百元，又向親友募捐來維持刊物的運行。

事實上，吳宓作爲《學衡》的實際主持者，在編輯經營過程中，還遇到了來自內部的磨難，和朋友們對他的不理解。梅光迪自 1923 年 1 月第 13 期始，便不再爲刊物撰稿，並對人說：「《學衡》內容愈來愈壞。我與此雜誌早無關係矣！」爲《學衡》撰稿的人並不多，經費時常不足，社員則無人過問，無人捐助，只有吳宓一人爲刊物籌款操心，因此編輯權也就落在他的手中。所以社員中有人說「《學衡》雜誌竟成爲宓個人之事業」〔註28〕。在《學衡》的社員中，吳宓與邵祖平的矛盾較尖銳，衝突也最明顯。對此他在日記和自編年譜中都有記述。在 1923 年 9 月 15 日的衝突之後，他在日記中寫道：

> 予平日辦理《學衡》雜務，異常辛苦繁忙。至各期稿件不足，中心焦急。處此尤無人能知而肯爲設法幫助。僅二三私情相厚之友，可爲幫顧。邵君爲社中最無用而最不熱心之人。而獨喜弄性氣，與予一再爲難。予未嘗不能善處同人，使各各滿意。然如是則《學衡》之材料庸劣，聲名減損。予忠於《學衡》，固不當如是徇私而害公。蓋予視《學衡》，非《學衡》最初社員十一二人之私物，乃天下中國之公器；非一私人組織，乃理想中最完美高尚之雜誌。故悉力經營，晝作夜思。於內則慎選材料，精細校讎。於外則物色賢俊，增加社員。無非求其改良上進而已。使不然者，《學衡》中盡登邵君所作一類詩文，則《學衡》不過與上海、北京墮落文人所辦之小報等耳。

〔註28〕吳宓：《吳宓自編年譜》第 235 頁。

中國今日又何貴多此一雜誌？予亦何必犧牲學業時力以從事於此哉？

　　予記此段，非有憾於邵君。特自敘其平日之感情與辦事之方針耳。故於邵君訾評同社之作，及強欲凌駕胡君先驌等情，均不述及云。〔註29〕

在 1925 年 5 月 25 日的日記中，他記有好友張歆海對《學衡》的意見。張歆海認爲吳宓辦《學衡》是「吃力不討好」，不如不辦。8 月 23 日記有他與胡先驌、邵祖平的矛盾，說自己「爲《學衡》忍辱含垢，惟明神知之耳」。1926 年 11 月 16 日，吳宓在接到中華書局關於《學衡》第 60 期以後不再續辦印刷的信後，與陳寅恪談《學衡》停辦事。陳寅恪認爲《學衡》對社會無影響，理當停辦。這事對吳宓刺激很大，他感憤百端，夜不能寐，擔心自己會陷入浪漫派詩人的境地。他說：「以宓之辛苦致力，而世局時變，江河日下，阻逆橫生。所經營之事業終於破壞，同志友朋，均受社會排斥，秉其學德志節，歸於日暮途窮之境。可痛哭之事，孰有甚於此？且恐以宓之生性多感，又富詩情，從此將下墮於抑鬱憂憤，如陶潛之飲酒，效阮籍之猖狂，即有所吟詠著作，亦同於浪漫派 Byron、Shelley〔拜倫、雪萊〕之怨憤，Lamb、Hazlitt〔蘭姆、赫斯列特〕之瑣細，成爲世所擯棄、獨善其身之人。而宓等之本志，則欲效 Matthew Arnold 之正大光明，平和剛健，爲世人之導師，因勢利導，順水行舟。今後境遇如斯，志業全挫，豈不辜負初心也哉！但顧一身，著作詩文小說以自樂，不談世事，不問實功，固宓之所好，然終不忍恝然爲之耳。」〔註30〕 11 月 29 日，中華書局在致吳宓的信中，說《學衡》五年來的銷售數平均只有數百份，「賠累不堪」，故停辦。30 日，吳宓致信《大公報》的張季鸞，託他轉商上海的泰東書局接辦《學衡》，但得到的覆函說，無能爲力。爲此，吳宓在 12 月 1 日的日記中感歎：

　　近項意態消極殊甚。念宓於《學衡》業已竭盡智力，而舉世莫助，阻難橫生。即社中同志，亦皆落漠，不問此事。宓如此犧牲，殊覺不值，似不若任其停辦，而宓專心讀書修養，並撰作吾心所好之詩及小說，不強似今之勞而無功，徒爲人執賤役者耶？嗚呼，自創辦至今，《學衡》雖屢經挫折，而吾極端熱心，始終不存他想。今

〔註29〕吳宓：《吳宓日記》第 II 冊第 256 頁，生活・讀書・新知三聯書店，1998。
〔註30〕吳宓：《吳宓日記》第 III 冊第 252 頁。

> 茲乃有此消極放任之念，是宓之退步歟？抑《學衡》此次終必停辦，
> 先兆已萌，自然之機，無心之感，有不可挽救者歟？吾之苦痛，誰
> 復諒之哉？〔註31〕

12月29日，吳宓又接中華書局來函，說《學衡》「賠累過大」，且時局如此，此正縮小範圍，故不能續辦。1927年3月20日，吳宓在與曾琦的談話中得知，「中華書局已黨化。其欲停辦《學衡》，實為圖破壞我輩之主張及宗旨，必非為經濟之故」〔註32〕。在這種情況下，吳宓只得通過吳其昌求助於梁啓超。中華書局看在梁的面子上，答應續辦，但提出了續辦的條件是：「（一）每月津貼中華六十元。（二）紙版歸中華。（三）贈送150冊取消。（四）不得逾120頁。（五）插畫取消。」〔註33〕吳宓只同意（一）、（二）、（四）項。於是，又通過梁啓超與中華書局的老闆陸費逵討價還價（5月23日）。結果是陸在回覆梁的第三次信中表示不能接受吳宓的條件（6月6日）。所以吳宓感到自己為《學衡》已經盡了大力，如今不能維持刊物於不墜，只得擱置，以待時局變好，再求奮起而已。

　　時值1927年10月12日，吳宓又向中華書局提出了新的計劃和要求，即改為雙月刊，續辦一年（61～66期），每期補款百元，其餘條件照舊。由此可見，吳宓是把《學衡》當作自己的精神寄託和志業。他在日記中寫道：「中夜不寐，細思人生學問理想，雖高遠博大無限，然事業須有定而持之以恒，精神名譽要必有所寄託。《學衡》為我之事業，人之知我以《學衡》。故當冒萬難而竭死力，繼續辦理，不使停刊。近頃頗流於怠廢，急當自警，重振前數年之精神，以維持《學衡》於不墜。其事雖小，其效雖微，然吾生亦渺小，不壽至短，吾但能為此事，亦是機緣有定，身在局中，不容脫避。只求奮戰一場，不損我之精神榮譽而已。豈可妄為虛空之比較，而安於消極哉？」〔註34〕

　　他甚至為自己的勞作得不到同人的理解、支持和社會上的承認而傷心。他說：「生平苦作，而不能感動一人。獨力辛勤從事，而無人襄助，無人矜憐，無人贊許，無人鼓勵，殊可痛傷。」〔註35〕吳宓在《學衡》後期與胡先驌的意見不合。在1927年11月14日胡先驌到北平與吳宓的一次聚會之後，吳宓

〔註31〕吳宓：《吳宓日記》第Ⅲ冊第259頁。
〔註32〕吳宓：《吳宓日記》第Ⅲ冊第323-324頁。
〔註33〕吳宓：《吳宓日記》第Ⅲ冊第324頁。
〔註34〕吳宓：《吳宓日記》第Ⅲ冊第419頁。
〔註35〕吳宓：《吳宓日記》第Ⅲ冊第351頁。

在日記中記述了《學衡》社友如今已無法做到「志同道合」的實情，說這種意見分歧對《學衡》的事業已沒有幫助。他說：「始吾望胡之來，以爲《學衡》社友，多年睽隔，今茲重敘，志同道合，必可於事業有裨。乃結果大失所望。蓋胡先驌不惟謂（一）專心生物學，不能多作文。（二）胡適對我（胡）頗好，等等。且謂（三）《學衡》缺點太多，且成爲抱殘守缺，爲新式講國學者所不喜。業已玷污，無可補救。（四）今可改在南京出版，由柳〔沈按：柳詒徵〕、湯〔沈按：湯用彤〕、王易三人主編。（五）但須先將現有之《學衡》停辦，完全另行改組。絲毫不用《學衡》舊名義，前後渺不相涉，以期煥然一新。而免新者爲舊者所帶壞云云。」〔註36〕

在吳宓提出改良內容，仍用《學衡》名義辦下去的建議之時，胡先驌斷然否定，認爲「《學衡》名已玷污，斷不可用。今之改組，決不可有仍舊貫之心，而宜完全另出一新雜誌。至於原有之《學衡》，公（指宓）所經營者，即使可以續出，亦當設法停止云云。宓遂言止於此，改談他事。而中心至爲痛傷。夫宓維持《學衡》之種種愚誠苦心，以梅、胡諸基本社友，乃亦絲毫不見諒。宓苟有罪，罪在無功。交涉失敗，續辦難成，此宓之罪。至若其它種種，悉爲宓咎，夫豈可者？人之責宓把持者，何不代宓分勞？何不寄稿？何不墊款？又何至以《學衡》之名義爲奇恥大辱，避之惟恐不遑。偶談及印學衡社叢書事，胡君謂書可印，單本各名，而斷不可冠以學衡社等字，亦不必作爲叢書」〔註37〕。這使吳宓爲之傷心，感到自己維持《學衡》的種種愚誠苦心，梅光迪、胡先驌等基本社友，卻不能諒解。爲此，他有一段感慨：

> 社外阻難，宓所不恤，社內攻訐，至於如此。同室操戈，從旁破壞，今世成風，豈《學衡》社友之賢者亦不免此。且即以事論，停辦之局已成，破壞尤不費力。但改組出版，未必能成耳。吾但馨香祝其能成，且決當力助，毫無意氣之私，惟求志業有裨，至於何日可以出版，內容若何進步，則責在諸君子矣。夫《學衡》之局，已成弩末。始謂琴碎弦絕，尚留餘思，可供憑弔迴環。以今觀之，並此而不吾許矣。兼以近今諸種情事，宓益深悲痛。嗚呼，天實鑒之，宓之本心，實欲植立中心，取得一貫之精神及信仰，而成爲光明端正，內質誠而外活潑之人物。所模仿者，爲安諾德，爲白璧德，

〔註36〕吳宓：《吳宓日記》第Ⅲ冊第437頁。
〔註37〕吳宓：《吳宓日記》第Ⅲ冊第438頁。

爲葛德，爲曾文正。今乃以種種之驅迫——（一）外界之阻難；（二）世人對宓等之冷落；（三）同志之蕭條及離異——殆將逼宓走入旁路，困守一隅。只務成己，不敢立人。只求自喻，難期人諒。謝絕交際，避去世緣，退心冥思，專務著作小說及詩，以自寫其經驗，鳴其悲思也乎？〔註38〕

在梁啓超和吳宓的進一步努力下，中華書局於 1927 年 11 月 15 日來函，答應 1928 年續辦《學衡》一年（年出 6 期），每期由吳宓津貼 100 元。隨後，時出時停，一直堅持到 1933 年 7 月，共出版 79 期。其中的艱難辛苦，吳宓在日記中多有自訴和怨尤。這既是文化保守主義者自身所處的時代的特殊苦難，也是文化保守主義群體內部壓力的具體表現。吳宓本人比其他人更多地承受了這一壓力。

吳宓在 1935 年中華書局出版的《吳宓詩集》卷末所附的《〈學衡〉雜誌論文選錄》的題言中寫道：「民國二十一年秋冬，《學衡》雜誌社員在南京者，提議與中華書局解約，以本雜誌改歸南京鍾山書局印行。宓當時力持反對。蓋以己十餘年之經驗，宓個人與中華書局，各皆變故屢經，艱苦備嘗，然《學衡》迄未停刊。以昔證今，苟諸社員不加干涉，任宓獨立集稿捐貲，仍由中華印行，必可使此雜誌永永出版而不停，縱聲光未大，而生命得長。任何改變辦法，皆不免貪小利而損大計。故宓堅持反對云云。乃社員卒不諒，宓不得已，於二十二年夏，正式辭去總編輯職務。於是諸社員舉繆鳳林君繼任，然後與中華書局解約。但迄今一年有半，尚未見《學衡》第八十期出版。此事傷宓心至大，外人不明實情，反疑《學衡》之停刊由於宓之疲倦疏懶。宓既力盡智全，不能阻止，反尸其咎，烏得爲平。故於此略述眞相，以告世之愛讀《學衡》雜誌者。」〔註39〕

事實眞相是《學衡》雜誌社員在南京者，認爲《學衡》已經背落後、保守的惡名，決定放棄用《學衡》的名字，在 1932 年 9 月另起爐竈，創辦了《國風》。

在義利取捨過程中，吳宓有過痛苦的抉擇。1928 年 2 月 1 日，他與學生陳銓談及售小說稿給《國聞周報》一事時，便將自己與新文學作家作一比較，且以義利取捨爲評判尺度。他在日記中寫道：「陳銓來，爲售小說稿與《國聞

〔註38〕吳宓：《吳宓日記》第Ⅲ冊第 438 頁。
〔註39〕吳宓：《吳宓詩集‧〈學衡〉雜誌論文選錄》第 46 頁。

周報》事。因談及中國近今新派學者，不特獲盛名，且享巨金。如周樹人《吶喊》一書，稿費得萬元以上。而張資平、郁達夫等，亦月致不貲。所作小說，每千字二十餘元。而一則刻酷之譏諷，一則以情慾之墮落，爲其特點。其著作之害世，實非淺鮮。若宓徒抱苦心，自捐貲以印《學衡》，每期費百金。而《大公報》在我已甚努力，所得酬報亦只如此。嗚呼，爲義爲利，取捨報施，乃如斯分判。哀哉！」〔註40〕

　　事實上，在出版、報刊業發達的現代社會，大眾傳媒的崛起，已極大地改變了傳統文人的寫作方式和交流手段。吳宓在與新文學作家的較量中，已不單是信念、道義和話語之別，更有最爲實際的大眾傳媒導致的金錢上的逆差。新文學作家佔據大眾主流話語後的獲得，和吳宓等瓦解、反對大眾主流話語霸權所必須的付出，二者的對比太明顯了。這也是他時常痛苦呻吟的重要原因之一〔註41〕。

〔註40〕吳宓：《吳宓日記》第Ⅳ冊第 17 頁。
〔註41〕本章部分內容，先行刊印在我的《吳宓與〈學衡〉》一書的導言中。

歷史尋根：《史地學報》

上、史實呈現

研究會的組織原則及刊物的出版

　　1921 年 11 月，南京高師史地研究會編輯的《史地學報》在上海商務印書館出版發行。為創刊號作序的是柳詒徵。卷前有《本學報啓事》，說「本學報為南京高等師範學校史地研究會刊物，預定年出四期」。「本學報取公開的態度，極願海內同志自由投稿，積極批評；其能以實地觀察，或教授經驗見賜者，尤為歡迎」。

　　《史地學報》創刊號本是 1921 年 3 月 15 日由史地學會決議出版發行的，7 月第 1 號稿件編就，計劃 8 月 1 日出版。後因商務印書館印刷冗繁，直到 11 月 1 日才印出。刊物的封面署名「南高師範學校史地研究會編輯」，「上海商務印書館發行」。第 2 號的出版時間為 1922 年 2 月，而版權頁誤印為 4 月。第 3 號為 5 月。預定年出 4 號的季刊，在實際的出版時間上有誤差。第 4 號的出版時間為 8 月。第 1 卷共出 4 號。

　　第 2 卷自 1922 年 11 月～1924 年 2 月出版 8 期（號）。其出版時間分別為第 1 期 1922 年 11 月、第 2 期 1923 年 1 月 1 日、第 3 期 1923 年 3 月 1 日、第 4 期 1923 年 5 月 1 日、第 5 期 1923 年 7 月 1 日、第 6 期 1923 年 8 月 1 日、第 7 期 1923 年 11 月 1 日、第 8 期 1924 年 2 月 1 日。

　　自第 3 卷始，刊物的封面署名「東南大學史地研究會編輯」，「上海商務印書館發行」。因為南京高師改為東南大學後，原南京高師的學生仍可用舊

稱，畢業時的文憑也可兩個校名中選一個。張其昀就是用南京高師的畢業證書。因爲他是 1919 年 9 月南京高師新入學考生中的第一名，爲紀念自己的這個榮譽，他一生中都稱自己是南京高師的畢業生。

第 3 卷自 1924 年 6 月 1 日～1925 年 10 月出版 8 期（1、2 合期的版權頁時間爲 4 月，封底英文爲 6 月）。其中第 1、2 期合爲一冊。第 8 期的出版日期雖署時間爲 1925 年 10 月，但實際出版時間滯後，因爲內文本有鄭鶴聲 1925 年 11 月 1 日寫的「啓事」。據版權頁所示其出版時間爲：第 1、2 合期 1924 年 4 月 1 日、第 3 期 1924 年 10 月 1 日、第 4 期 1924 年 12 月 1 日、第 5 期 1925 年 3 月 1 日、第 6 期 1925 年 5 月 1 日、第 7 期 1925 年 6 月 1 日、第 8 期 1925 年 10 月。

第 4 卷第 1 期的出版日期爲 1926 年 10 月。這也是終刊號。

《史地學報》5 年間共出版 4 卷 21 期，計 20 冊。封面和版權頁標明的是「期」，而內文標的是「號」。

由於柳詒徵捲入東南大學易校長的風潮，被迫離開東南大學，學生組織「史地研究會」解體，刊物停刊，其骨幹力量加入到 1926 年新創辦的《史學與地學》。

第 1 號的刊首是柳詒徵的《序》〔註1〕。柳氏強調首先要「居今日而窮皇古」，「坐一室而燭全球」。然後而鳴其學。

在第 3 號的卷首登有《編輯要則——旨趣及門類》〔註2〕。

〔註 1〕 《史地學報》第 1 卷第 1 期。
〔註 2〕 《編輯要則——旨趣及門類》爲：
史地學報與世見，於今五閱月。雖淺學一得，無當宏智，顧區區之心，冀與國人砥礪實學，當爲識者洞鑒。同人深維史地之學，一由時間之連續，示人類之進化；一由空間之廣闊，明人類與自然界之關係。其博大繁賾，實超其它科學。而就其近者言之，則一事一物，莫不有其源流與背景，果屏斯二者，即不足曉事物之眞，更無由窺學術之全。是以各種學問，靡不有所憑於史地；而史地之可貴，亦要在出其研幾所得，供各學科之致用。此所以西洋自然科學發達，而史學地學與之偕進而無已也。吾國自黃帝置史，大禹敷土，史地之學，肇端特早。只以科學不進，實學沈涸；故史籍雖富，史學不昌；地志圖表，尤關精進。遂使先民之緒，墜而不振，昌明光大，歸美白人。近年以還，國人盛言西學，談論著述，蔚爲巨觀。顧於眞實之學。輒相畏避，史學地學，尤稀過問。新說之灌輸無聞，舊籍之研究日荒，懷古例人，寧非大恥。同人等問學旨趣，偏此二學，心痛現狀，爰布茲冊，將以求正有道，希助友聲，以共闡前古之積緒，而期今後之精進。發刊以來，時自勉策；本期付印之先，更察社會之批評，經共同之考慮，編輯內容，益圖改善。舉其

　　從南京高師到國立東南大學,史地研究會的章程有相應的完善和細化。《史地學報》第1卷第3期刊登的《南京高等師範學校史地研究會簡章》〔註3〕也具體化。

　　在1922年11月出版的第2卷第1期的卷首,又刊出了《編輯導言》,闡明本期刊物的具體編輯意見。在新開「史傳」、「地志」、「論文摘述」、「表解」的同時,強調要注重三點:實際教育之應討論、時事問題之應注重、書評一門之應擴充。

　　刊物對「史地之學」有具體解說:「史地之學,一由時間之綿延,示人事之蛻化;一由空間之闊大,明人類自然界之關係;廣宇長宙,宏我心量;其於陶冶情養公民,至爲重要。」故應合力討論。「史地研究會」的同人認爲西方歷史學家論史多能明現狀的來歷,地理學家研究人類與環境,特重人文的反應。史地之學關係國計民生,因此,要注重時事問題的研究。中國今日學術的荒墮,好名之士,徇風氣以爲學,歷史地理更稀少過問。「同人以爲述古啓新,非有大規模之整理,大規模之翻譯不爲功」。對著作的本末、價值和源流進行品評,也是當務之急。「上所述者,皆有關於全國文化之重。同人等不揣寡昧,願努力盡一部分之責任。海內同道,當如何急起共圖,以昌明學術乎」〔註4〕。

要端如(1)考證論評,務爲並重;(2)新聞時事,增其材料;(3)介紹新出之名著;(4)流通中外之消息;(5)述教學以供教者之參助;(6)列調查以促考察之興趣;(7)報告氣象;(8)插印圖片:務求充實內涵,冀於學術有所貢獻,於學者有所裨助。分門區類,都爲二十,次列於下:

1、評論。2、通論。3、史地教學。4、研究。5、古書新評。6、讀書錄。7、雜綴。8、世界新聞:(A)時事紀述。(B)地理新材。(C)中外大事記。9、氣象報告。10、書報紹介。11、史地界消息。12、調查。13、史地家傳記。14、譚屑。15、專件。16、選錄(仿東方最錄之意,酌量轉載關於史地之文字)〔沈按:「東方」爲《東方雜誌》,「最」爲「撮」之誤〕。17、書報目錄〔(A)書籍。(B)雜誌。(C)論文〕。18、會務(記錄、會員錄、職員錄)。19、通迅。合卷首插圖,共爲二十。

本報嗣後內容,略準此分,惟每期所列,非必盡有諸類(本期門類,凡十有四)。夫史地至廣大,畢生不能精其一,區區斯報,何濟大體?海內學者,將何以奮起共圖,以昌明學術乎!則此一冊刊物,不過稚昧冥行,敢執祛掃前塵之役而已。

十一年四月十五日

〔註3〕《南京高等師範學校史地研究會簡章》中強調「本會以研究史學地學爲宗旨」。「凡本校史學系地學系或其它各科系同學有志研究史地者,皆得爲本會會員。本校畢業同學願入會者亦爲會員」。

〔註4〕《史地學報》第2卷第1期。

到了 1924 年 6 月 1 日出版的第 3 卷第 1、2 合期時，有了更完備、細密的《國立東南大學史地研究會簡章》隨刊物刊登〔註5〕。

這是一個有著嚴格的組織結構和學術規範的群體，其特性在他們具體的活動中得到了充分的體現，並培養了他們嚴謹、紮實、穩重的良好學風，奠定了他們群體的學術基礎。

實際運作過程

「史地研究會」的組織結構和《史地學報》的編輯出版情況是以自然的學期爲單元，平均每年分兩段，不斷改組和更新。因爲學生有自然入學和畢業離校，指導教師也是有部分的流動。據第一號後面所附《記錄》示，本會自 1919 年 10 月至 1921 年 10 月，已有兩年，是南京高師文史地部及他科學生組織，以研究史地爲宗旨。其間經歷了由地學會到史地學會的過渡。具體情況是，1919 年秋，文科改文史地部後，同學們即有增設地學會的動議，並得到了地理教授童季通的實際支持。1919 年 10 月 1 日地學研究會正式成立，共有會員 67 人。舉龔勵之爲總幹事。此學期共有五次演講：童季通的《地名之研究》（10 月 14 日）、柳詒徵的《人生地理學》（10 月 28 日）、童季通的《中國之旅行》（11 月 10 日）、黃任之的《南洋風土狀況》（12 月 8 日）、陳苞蓀的《斐列賓之現在與將來》。

1920 年 1 月 19 日，地學會第二屆選舉，舉諸葛麒爲總幹事，本屆會員有73 人。5 月 13 日，決定改地學會爲史地學會，通過簡章，請柳詒徵、童季通、朱進之爲本會指導員。1920 年 5 月 13 日實爲史地學會正式成立之日期。

史地學會第一屆（1920 年 5 月～6 月）的活動有暨南教員姚明輝講《史地之研究》（5 月 18 日）、朱進之講《近代文化之起源》（6 月 12 日）。6 月 20日改選下屆職員，以陳訓慈爲總幹事。

第二屆（1920 年 9 月～1921 年 1 月）會員有 62 人，柳詒徵、徐則陵、竺可楨爲指導員。本屆學術活動有指導員徐則陵講《史料之搜集》（10 月 11 日）、竺可楨講《月蝕》（10 月 27 日）、竺可楨講《彗星》（12 月 16 日）、柳詒徵講《史之性質與目的》（11 月 3 日）。會員繆鳳林講《歷史與哲學》、胡煥榮講《紀元問題》、陳訓慈講《何謂史》（11 月 29 日）。同時，因地質學課程的需要，學生們四次到野外考察。11 月 8 日，改選下屆職員，以胡煥榮（庸）爲總幹事。

〔註5〕以封底所示時間 6 月爲準。

　　第三屆（1921 年 2～6 月）會員 64 人，指導員同第二屆。活動有徐則陵講《新史學》（3 月 15 日）、北京高等師範學校地理教授白眉初講《直隸水旱之原因》（5 月 25 日）、竺可楨講《歐洲之現狀》（5 月 26 日）、《地理教授法》（6 月 1 日）。6 月 18 日改選下屆職員，以諸葛麒爲總幹事。

　　3 月 15 日，經過會員的提議，先後於 3 月 17 日、4 月 20 日、6 月 10 日召開編輯會議，商議出版刊物，6 月 17 日校出版委員會正式確認本會的《史地學報》爲學校的叢刊之一，由上海商務印書館承印。

　　《史地學報》第 1 卷第 1 期詳細刊登了史地學會第三屆職員錄〔註6〕。以後各界職員都有變化。

　　第四屆（1921 年 9 月 26 日～1922 年 1 月 11 日）指導員爲柳詒徵、徐則陵、竺可楨、白眉初，會員 81 人，其中文史地部 75 人〔註7〕。

　　本屆演講會有四次：李宜之的《德國社會情形》（10 月 14 日）、東吳大學教授摩爾的《蘇州之地質》（10 月 27 日）、葛敬中的《歐洲社會概況》（11 月 24 日）、北京大學陳衡哲的《中國史學家之責任及機會》（12 月 30 日）。本屆學會於 1922 年 1 月 11 日召開史地學會全體會議，由諸葛麒總幹事報告會務經過，總編輯繆鳳林報告《史地學報》的情況，三位指導員致辭後選舉下屆職員。

　　同時史地學會還提出了今後的計劃：聯絡畢業同學及外界同志，擴大會員的範圍。實行分組研究，期收實效。增多開會次數，使會員有演講發表的機會。改良編輯，多用有趣味的實用的短篇，與長篇專論並行。增設門類、增訂雜誌（尤其是歐美雜誌）。

　　第五屆（1922 年 2 月 20 日～7 月）會員 85 人，其中文史地部 78 人。職員和指導員有所調整〔註8〕。經本屆大會議決，於 1922 年 4 月 15 日發佈《通訊》，擬定「畢業同學願入本會者亦可爲本會會員」。

　　本屆的演講會有徐則陵講《愛爾蘭問題》（3 月 4 日）、曾鷹聯講《南洋風土情形》（3 月 24 日）、竺可楨講《美國之情形》（4 月 21 日）、陳衡哲講《中

〔註 6〕　《史地學報》第 1 卷第 1 期 刊出有《史地學會第三屆職員錄》（1921 年 2～6 月）。

〔註 7〕　《史地學報》第 1 卷第 2 期刊出有《史地學會第四屆職員錄》（1921 年 9 月～1922 年 1 月）。

〔註 8〕　《史地學報》第 1 卷第 3 期刊出有《史地學會第五屆職員錄》（1922 年 2～7 月）。

國與歐洲交通史大綱》（4 月 29 日）、柳詒徵講《中國近世史料》（5 月 12 日）。同時有美國教授凱爾的六次演講《地中海東南岸諸國之文化》，5 月初科學社的春季講演（段育華講《天象淺說》、竺可楨 5 月 3 日講《地理與文化之關係》），史地學會的會員都到會聽講。

編輯會議在 3 月 1 日、3 月 26 日、4 月 15 日、6 月 9 日共開四次會議，討論區分門類和發稿的具體事宜。同時在 6 月 9 日還召開了職員會議，討論增添會員（包括分部）、會費、增加學報印數、本屆大會及選舉問題。6 月 17 日下午，學會召開大會，總幹事報告會務經過和學會的工作，然後討論分組研究和分部辦事，決定分設：編輯部、出版部、調查部、圖書部。決議改季刊爲月刊。最後選舉第六屆職員。

本屆學會還組織了古物保存的調查及地學考察，與外界學術聯絡、畢業生聯絡等具體活動，有曾約、紀乃佺兩位畢業同學願意入會。

《史地學報》出版後，立即在國內學術界發生了反響。第 4 期的《通訊》欄裏，便刊出章太炎與柳詒徵的學術通信，討論柳詒徵在第 1 期所刊發的《論近人講諸子之學者之失》。同時還刊登北京高等師範學校史地學會、吉林第一師範學校的李育唐、湖北第二師範學校的涂海澄的來信，及《史地學報》的回覆。

第六屆（1922 年 9 月～1923 年 2 月），會員 95 人。其中有已經畢業於本校的 6 人。

本屆演講會有翁文灝的《萬國地質學會之略史及本年開會情形》（10 月 24 日）、江亢虎的《遊俄雜譚》（11 月 1 日）、顧泰來的《Lecky 論歷史與政治》（11 月 8 日）、梁啓超的《歷史統計學》（11 月 10 日）、竺可楨的《關於測候所之實際》（12 月 15 日）、柳詒徵的《正史之史料》（12 月 18 日）。梁啓超同時於 1922 年 10 月～1923 年 1 月在校講「先秦政治思想史」，史地學會成員大多選修此課。

同時，學會成員開始了「分組研究」和「調查研究」，並決議改《史地學報》爲月刊，年出 8 期；改《地理周刊》爲《地理撮要》；籌備出版「史地叢書」。進而使得史地學會的工作和任務更加細化〔註9〕。

〔註 9〕《史地學報》第 2 卷第 4 期刊出分組研究後的基本情況和任務的細化情況爲：

  1、中國史料組紀略

  分門研究：

    種族門（附地理環境）：諸晉生（主任）、鄭鶴聲、沈孝鳳、仇良虎。

    社會門：劉文翮（主任）、束世澄、向達、趙祥瑗、仇良虎。

    政治門：周愙（主任）、劉掞藜、王煥鑣、龍文彬、全文晟、趙祥瑗、王

隨後，第六屆〔註10〕、第七屆〔註11〕、第八屆〔註12〕職員錄也因同學們

覺、束世澄。
　　　　經濟門：周光倬（主任）、王庸、李瑩壁、王覺、束世澄。
　　　　宗教門：全文晟（主任）、陳旦。
　　　　學術門：陸維釗（主任）、諸葛麒、周恕、王庸、王煥鑣、束世澄、鄭鶴
　　　　　　聲、周光倬、王錫睿、龍文彬、曹松葉、劉掞藜、王覺。
　　　　國際門：向達（主任）、唐兆祥、劉掞藜、張其昀。
　　　　具體步驟：搜集史料、編輯中國史研究論文集、參加歷史統計學之實習、開
　　　　　展民國史之整理。
　　2、地質學組紀略
　　　　12月25日成立，舉全文晟、王學素為正副主任。
　　　　具體步驟：調查圖書雜誌、分任務研究、采集標本、向國外大公司請贈本會
　　　　　以地質標本、請地質學家演講。
　　　　成員名錄：陸鴻圖、沈孝鳳、陳忠、全文晟、陳詠沐、王學素、李漢信。
　　3、時事組紀略
　　　　11月23日成立，舉胡煥庸為主任。
　　　　分閱雜誌日報、剪報備查、摘集目錄、留心特別問題、中國方面之時事關注。
　　　　成員：胡煥庸、向達、張廷休、陳訓慈、鄭鶴聲、楊楷、劉文翽、趙鑒光、
　　　　　黃英瑋、唐兆祥、王學素。
　　4、史學組紀略
　　　　12月22日成立，舉陳訓慈、劉掞藜為主任。
　　　　研究範圍：史學原理、史法考證，中外學歷史者研究。
　　　　調查書目
　　　　讀書研究
　　　　成員：洪瑞釗、趙祥瑗、鄭鶴聲、王福隆、陳訓慈、彭振綱、鄧光禹、陳旦、
　　　　　胡士瑩、陸維釗、鄭沛霖、劉作舟、陳兆馨、劉掞藜、李瑩壁。
　　5、歷史教學組紀略
　　　　12月20日成立。
　　　　成員：張廷休、張其昀、張景玉、王庸、王福隆、唐兆祥、方培智、彭振綱、
　　　　　鄭沛霖、劉作舟、鄧光禹、鄭鶴聲。
　　6、西洋史組名錄：張廷休、劉掞藜、周恕、唐兆祥、彭振綱、趙鑒光、楊楷、
　　　　　王覺、束世澄、李瑩壁、劉文翽、徐景銓。
　　7、東亞史組名錄：張廷休、向達、諸葛麒、全文晟、王福隆。
　　8、中國地理組名錄：劉芝祥、王學素、諸葛麒、胡煥庸、嚴洪江。
　　9、世界地理組名錄：張其昀、王學素、諸葛麒、劉芝祥、方培智。
　　10、氣象組名錄：陸鴻圖、王學素、陸維釗、全文晟、李漢信。
〔註10〕《史地學報》第2卷第1期刊出有《史地學會第六屆職員錄》（1922年9月～
　　　1923年2月）。
〔註11〕《史地學報》第2卷第8期刊出有《東南大學史地研究會第七屆職員錄》（1923
　　　年2月～1923年7月）。
〔註12〕《史地學報》第3卷第4期刊出有《史地學會第八屆職員錄》（1923年9月～
　　　1924年7月）。

的畢業流動而變化。新任指導員有 1923 年 9 月自美國留學歸來的歷史學教授
杜景輝，但他在 11 月 12 日突然因病去世。

下、立場與言說

導師的作用

　　「史地研究會」的兩位最重要的指導老師柳詒徵與竺可楨，分別是歷史
學、地學的著名教授，也是極具人格魅力和學術導師身份的重要的學術組織
者和領導者。南京高師—東南大學—中央大學、浙江大學歷史學、地理學分
別在柳詒徵、竺可楨的培育下興盛。同時浙江大學更是在竺可楨的主持下發
展壯大，浙江大學的文科的基本力量也是南京高師—東南大學—中央大學出
身的學者。所謂南京高師—東南大學的史地之學的特色主要肇端於他們二人
的研究提倡。爾後東南學術格局中的史學、地學也以他們二人的學生的成長
壯大爲標誌。集中體現在後來中央大學、浙江大學的史地學科。

　　這個刊物主要發表「史地研究會」成員，即學生的研究文章，另有指導
員的少量文章。指導員中柳詒徵的文章最多，其次是竺可楨。柳詒徵在《史
地學報》上共刊出文章 20 篇，和一封致章太炎的信。4 卷 21 期 20 冊中，除
在第 2 卷第 4 期、第 3 卷第 4、7 期、第 4 卷第 1 期沒有登文章外，其它各期
他均有文章，其中第 1 卷第 4 期登兩篇文章和一封信。第 2 卷第 1 期登兩篇，
第 3 卷第 1、2 合期登兩篇。竺可楨幾乎每期都有的《南京氣象報告》系列，
爲刊物增添了新鮮的亮點，也開啓了現代氣象學的觀測研究。因梁啓超被請
到東南大學講學，同時也被聘爲指導員的緣故，他的文章也在刊物上刊登，
特別是第 3 卷連載了梁啓超的《中國近三百年學術史》影響頗大。其他如胡
適、丁文江、錢玄同、顧頡剛、林長民等人的文章不是首發，而是因批評討
論需要的轉載。可以說，刊物基本上保持了自己的會刊性、專業性和學生習
作性。同時也具有鮮明的相對保守的（缺少批判精神）學術傾向性。歷史學
最勤奮的作者是陳訓慈、繆鳳林、鄭鶴聲、王煥鑣、劉掞藜、向達、景昌極。
地理學最勤奮的作者是張其昀、胡煥庸。

　　從刊物的具體運作可以明顯地看出學生的學習、研究興趣，即在歷史學、
地理學之外，對中西文化史的個案關注和比較研究〔註 13〕。這與柳詒徵的具

────────────

〔註13〕比較研究的文章如張其昀：《柏拉圖理想國與周官》，《史地學報》第 1 卷第 1

體指導和爲學生開設「中國文化史」的課程的導向有密切的關係〔註14〕。歷史研究側重國史，中國民族史（有歷史地理學的側重）。外國歷史主要是翻譯，如胡煥庸譯的《美國國民史》（連載）。地理學的專門的研究相對薄弱，翻譯介紹的東西較多。待這批學生成爲各自領域的學者後，在回憶讀書的這段與《史地學報》共有的時光時，他們都特別提到導師的影響。柳詒徵後來出任江蘇國學圖書館館長時，把自己的三個得意弟子范希曾、王煥鑣、周毅帶到圖書館工作。竺可楨任中央研究院氣象研究所所長和浙江大學校長時，原南京高師的學生諸葛麒一直是他的秘書。

在「古史辨」討論中

　　1923 年 1 月胡適在爲《國學季刊》寫的「發刊宣言」中指出了三個方向：「第一，用歷史的眼光來擴大國學研究的範圍。第二，用系統的整理來部勒國學研究的資料。第三，用比較的研究來幫助國學的材料的整理與解釋。」〔註15〕顧頡剛在 1923 年 1 月 10 日《小說月報》第 14 卷第 1 號的「整理國故與新文學運動」〔註16〕的討論專欄上寫了《我們對於國故應取的態

期。Walter Eugene Clark 著、向達譯：《希印古代交通考》，《史地學報》第 2 卷第 6 期。陳旦：《古代中西交通考》，《史地學報》第 2 卷第 6 期。諸葛麒：《法顯玄奘西行之比較》，《史地學報》第 3 卷第 3、4、5 期。張世祿：《日本藤原氏與春秋世族之比較》，《史地學報》第 3 卷第 5 期。李瑩璧：《希臘文化蠡測》，《史地學報》第 3 卷第 8 期。而《希臘文化蠡測》的第五部分的「希臘文化之精神」中所列的入世或人文的、理智或科學的、諧和、中庸，和中國文化有十分的相似。第六部分是「結論與中國文化」。

〔註14〕 在具體的文章中，如第 1 卷第 1 期上陳訓慈的《史學觀念之變遷及其趨勢》、繆鳳林的《歷史與哲學》、張其昀的《柏拉圖理想國與周官》的注釋中都注明受柳詒徵著作《中國文化史》、《史學研究法講義》的影響，或直接取材於柳著。隨後南京高師—東南大學的學生的史學文章的注釋中大都顯示柳著的影響。對於學生出版的專書，柳詒徵多有序言褒獎。《史地學報》第 3 卷第 3 期登有他爲《馬哥孛羅遊記導言》寫的序。《史地學報》第 3 卷第 5 期（1925 年 3 月 1 日）刊登柳詒徵爲《中國史研究論文集》序。據《史地學報》第 2 卷第 4 期所刊《史地研究會第六屆紀錄》（續）示，這是因爲「所集得之稿件，以篇幅與發行方面限定，不能悉數納入……現關於中國史方面，已經征集研究稿件十數篇，決定於十二年夏間，出號外《中國史論文集》」。

〔註15〕 胡適：《胡適全集》第 2 卷第 17 頁。

〔註16〕 此專欄有 7 篇文章，作者分別是西諦（《發端》）、鄭振鐸（《新文學建設與國故之新研究》）、顧頡剛（《我們對於國故應取的態度》）、王伯祥（《國故的地位》）、余祥森（《整理國故與新文學運動》）、嚴既澄（《韻文及詩歌之整理》）、玄珠（《心理上的障礙》）。這是上海商務印書館中支持新文化—新文學的一派

度》，指出我們對於國故應取的態度是研究而不是實行。是要看出它們原有的地位，還給它們原有的價值。顧頡剛強調新文學運動與國故並不是冤仇對壘的兩處軍隊，乃是一種學問上的兩個階段。因為在新文學作家和新文化運動的參與者看來，「整理國故」的目的是為了鞏固新文化─新文學的成果。整理舊的是為了創作新的。

「整理國故」運動中重要的一項衝突，是北京大學以顧頡剛、錢玄同、胡適為代表的「疑古派」遭到了南京高師─東南大學「信古派」反擊性挑戰。南京高師─東南大學出場的主要是柳詒徵、劉掞藜、繆鳳林師徒。在 1920 年7月至 1925 年 5 月，繆鳳林、柳詒徵、劉掞藜主動出擊四次。其中兩次是柳詒徵在《史地學報》上單挑的。這和《學衡》上胡先驌、梅光迪、吳宓的反新文化─新文學的言論幾乎是同時發出，兩個刊物形成合力之勢。只是《學衡》側重思想觀念的倡導和批評，《史地學報》側重知識層面的展示。加上《南高東南大學日刊》1921 月 10 月 26 日學生群體復古的「詩學研究號」，南京高師─東南大學師生中「保守」的群體傾向也由此展示出來。南北的對立表現在文化─文學觀念上的是「激進」與「保守」（具體的如「白話」與「文言」），歷史觀上的是「疑」與「信」的對立，其分野十分鮮明地顯現在五四運動後期中國的文化思想界，同時也由此影響到日後中國思想和學術的基本格局，特別是南北兩所著名的大學。

南京高師─東南大學師生對北京大學胡適、顧頡剛的批評或質疑是從四個方面展開的：繆鳳林對胡適《中國哲學史大綱》、柳詒徵對胡適的諸子研究、劉掞藜對顧頡剛的古史考辨、柳詒徵就《說文》問題批評顧頡剛。引發對方反擊的力量卻是一批人。因北京大學師生佔據學術和輿論的主流話語，南京高師─東南大學師生在學術界和輿論界處於明顯的弱勢。

先是繆鳳林在 1920 年 7 月 17、19～25、27～31 日、8 月 1～3 日《時事新報‧學燈》上連載《評胡適〈中國哲學史大綱〉》的長文。繼之有 1921 年11 月出版的《史地學報》創刊號上，柳詒徵發表《論近人講諸子之學者之失》，批評章太炎、梁啟超、胡適在諸子學上的偏失。他說章、胡「多偏於主觀，逞其臆見，削足適履，往往創為莫須有之談」。章氏論孔、老，則似近世武人政黨爭權暗殺之風。說孔子有奪老子之名，含逢蒙殺羿之事之意。章氏以此

勢力對北京大學整理國故的聲援。因為他們多是新文學社團「文學研究會」的成員，此時的《小說月報》是他們的陣地。

誣孔子，胡適更為之推波助瀾。「胡氏論學之大病，在誣古而武斷。一心以為儒家託古改制，舉古書一概抹殺，故於書則斥為沒有信史的價值」。說胡適菲薄漢儒，而服膺清儒。他還進一步指出胡適的病源，實由於不肯歸美於古代帝王官吏。最後他說：「吾為此論，非好與諸氏辯難。只以今之學者，不肯潛心讀書，而又喜聞新說，根柢本自淺薄，一聞諸氏之言，便奉為枕中鴻寶，非儒謗古，大言不慚，則國學淪胥，實諸氏之過也。諸氏自有其所長，故亦當世之學者，第下筆不慎，習於詆訶。其書流佈人間，幾使人人養成山膏之習，故不得不引繩披根，以箴其失。」〔註17〕

章太炎早年是由於革命的需要，和康有為（長素）等尖銳地對立而反孔。晚年他趨向保守而又主張尊孔。1卷第4期刊登的《章太炎先生致柳教授書》。章太炎在信中說：「翼謀先生足下，頃於《史地學報》中得見大著，所駁鄙人舊說，如云孔子竊取老子藏書，恐被發覆者，乃十數年前狂妄逆詐之論，以有弟兄鬩之語，作逢蒙殺羿之談，妄疑聖哲，乃至於斯，是說向載《民報》，今《叢書》中已經刊削，不意淺者猶陳其芻狗，足下痛與箴砭，是吾心也，感謝感謝。」同時他指出胡適所說《周禮》為偽作，本於漢世今文諸師，《尚書》非信史，取於日本人。「長素之為是說，本以成立孔教；胡適之為是說，則在抹殺歷史」。章氏還說自己少年本治樸學，亦唯專信古文經典，與康長素輩背道而馳，其後深惡長素孔教之說，遂至激烈而詆毀孔子。中年以後，古文經典篤信如故，至詆孔則絕口不談，亦由平情斟論，深知孔子之道，非長素輩所能附會也。而前聲已放，駟不及舌，後雖刊落，反為淺人所取。他不滿後生讀他的書而信其舊說，不再讀經史諸子的原典。最後他希望與柳詒徵成為諍友，更希望柳詒徵「提挈後進，使就樸質，毋但依據新著，恣為浮華，則於國學庶有益乎」〔註18〕。

柳詒徵在覆章太炎信中表明了自己寫作此文的用心是因為「今文家喜為非常異義可怪之論，頗合近世好奇心理，故於經術毫無所得者，輒侈然以今文家自命，疑經蔑古，即成通人。楊墨詆孔，以傅西教。後生小子，利其可以抹殺一切，而又能尸國學之名，則放恣顛倒，無所不至。斯則詒徵所尤心痛者耳」。同時他表示「提挈後進，使就樸質。際茲文敝道喪，捨此末由藥之」

〔註17〕《史地學報》第1卷第1期。
〔註18〕《史地學報》第1卷第4期。收入馬勇編：《章太炎書信集》，河北人民出版社，2003。

〔註 19〕。此時，柳詒徵、章太炎的學術思想和文化觀念已經趨於一同，而與胡適的思想觀念卻截然相反。章太炎所希望柳詒徵提挈後進的事，柳正在積極的實踐中，並將成為一生的事業。

從柳詒徵後來的《自傳與回憶》看，他對此文的寫作是很在意的。他說章太炎在回信之外，「後來相見，甚為契合。寫一扇面贈我八字，是《劉歆傳》的『博見強識，過絕於人』。任公過後對我的批評也無反響。1922 年冬，任公到東南大學講學，對我很客氣，也曾寫一聯相贈：『受人以虛求是於實，所見者大獨為其難。』適之見面，也很客氣。我的學生乘間問適之對我的批評如何？他說：講學問的人，多少總有點主觀。」〔註 20〕實際上，此事在胡適的日記中也有反應。柳詒徵的文章是先在同學中散發傳閱後發表的。1921 年 7 月 31 日，胡適應劉伯明主持的東南大學暑期學校的邀請，到東南大學演講《研究國故的方法》。他的觀點是和南京高師—東南大學教授的觀點截然不同的。他的《研究國故的方法》分為四段：

1、歷史的觀念：「一切古書皆史也。」

2、疑古：「寧可疑而過，不可信而過。」

3、系統的研究：「要從亂七八糟裏尋出個系統條理來。」

4、整理：「要使從前只有專門學者能讀的，現在初學亦能瞭解。」

〔註 21〕

演講後，早在 1920 年暑期學校也曾聽過胡適演講的南京高師學生繆鳳林等與他談話，並出示柳詒徵的文章，胡適表示：「他的立腳點已錯，故不能有討論的餘地。」〔註 22〕

1924 年 5 月，《學衡》第 29 期刊有柳詒徵的《評陸德懋〈周秦哲學史〉》。他說陸氏之作起因於讀日本人宇野哲人的《支那哲學史講話》，病其缺略；又讀胡適之《中國哲學史大綱》，病其擇焉不精，語焉不詳，故別為一書，以明古代道德政治學說之精旨。「全書駁胡氏之謬誤者凡廿餘條」。他認為「陸氏之書，固較他著為純正」。

胡適本人似乎無法忘卻柳詒徵對他的批評，所以他在 1933 年 6 月《清華學報》第 8 卷第 2 期上刊出的《評柳詒徵編著〈中國文化史〉》一文中，對柳

〔註 19〕《柳教授覆章太炎先生書》，《史地學報》第 1 卷第 4 期。

〔註 20〕柳曾符、柳佳編：《劬堂學記》第 18 頁。

〔註 21〕胡適：《胡適全集》第 29 卷第 392 頁。

〔註 22〕胡適：《胡適全集》第 29 卷第 393 頁。

著進行了尖銳的批評，說柳詒徵沒有經過現代史學訓練，「信古」而不「疑」，不重視新史料。胡、柳關係和好是在 1946 年 10 月〔註23〕。

柳文沒有引起與胡適或胡適同人大的爭論。隨後而來的關於「古史辨」的兩輪論戰分別是劉掞藜和柳詒徵挑起的。論戰的最關鍵的兩輪交戰是在東南大學的劉掞藜、柳詒徵和北京大學的顧頡剛、胡適、錢玄同之間展開的。

劉掞藜是柳詒徵的學生，在向顧頡剛「疑古」的行為挑戰之前，劉掞藜寫於 1922 年 11 月，刊發時間較晚的文章有《儒家所言堯舜禹事，僞耶？眞耶？》，他說梁啓超的文章《歷史研究法》深信汲冢書之眞，胡適《中國哲學史大綱》深疑《尚書》為儒家所造以「託古改制」。致使堯舜禹的事迹成了眞或僞，可信或不可信的大問題。劉掞藜列出五項所謂的明斷：1、堯之初政中政之時，群小在位。2、堯實克明俊德以使時雍。3、堯舜禪讓之事實際眞。4、堯之殂落，非以放死。5、堯舜禪讓之事亦眞，但舜之崩葬可疑。文章最後表示：「而於所傳堯舜禹事一一篤守而固信之，愚也。無參證而遽以儒墨道法等一家之言為眞，誣也。今日而言上古之事，非愚即誣，甚哉，古史之難治也！」〔註24〕他對於古史的基本立場明顯地受到自己老師的影響。寫於 1923 年 5 月 13 日，刊在顧頡剛主編的《讀書雜誌》第 11 期（1923 年 7 月 1 日）的《讀顧頡剛君〈與錢玄同先生論古史書〉的疑問》一文，掀起了「古史辨」南北討論的高潮。劉文首先表示對顧頡剛的這種研究精神的欽佩，但不同意他的對古史傳說的推想，對他的所舉的證據也不滿意。剛好這時候，胡適的鄉友胡堇人也以《讀顧頡剛先生論古史書以後》〔註25〕投書《讀書雜誌》，與劉掞藜的文章一起刊出。胡堇人自然也是不同意顧頡剛所謂中國古史是層累地造出來的，堯舜禹稷的事迹是靠不住的等一系列觀點。他尤其不滿顧頡剛對禹不是人類可能是蟲的推斷。認為顧頡剛要推翻全部古史的證據不充分，這樣的附會周納，不能讓人信服。於是顧頡剛一併作答。

顧頡剛在《讀書雜誌》第 11 期上的《答劉、胡兩先生書》，提出了區分信史與非信史的基本觀念，並以四項標準表達：1、打破民族出於一元的觀念。2、打破地域向來一統的觀念。3、打破古史人化的觀念。4、打破古代為黃金世界的觀念。隨後他又寫了《討論古史答劉、胡兩先生書》，刊《讀書雜誌》

〔註23〕據胡適日記所示，他 1946 年 10 月 26 日到南京江蘇省立國學圖書館見柳詒徵，借閱三部《水經注》。見胡適：《胡適全集》第 33 卷第 610 頁。

〔註24〕《史地學報》第 2 卷第 8 期。

〔註25〕《讀書雜誌》第 11 期，收入《古史辨》第 1 冊。

第 12～16 期。劉掞藜因不滿意顧頡剛的答覆而又以《討論古史再質顧先生》投書《讀書雜誌》（刊第 13～16 期）。對於顧頡剛所謂的「四項標準」的基本態度，劉掞藜只同意 1、4 兩項，不同意 2、3 之說。顧頡剛對劉掞藜的「再質」表示感謝，自己沒有時間回答，且對原來問題的答覆還沒有寫完。他先後在《讀書雜誌》第 14、15、17 期上刊發「啓示三則」，表示「希望再有許多人加入我們的討論，因爲這個問題的解決不僅是我們幾個人的責任」。雙方有來有往，兩個回合。討論也是學術層面的，心平氣和，沒有發生出言傷感情的事。

這一討論引起了錢玄同、胡適的注意，錢玄同在《讀書雜誌》第 12 期刊出《研究國學應該首先知道的事》，說他是借劉掞藜、胡堇人的文章而發出以下三點議論，但實際也是針對劉、胡的：1、要注意前人辨僞的成績。2、要敢於「疑古」。3、治古史不可存「考信於六藝」之見。胡堇人是胡適的朋友，遠在安徽績溪鄉村。劉掞藜是柳翼謀的學生，代表東南大學的文化保守力量。胡適在《讀書雜誌》第 18 期（1924 年 2 月 22 日）刊出了《古史討論的讀後感》，他認爲討論古史這件事「可算是中國學術界的一件極可喜的事，他（它）在中國史學史上的重要一定不亞於丁在君先生們發起的科學與人生觀的討論在中國思想史上的重要」。這半年多的兩組討論文章也是《努力周報》的副刊《讀書雜誌》上最有永久價值的文章。雙方都在求歷史的真相，問題是證據是否充分和這種懷疑的精神對中國人的心靈和史學界的影響程度。胡適強調自己服膺黃以周在南菁書院做山長時房間壁上的座右銘「事實求是，莫作調人」。他首先表彰顧頡剛，說顧頡剛「層累地造成的古史」的見解是今日史學界的大貢獻。肯定其三層意思都是治古史的重要工具：「1、可以說明時代愈後，傳說的古史期愈長。2、可以說明時代愈後，傳說中的中心人物愈放愈大。3、我們在這上，即不能知道某一件事的眞確的狀況，也可以知道某一件事在傳說中的最早狀況。」胡適把這種方法概括爲「剝皮主義」。說這是顧頡剛討論古史的根本見解，也就是他的根本方法。這是用歷史演進的見解來觀察歷史上的傳說。胡適還具體地把顧頡剛的方法分解爲下列方式：1、把每一件史事的種種傳說，依先後出現的次序，排列起來。2、研究這件史事在每一時代有什麼樣子的傳說。3、研究這件史事的漸漸演進，由簡單變爲複雜，由陋野變爲雅馴，由地方的（局部的）變爲全國的，由神變爲人，由神話變爲史事，由寓言變爲史事。4、遇可能時，解釋每一個演變的原因。

　　胡適同時也考察了劉掞藜在史學上方法，說他的一些結論是全無歷史演進眼光的臆說（兩年前，柳翼謀批評胡適時用「臆見」。此時胡適反送給柳的學生）。胡適說我們對於「證據」的態度是：一切史料都是證據。但史家要問：1、這種證據是在什麼地方尋出來的？2、什麼時候出來的？3、什麼人尋出的？4、地方和時候上看起來，這個人有做證人的資格嗎？5、這個人雖有證人資格，而他說這句話時有作偽（無心的或有意的）的可能嗎？而劉掞藜在這一層，是沒有意識的。胡適最後的結論是，劉掞藜搜求史料有功夫，而無治學方法的自覺，無評判眼光和評判精神，簡單的信而不疑。

　　胡適所總結出的顧頡剛的歷史學方法是和劉掞藜的完全不同。因為劉掞藜在史學上沒有新的精神和方法，他仍在傳統史學中轉。劉掞藜在與顧頡剛討論的同時，也在《史地學報》上表明了自己的方法。他有《史法通論——我國史法整理》一文，文章對「史法」的論述分為：弁言、史學、史識、史體、通史、史限、詳略、史才、史文、史德、自注、史論、史稱、闕訪、史表、史圖、紀元、敘源、句讀〔註26〕。這完全是傳統史學的東西。他和顧頡剛學術思想、方法的不同也由此可見。

　　這兩個回合的討論，讓劉掞藜進入了史學的學術視野，作為東南大學史地研究會成員的劉掞藜和《史地學報》的其他編輯，也就把北京《讀書雜誌》的這批討論文章轉載到《史地學報》第 3 卷第 1、2 合期、3、4、6 期上。

　　《史地學報》第 3 卷第 1、2 合期轉載《讀書雜誌》討論古史文章的同時，又新刊出柳翼謀《論以〈說文〉證史必先知〈說文〉之誼例》。這是有意顯示東南大學的群體力量，因為在《讀書雜誌》上劉掞藜是一人對顧頡剛、胡適、錢玄同三人，且明顯處於弱勢。柳翼謀公開站出來支持自己的學生，同時又挑起了新一輪的論爭。

　　北京大學的同人針對柳翼謀的文章，立即組織了反擊，在《北京大學研究所國學門周刊》第 15、16 期合冊（1926 年 1 月 27 日）上開出了「《說文》證史討論號」，並轉載了柳翼謀《論以〈說文〉證史必先知〈說文〉之誼例》。柳翼謀的文章是針對顧頡剛的，北京大學的同人刊登的文章有顧頡剛的《答

〔註26〕《史地學報》第 2 卷第 5、6 期。柳翼謀與劉掞藜師徒的歷史觀和治史方法都十分相似。劉掞藜的《史法通論》與柳翼謀史學原理多相同之處。柳翼謀 1940 年代在重慶中央大學講學的講義出版時名為《國史要義》，其中十部分的章節是：史原、史權、史統、史聯、史德、史識、史義、史例、史術、史化。見柳詒徵：《國史要義》，華東師範大學出版社，2000。

柳翼謀先生》、錢玄同的《論〈說文〉及〈壁中古文經〉書》、容庚的《論〈說
文〉誼例代顧頡剛先生答柳翼謀先生》、魏建功的《新史料與舊心理》。

柳翼謀此文是以長者的語氣來教訓顧頡剛的，說他以《說文》釋「禹」
得出「蟲」的結果。柳翼謀指出：「今人喜以文字說史，遠取甲骨鼎彝古文，
近則秦篆。爬羅抉剔，時多新異可熹之誼。顧研究古代文字雖考史之一塗術，
要當以史爲本，不可專信文字，轉舉古今共信之史籍一概抹殺。即以文字言，
亦宜求造字之通例，說字之通例；雖第舉一字，必證之他文而皆合。」最後
強調：「今之學者欲從文字研究古史，盍先熟讀許書，潛心於清儒著述，然後
再議疑古乎？」〔註27〕

顧頡剛等人的反駁文章此時火氣加大了，且以佔據學術和輿論的主流話語
的強勢反擊。顧頡剛認爲柳翼謀不瞭解他的態度，也輕蔑了他的學識。他的辯
論古史的主要觀點，在於傳說的經歷，並申明之所以引《說文》的理由。他尤
其不滿柳翼謀文章最後的訓詞，說「這種隘狹的見解，我不敢領受。我們現在
研究學問，自有二十世紀的學問界做我們的指導。我們只有以不能達到當世的
學問界的水平線爲自己的愧恥。至於許書和清儒著述，原只能供給我們以研究
的材料，並不能供給我們以學問的準繩。就是要從文字研究古史，也應以甲骨
文金文爲正料，以《說文》等隨便湊集的書爲副料」。顧頡剛特別表示：「柳先
生文中責我的話，我很知道這是精神上的不一致，是無可奈何的。」〔註28〕

錢玄同的《論〈說文〉及〈壁中古文經〉書》一文，開始便分出個「咱
們」與「他們」的陣營，以強勢語言對顧頡剛說：「他們看錯了咱們啦。咱們
對於一切古書，都只認爲一種可供參考的史料而已。對於史料的鑒別去取，
全以自己的眼光與知識爲衡，決不願奉某書爲唯一可信據的寶典」。「他們正
因爲缺乏『勇敢疑古』的膽量，所以『創獲』未免太少了；正因爲太『熟讀
許書』，對於假字誤體不敢『議疑古』，所以承誤襲謬的解說又未免太多了。
咱們正想改變那『信而好古』的態度，不料反有人來勸咱們做許老爹的忠奴。
這種盛情只好『璧還』他們了。」〔註29〕

魏建功在《新史料與舊心理》強調科學方法是清儒的學問成功的大手腕，
科學方法的重要性在求眞，在勇於懷疑。他尖銳地指出了「多半他們既沒有方

〔註27〕《史地學報》第3卷第1、2合期。
〔註28〕《北京大學研究所國學門周刊》第15、16期合冊。
〔註29〕《北京大學研究所國學門周刊》第15、16期合冊。

法，又沒有思想，結果便只有學學古人的舌；假使只有方法，又沒有思想，結果也只有學學古人的舌。學舌的人教不學舌的人學舌去，實在是一件夢想的事！不學舌的人與學舌的人分別就在思想的基礎和方法的施展上」。他得出的結論是：「中國的歷史，眞正的歷史，現在還沒有，所謂『正史』的確只是些史料。這些史料需要一番徹底澄清的整理，最要緊將歷來的烏煙瘴氣的舊心理消盡，找出新的歷史的系統。」〔註 30〕容庚的文章《論〈說文〉誼例代顧頡剛先生答柳翼謀先生》，則向柳翼謀進言，要他注意甲骨及彝器日出而不窮的新材料，如欲治文字之學，就要博采以爲證，不能守許愼《說文》之言爲已足〔註 31〕。

魏建功所說的「舊心理」，有 1923 年 1 月 10 日《小說月報》第 14 卷第 1 號的「整理國故與新文學運動」的討論專欄上玄珠《心理上的障礙》一文所指出的舊文人所謂「物極必反」的「循環論」的成分。玄珠說「舊文學的忠臣在四五年前早料得到白話文的『氣運』是不會長久的；一般社會呢，因鑒於社會俗尙之常常走回舊路，也預先見到這個『新』過後接著來的，定是從前的『舊』。而最近一二年來的整理國故聲浪就被他們硬認作自己的先見的實證了。」〔註 32〕

這裡不僅有精神的差別，還有一個語境和知識資源的問題。此時北京大學研究所國學門已開始大量佔據新的歷史研究材料，如考古（甲骨文）、敦煌史料和明清內閣檔案。這是章太炎、柳翼謀及東南大學師生的學術研究所不及的。就柳詒徵來說，他的知識資源和歷史研究的方法與北京大學同人相比自然是恪守傳統的。如他在《歷史之知識》〔註 33〕一文指出：1、人爲何要求歷史的知識？答案是：同情、應用、識性、好奇、求備。2、如何才算有歷史的知識？他的答案是：變化（舉一反三）、普遍、系統。3、具體的可操作的意見是：教本、考據、應用。柳詒徵在另外一篇名爲《擬編全史目錄議》〔註 34〕的文章中把自己要編的全史分爲：分代史、分類史、分地史、分國史。而在《論臆造歷史以教學者之弊》〔註 35〕一文中，柳詒徵則批評《新法歷史自習書》因太多錯誤，會傷害兒童。

〔註 30〕《北京大學研究所國學門周刊》第 15、16 期合冊。
〔註 31〕《北京大學研究所國學門周刊》第 15、16 期合冊。
〔註 32〕茅盾：《茅盾全集》第 18 卷第 338 頁，人民文學出版社，1989。
〔註 33〕《史地學報》第 3 卷第 7 期。
〔註 34〕《史地學報》第 3 卷第 1、2 合期。
〔註 35〕《史地學報》第 2 卷第 2 期。

柳詒徵對來自北京方面的批評,「不再去辯論這個是非」〔註36〕。但他在1926年5月致顧頡剛的信中說:「尊論僅屬假設之詞,且以《說文》爲副料,則許書義例自無討論之必要。」〔註37〕在1935年的《講國學宜先講史》的演講中,他一方面對用外國的方法來講中國的歷史的成績有所肯定,一方面還是表明了其保守的「信古」立場:

> 另外有一種比較有歷史興趣的人,知道近來各國的學者很重歷史,有種種的研究方法論,因此,將他們的方法來講中國歷史。在現今看來,確也有相當的成績。但是有一種毛病,以爲中國古代的許多書,多半是僞造的,甚至相傳有名的人物,可以說沒有這個人,都是後來的人附會造作的。此種風氣一開,就相率以疑古辨僞,算是講史學的唯一法門,美其名曰「求眞」。不知中國的史書,沒有多少神話,比較別國的古代歷史完全出於神話的,更可信得多。我們不說中國的史書,比外國的史書是可以算是信史的,反轉因爲外國人不信他們從前相傳的神話,也就將中國的人事疑做一種神話,這不是自己糟蹋自己嗎?況且古書不盡是僞造,即使拆穿西洋鏡,證實他是謊言,我們得了一種求眞的好方法,於社會、國家有何關係。史書上眞的事情很多,那種無僞可辨的,我們做什麼功夫呢?所以只講考據和疑古辨僞,都是不肯將史學求得實用,避免政治關係,再進一步說是爲學問而學問,換句話就是講學問不要有用的。〔註38〕

柳翼謀對古史「信」和「用」的立場,以及缺乏批判精神的史觀,使之與現代史學家的分歧越發明顯,同時這種分歧也是彼此無法改變的。

「史地研究會」的群體意識

南京高師──東南大學學生的團結和群體意識在當時的「史地研究會」中得以充分的體現。陳訓慈在《中國之史學運動與地學運動》一文中指出:「歷史學與地理學在文化學術上之重要,甚爲顯著;而其與人生關係之切,亦爲學者所公認。誠以歷史寓時間之淵遠,示人類文化之演進;地理揭空間之廣博,明人類與環境之關係。無歷史則失源流,無地理則亡背景,而人生並將失其意義。

〔註36〕柳曾符、柳佳編:《劬堂學記》第18頁。
〔註37〕顧潮編著:《顧頡剛年譜》第124頁,中國社會科學出版社,1993。
〔註38〕柳曾符、柳定生選編:《柳詒徵史學論文集》501～502頁,上海古籍出版社,1991。

是以人智尤進，對於史識與地理觀念尤其濃厚。」〔註39〕而中外的現實情形是：史學地學在近世人類知識中極關重要，在近世歐美學術上進步甚速。吾國古時史學地學頗爲發達，而今日史學地學各方面皆呈荒墮之象。中國史學運動的六項任務是：古史之開拓、舊史之全盤整理、近代史料之搜集、地方史料之保存、歷史博物館之建設、學校歷史教學之統籌改造。中國地學運動的六項任務是：積極從事測量與調查，敢於進行探險事業，注重觀象測候，抓緊沿革地理之整理，建立地理陳列館，在學校對地理教育進行統籌改造並謀求地理常識的普及。要做好這兩項活動，特別要注意的是：廣集人才和宏籌經費。

同時鄭鶴聲發出《對於史地學會之希望》〔註40〕的呼籲。他說：「史地之學，不僅爲當世治亂得失之林，抑亦研究自然科學之本。」他要求：1、畢業同學方面：惟交四方諸同志，首創斯會。奮發有爲，常能緬懷初衷，勉爲永圖。2、在校同學方面：昌黎有言，莫爲之前，雖美弗彰，莫爲之後，雖盛弗傳。繼承之責，義無旁貸。3、師長方面：傳道授業解惑，學風養成，實由於是。4、外界方面：生有涯而知無涯。學理研究，貴相助理。張其昀在《地理學之新精神》〔註41〕一文中爲「史地研究會」的地理學同人提出了他們所要遵從的基本精神是：1、實地研究之精神。2、解釋之精神，3、批評之精神。4、致用之精神。張其昀還譯介了英國密爾博士的《方史之價值》〔註42〕，這爲他後來主持編輯《方志月刊》打下了基礎。

爲了顯示東南大學的歷史地理學科的優勢，謀求歷史地理學常識的普及，《史地學報》第3卷第1、2期合期還刊出了《國立東南大學民國十三年歷史地理公民學試題》（第一次、第二次）的兩套試卷。同時他們還組織了專書的出版。如本會會員翻譯的《歐戰後新形勢》、《美國國民史》、《英國經濟史》，編著的《天象述要》。指導教師白眉初出版的《地理哲學》（北京師範大學印，1923年8月初版）。另外在商務印書館還出版有「東南大學叢書」（如江亢虎的《社會問題講演錄》、「國學研究會」編的《國學研究會講演錄》、陳中凡的《諸子通誼》、鄭曉滄編校的《英美教育近著摘要》）等〔註43〕。

〔註39〕《史地學報》第2卷第3期。
〔註40〕《史地學報》第2卷第5期。
〔註41〕《史地學報》第2卷第7期。
〔註42〕《史地學報》第2卷第4期。
〔註43〕彭明輝在《歷史地理學與現代中國史學》一書中對《史地學報》有專門的探討，可參考。

文學批評：《大公報・文學副刊》

上、史實顯現

基本過程

　　吳宓主編《大公報・文學副刊》是《學衡》後期的事。《文學副刊》在當時被視爲《學衡》的同路刊物，且由於報紙作爲大衆傳媒的發行量大和速度快，使得其實際影響自然超過了《學衡》。可以說，「學衡派」的勢力和影響，一度從相對狹小的學術界滲透到北方最大、最有實力的大衆傳媒。

　　《大公報》是由英華（斂之）於 1902 年 6 月 17 日在天津創辦的，中間曾短期停刊。1926 年 9 月 1 日，由吳鼎昌（達銓）、胡霖（政之）、張季鸞（熾章）等接辦。

　　據《吳宓日記》所示，1927 年 12 月 5 日，在清華執教的吳宓致函天津《大公報》的老闆張季鸞，自薦爲《大公報・文學副刊》的編輯。第二天，吳宓便接到張季鸞的覆函，同意他的自薦。爲此，吳宓特訪陳寅恪，徵求意見。陳寅恪極力主張吳宓主編此副刊，並表示將幫助他。

　　12 月 7 日，張季鸞致函吳宓，約他到天津會晤。吳宓立即致信原東南大學畢業生，「學衡派」成員景昌極，擬約他來京協助編輯《文學副刊》。吳宓於 9 日到天津與張季鸞、胡霖相見，商談編輯的具體事宜。由於景昌極以體弱多病爲由不願到北平，吳宓便決定改請在清華的「學衡派」成員趙萬里、王庸、浦江清（毅永）、張蔭麟（素癡）協助自己。編輯部就設在清華大學校內。

　　18、22 日，吳宓分別拜訪胡霖、張季鸞，就《文學副刊》的具體編務相商，並於 12 月 20 日，發出《文學副刊》的第 1 期稿子。

　　1928 年 1 月 2 日，《大公報‧文學副刊》第 1 期出版發行。以後每周一期，至 1934 年 1 月 1 日，《文學副刊》共出版 313 期。隨後《文學副刊》被楊振聲、沈從文主編的《文藝副刊》全面取代。在反對新文學的「學衡派」和擁護新文學胡適的門生之間是一種話語權力的轉移。

　　據浦江清的《清華園日記》所示：「晚上，吳雨僧先生（宓）招飲小橋食社。自今年起天津《大公報》增幾種副刊，其中《文學副刊》，報館中人聘吳先生總撰，吳先生復請趙斐雲君（萬里）、張蔭麟君、王以中君（庸）及余四人為助。每星期一出一張，故亦定每星期二聚餐一次。蓋五人除趙、王與余三人在研究院外，餘各以事牽，不相謀面，非借聚餐以聚談不可也。」〔註 1〕

　　而在實際的運作中，吳宓也有無可奈何的時候。《文學副刊》出版發行一年以後，即 1929 年 1 月 16 日，「學衡派」成員趙萬里、浦江清向吳宓建議，《大公報‧文學副刊》可加入語體文（白話文）及新文學作品，並請清華教授朱自清（佩弦）為社員，加盟《文學副刊》。這意味著向新文學運動繳械投降。因此，吳宓在日記中寫道：「決即放棄一切主張、計劃、體裁、標準，而遵從諸君之意。至論吾人平常之理想及宗旨，宓本擬以《大公報‧文學副刊》為宣傳作戰之地，乃《學衡》同志一派人，莫肯相助。宓今實不能支持，只有退兵而棄權之一法耳。」〔註 2〕

　　18 日，吳宓邀請朱自清加入《大公報‧文學副刊》編輯部。朱自清在 19 日訪吳宓時表示考慮幾日後答覆。

　　在 19 日吳宓與趙萬里、浦江清、張蔭麟的聚會上，大家商議並決定《大公報‧文學副刊》增入新文學、白話文及新式標點（新詩及小說），不論團體和派別〔註 3〕。這是吳宓主動向新文學運動作出的一次重大讓步和認輸。21 日，朱自清在浦江清的陪同下拜訪吳宓，並答應暫時加入《文學副刊》編輯部，春假為止，先作實驗。這樣一來，《文學副刊》的編輯隊伍中，吳、浦、趙、王、朱為清華的教師，張蔭麟為清華歷史系的學生。

　　1934 年 1 月 1 日，《文學副刊》第 313 期出版發行後，便停刊。吳宓不再

〔註 1〕浦江清：《清華園日記‧西行日記》第 5 頁。
〔註 2〕吳宓：《吳宓日記》第 IV 冊第 196 頁。
〔註 3〕吳宓：《吳宓日記》第 IV 冊第 197 頁。

爲《大公報》做事。《文學副刊》被於 1933 年 9 月 23 日《大公報》新創辦的，新文學家楊振聲、沈從文主編的《文藝副刊》所全面取代〔註 4〕。《大公報‧文藝副刊》在主持實際編務的沈從文手中興盛，並由周刊出到每周四期（蕭乾一度協助編輯）。由《文學副刊》到《文藝副刊》編輯間權力的轉移，是在新文學的反對派吳宓和新文學作家朱自清、楊振聲、沈從文之間由《大公報》老闆主持下自由過渡的，沒有引起波動。《文學副刊》堅持 6 年的保守傾向，被新文學家的陣地《文藝副刊》的新面目所取代。而《文藝副刊》是在先運行三個多月後，逐步取代《文學副刊》的。因此，吳宓把沈從文看作自己的敵人，並寫進自己的講義——「他〔沈按：指吳宓〕的敵人（如沈從文先生）」〔註 5〕。

吳宓主編《文學副刊》的 6 年間，在《大公報》上與《文學副刊》先後同時並存的副刊還有《小公園》、《醫學周刊》、《經濟研究周刊》、《經濟周刊》、《社會科學》、《讀者論壇》、《兒童周刊》、《戲劇》、《世界思潮》、《科學周刊》、《婦女與家庭》、《圖書副刊》、《軍事周刊》等。

陳寅恪本人是支持吳宓主編此副刊的，所以他有詩文在《文學副刊》發

〔註 4〕關於《文學副刊》的停刊的原因，錢穆在《師友雜憶》中有一說：「雨生本爲天津《大公報》主持一《文學副刊》，聞因《大公報》約胡適之、傅孟眞諸人撰星期論文，此副刊遂被取消。」見錢穆：《八十憶雙親‧師友雜憶》第 180 頁。

錢穆所言是有根據的。據 1934 年 1 月 5 日《胡適的日記》記錄：

（一）今年《大公報》邀了我們擔任「星期論文」，已宣佈了。

本報今年每星期日敦請社外名家擔任撰述「星期論文」，在社評欄地位刊佈。先已商定惠稿之諸先生如下（以姓氏筆劃多少爲序）：一、丁文江先生。二、胡適先生。三、翁文灝先生。四、陳振先生。五、梁漱溟先生。六、傅斯年先生。七、楊振聲先生。八、蔣廷黻先生。我的是第一個星期（七日），所以昨晚試寫了一篇《報紙文字應該完全用白話》，今晚寫完。

見胡適：《胡適全集》第 32 卷第 263～264 頁。胡適所寫的內容同時也是針對《文學副刊》沒有完全用白話文和專門刊登舊體詩詞的。

《大公報》的「星期論文」，自胡適開始，1934 年 1 月 7 日～1937 年 7 月 25 日共有 169 篇，而胡適一人就有 25 篇，自然也是最多的。實際上爲《大公報》的「星期論文」寫文章的大都是胡適的朋友，自由主義知識分子的精英人物。「星期論文」在北方也成了和胡適主編的《獨立評論》一樣，是最有影響力的自由主義知識分子的聲音。具體文章篇目和數據可參見賈曉慧著《〈大公報〉新論》所附「星期論文」索引，天津人民出版社，2002。

〔註 5〕吳宓：《文學與人生》第 51 頁，清華大學出版社，1993。

表。而《文學副刊》的編輯浦江清本身又是陳的助教。他在致傅斯年的信中曾爲浦江清索書，希望傅斯年主持的中央研究院歷史語言研究所的出版物的目錄能通過浦江清在《文學副刊》上刊登〔註6〕。

宗旨與體例

1928 年 1 月 2 日的《大公報·文學副刊》第 1 期上，有吳宓執筆的《本副刊之宗旨及體例》〔註7〕。此文內容共有 7 項，其中所說的「不取專務描寫社會黑暗及人類罪惡之作品」是針對新文學作家而言的。副刊的實際情況是：新文學作家寫實的與浪漫的作品都不登，沒有長篇小說連載，也無白話散文，所謂文學創作只是些舊體詩詞。

關於作者「不署名」的問題。張蔭麟在第 38 期寫有《本副刊體例申言》（答朱希祖君），特就《文學副刊》的文章多不署名的問題作了說明。其中談道：「本副刊文字常多不署名。此決非不負責任之意。乃緣本副刊體例如此。」其理由是：

1、「西國大日報雜誌文學評論之作，常多不署名。本副刊實仿傚之。」

2、「吾國普通人之習慣，尤注意作者及個人之關係，往往不就本篇細行閱看研究，而於人的關係妄爲揣測，實屬無當。故本副刊以爲在今中國，惟有提倡不署名之批評，方可得近眞理而免誤會，此正區區負責任之愚誠也。」

3、「本副刊體例始終如一。『來稿』署眞姓名或別號，一隨其人之意。

〔註6〕陳寅恪：《書信集》第 44～45 頁，生活·讀書·新知三聯書店，2001。
〔註7〕《本副刊之宗旨及體例》摘要其中一段：

文學副刊之言論及批評，力求中正無偏，毫無黨派及個人之成見。其立論，以文學中之全部眞理爲標準，以絕對之眞善美爲歸宿。以古今中西名賢哲士之至言及其一致之公論爲權威。以各國各派各家各類之高下文學作品爲比較，以兼具廣博之知識及深厚之同情爲批評之必要資格。以內外兼到，即高尚偉大之思想感情與工細之技術完美之形式合而爲一，爲創造之正當途徑。以審慎之研究、細密之推闡、及誠懇之情意，爲從事文學批評及討論者所應具之態度。更釋言之，則重眞理而不重事實，論大體而不論枝節。評其書而不評其人。即對於中西文學，新舊道理，文言白話之體，浪漫寫實各派，以及其它凡百分別，亦一例平視，毫無畛域之見，偏袒之私。惟美爲歸，惟眞是求，惟善是從。本報文學副刊之宗旨及態度，爲純然大公無我，而專重批評之精神。本報同人以爲文學固非宣傳之資，不可有訓誨之意。然在其最高境界，文藝實可與道德合一。於創造文學，則不取專務描寫社會黑暗及人類罪惡之作品。於文體，則力避尖酸刻薄譏諷罵詈之風尚。

專篇『書評』均署名。因此中不免有個人意見，須昭鄭重也。『通論』或撰或譯，全不署名。其屬於浮泛性質如『某人百年紀念』者更不署名。」

4、「無論署名之問題如何，本副刊編者，對於全體文字均負責任。」事實上，在副刊的文章中，前期不署名多是吳宓本人的，其他的作者如張蔭麟只有少數文章不署名。後來他的學生都署名（筆名或別號）了。因此「不署名」一事開始只是主編吳宓和張蔭麟兩人的行爲。欲蓋彌彰，此事果如《本副刊體例申言》所說的成爲「愚誠」了。由於發生張蔭麟與朱希祖的論辯，之後，張蔭麟的文章也署名了（署名「素癡」）。到了後來，吳宓的少數文章署名「吳宓」，更多的是署名「餘生」。

就是否署名問題，在《文學副刊》編輯內部也有分歧，據浦江清的《清華園日記》所示：「與吳先生爭《文學》副刊署名不署名問題。先生成見甚深，全不採納他人意見。視吾儕如雇工，以金錢叫人做不願意做之文章，發違心之言論，不幸而爲余在清華爲吳先生所引薦，否則曷爲幫他做文章耶。」〔註8〕對於《文學副刊》內部的意見和分歧，吳宓個人在 1928 年 9 月 20 日的日記中說：「下午 1～3 浦江清來，談朱希祖攻訐《副刊》事。……蓋《文學副刊》贊襄諸君，皆係文人書生。故（一）盛意氣。（二）多感情。（三）輕視功利。（四）不顧實際需要及困難，往往議論多而成功少。一己成績殊微而專好批評他人文章，干涉他人之思想言動。宓於諸君，又未可以尋常辦事之手段及道理對付，而必維繫其感情，緩和其性氣，故只有自己每事吃虧，差可維持於不墜耳。」〔註9〕

1932 年 1 月 14 日，吳宓在《文學副刊》第 209 期上寫了《第五年之本副刊》，他說：「宗旨體例仍舊不改，內容材料盡力求精。」但他同時說，「決擬注重純文學，批評創作兼取」。吳宓覺得言猶未盡，在《文學副刊》第 210 期又寫了《第五年之本副刊編輯贅言》。他對副刊大量刊登介紹、悼念西洋作家的文章，作了如下解釋：「本副刊常登西國文學家生歿、百年、二百年等紀念文，且多長篇。讀者或以爲疑，甚至譏爲爲外國人作起居注。此實未明吾人之用意。夫此類文章，歐美文學雜誌中多有之，其間毫無國界。且古今東西文學本爲一體，息息相關，爲瞭解享受計，豈可嚴分町畦。抑本刊所登各紀

〔註8〕浦江清：《清華園日記‧西行日記》第 19 頁。

〔註9〕吳宓：《吳宓日記》第Ⅳ冊第 132 頁。

念文，大都精心結撰，且皆由吾人自作，依照定期刊載，異乎尋取東西雜誌中之成篇鈔錄摘譯者。尤有進者，即本刊每篇紀念文，實皆今日中國文學上之一大問題。」

他特別強調他譯介外國文學是有針對性的。他舉例說第 34 期借紀念托爾斯泰來討論「革命與文學」、「第四階級之文學」問題；第 40 期借紀念馬勒爾白（馬萊白）來討論文言白話及我國文字文體解放革新問題；第 44 期借紀念戈斯密（哥爾德斯密斯）來討論文人生活與其著作的關係及文人有行無行問題；第 53 期借紀念蘇德曼來討論個人在社會中的生活行事及道德價值問題；第 55 期借紀念雷興（拉辛）來討論藝術的類型及美的本質問題；第 65 期借紀念弗列得力希雷格爾（施萊格爾）來討論翻譯的原理與方法及翻譯西洋文學名篇問題。每一期的紀念文章都有深切的用意和所論究的問題〔註 10〕。

朱自清的介入與刊物對新文學作家的反應

《文學副刊》對新文學作家著作的評介，比較多的是客觀、公正的新書推介式的語言，少數是尖銳的批評。這與其「宗旨及體例」中所說的「評其書而不評其人」有關。《文學副刊》評介的新文化—新文學刊物有 20 種以上〔註 11〕。評介的新文學作家或新派學者的著作則更多。就作家而言即有 64 人以上〔註 12〕。而新文學作家發表的創作卻不多。

在吳宓主持的 6 年 313 期《文學副刊》上只登過兩首白話新詩。第一首白話新詩是胡適的《獅子（悼志摩）》（205 期）。同期還有吳宓的舊體詩《挽徐志摩君》。第二首白話新詩是蔡荃的《我悄悄的在窗下徘徊》（311 期）。其中胡適的白話新詩《獅子（悼志摩）》和吳宓的七言舊體詩《挽徐志摩君》是第一次因共同的朋友去世而登在一起。副刊連續登有關於徐志摩的紀念和討論（202、209、210、211、212、215、216、223、254 期），葉公超、吳宓、

〔註 10〕《大公報‧文學副刊》第 210 期所刊《第五年之本副刊編輯贅言》。

〔註 11〕這 20 種分別是：《莽原》（3 期）、《語絲》（3、136 期）、《一般》（7、14 期）、《創造季刊》（7 期）、《創造周報》（7 期）、《創造月刊》（7 期）、《文化批判》（7、11 期）、《小說月報》（7、8 期）、《北新》（8 期）、《貢獻》（9 期）、《新月》（15、20、101、110、111、129 期）、《北京文學》（29 期）、《春潮月刊》（78 期）、《商報文學周刊》（98 期）、《駱駝草》（123 期）、《新文藝》（135、158 期）、《現代文學》（136 期）、《現代學生》（152 期）、《文藝雜誌》（185 期）、《優生月刊》（225 期）等。

〔註 12〕據初步統計，《文學副刊》評介的新文學作家和新派學者共有 80 多位，涉及著作 89 種以上。

楊丙辰（震文）、方瑋德、梁遇春（秋心）、韓文祐、唐誠、張露薇等都寫有文章，且新文學作家的文章都是白話文。新文學作家在《文學副刊》上受如此待遇，是緣於吳宓與徐志摩心靈的相通，兩位本質上都是浪漫的詩人。吳宓的悼徐志摩，實際是自悼，爲他與毛彥文那失敗的、無望的、虛幻的所謂愛情而苦訴。以至於他在 1932 年 1 月 18 日第 210 期的《論詩之創作——答方瑋德君》一文中，特別舉徐志摩的詩爲新材料、新形式的代表。說他相信徐志摩既然選擇了這樣的寫詩途徑，那麼這途徑則必適於他。

朱自清一度曾被吳宓等人請爲編輯。他加入《文學副刊》，等於在刊物上爲新文學爭得了一席之地。不少評介新文學的文章都出自他手。他署名「知白」，爲《文學副刊》寫有《關於「革命文學」的文獻》（60、62 期）、《民俗學之曙光》（61 期，此篇未署名）、《中國近世歌謠敘錄》（68、69 期）和一系列評介新文學的文章。前者系統、詳細地介紹了中國文壇發生的「革命文學」的情況。而對歌謠的重視，是五四新文學運動開始後提倡對民間文學的關注，和從中尋求白話的活的文學動力的積極表現，並取得了豐富的成果。朱自清的這種行爲是和主編吳宓在刊物上多登舊體詩詞的做法的公然對抗。

事實上，朱自清被浦江清等人拉來只是爲《文學副刊》寫稿，不參與具體的編務，無發稿權。這是吳宓對自己陣地要留守的底線，也是對新文學的基本防禦。朱自清的文章寫好後，多交浦江清或吳宓處理。《文學副刊》一開始的稿件主要是吳宓、浦江清、張蔭麟、趙萬里、王庸提供，一年後，作者隊伍才進一步擴大，外來投稿增多。浦江清在 1929 年 1 月 31 日日記中寫道：「此數期稿件甚缺乏，緣《大公報》紙張加寬，每期需九千字，而負責撰稿者僅四人。佩弦新加入，尚未見稿來。」〔註 13〕最初，浦江清等人對朱自清的文章還存有疑義和戒心。2 月 5 日，朱自清第一次爲《文學副刊》交稿，浦江清在這一天的日記中寫道：「佩弦交來副刊稿件，爲評老舍君之《老張的哲學》、《趙子曰》兩小說之文。文平平，無甚特見。」〔註 14〕《春蠶》的評論文章寫好後，朱自清送給了吳宓〔註 15〕。

由於吳宓及《文學副刊》與新文學的對抗，而朱自清本人又是新文學作家和胡適的學生，連進清華當教授也是胡適推薦的，所以好心人就勸他不要爲《文學副刊》寫文章。據朱自清本人的日記所示：「晚石孫來訪，勸勿爲《大

〔註 13〕浦江清：《清華園日記‧西行日記》第 23 頁。
〔註 14〕浦江清：《清華園日記‧西行日記》第 28 頁。
〔註 15〕朱自清：《朱自清全集》第 9 卷第 234 頁，江蘇教育出版社，1997 年。

公報》作稿，此等稿幾於人人能作，又雨公未必願我等為其作稿。余以為然，嗣思作書評本為素志之一，頗冀以此自見，且《大公報》銷數好，故此事余殊未能決也。」〔註16〕在《文學副刊》的後期，由於《文藝副刊》的出現，並逐步取代《文學副刊》，楊振聲、沈從文又積極拉朱自清為《文藝副刊》寫文章〔註17〕，他便自然地轉向《文藝副刊》，成為其主要作者。

這裡特別要指出的是，吳宓在《文學副刊》的後期對新文學的態度有一次明顯的轉變，即署名「雲」的作者對茅盾小說《子夜》的評論。從《學衡》一開始，吳宓、胡先驌、梅光迪就極端敵視新文學，特別是對白話新詩歌有絕對的抵抗，視白話和英文標點為「怪體」，並把「古文體」的文言作為文學創作的正法〔註18〕。吳宓、胡先驌一生堅持寫舊體詩，吳宓在《文學副刊》上也只刊登舊體詩。為此，吳宓曾在《論詩之創作──答方瑋德君》中，以「材料」與「形式」的關係，將此時的詩壇分為四類：舊材料──舊形式，舊材料──新形式，新材料──舊形式，新材料──新形式。他視徐志摩為「新材料──新形式」的代表，認為自己與徐志摩在詩學精神上是一致的。他特別強調「現代極舊派之人，其所表示者，亦是現代人之思想感情」。從對徐志摩「新材料──新形式」的認同，到對茅盾小說《子夜》看法的轉變，可視為吳宓「退兵而棄權之一法」的具體表現。

1933年4月10日《文學副刊》第275期上刊出署名「雲」（沈按：我疑此文為趙萬里所作，因趙萬里在《文學副刊》第1期即署名「雲」）的評論文章《茅盾長篇小說：子夜》。此時「雲」對《子夜》的好評，連茅盾本人都感到「出人意外」〔註19〕。因為《學衡》初創時期，反對新文學的一系列言論，曾遭新文學陣營力主「為人生而藝術」的批評家茅盾的尖銳批評，吳宓特將茅盾的批評寫在自編年譜裏〔註20〕。此時「雲」對《子夜》的肯定主要是從小說的技巧著眼，分結構、人物、語言三個方面展現（節錄）：

　　第一，以此書乃作者著作中結構最佳之書。……而表現時代動
　搖之力，尤為深刻。不特穿插激射，具見曲而能直，復而能簡之匠
　心……。

〔註16〕朱自清：《朱自清全集》第9卷第241頁。
〔註17〕朱自清：《朱自清全集》第9卷第245頁。
〔註18〕吳宓：《論今日文學創作之正法》，《學衡》第15期（1923年3月）。
〔註19〕茅盾：《我走過的道路》（中）第121頁，人民文學出版社，1984。
〔註20〕吳宓：《吳宓自編年譜》第235頁。

第二，此書寫人物之典型性與個性皆極軒豁，而環境之配置亦
殊入妙。

第三，茅盾君之筆勢俱如火如荼之美，酣恣噴薄，不可控搏。
而其微細處復能委宛多姿，殊爲難能而可貴。尤可愛者，茅盾君之
文字係一種可讀可聽近于口語之文字。

最後「雲」闡明了自己從未有過的，也是一生中極爲重要的一次對新文學的
態度：「吾人始終主張近于口語而有組織有錘鍊之文字爲新中國文藝之工具。
國語之進步於茲亦有賴焉。」對此，茅盾在回憶錄中表示：「在《子夜》出版
後半年內，評者極多，雖有亦及技巧者，都不如吳宓之能體會作者的匠心。」
〔註21〕但此文是否爲吳宓所作，待考。

譯介與紀念

新文學運動開始後，《新青年》、《新潮》、《小說月報》、《創造》和四大副
刊都有一定的篇幅介紹、翻譯外國文學。有的刊物還出了「專號」。與《大公
報・文學副刊》相比，《小說月報》的「海外文壇消息」簡單、粗淺，四大副
刊對外國文學的介紹、翻譯也沒有《文學副刊》的系統性、理論深度和「古
典主義」傾向。五四時期，新文學作家注重外國弱小民族的文學，注重外國
揭露社會黑暗和罪惡的批判現實主義文學和具有自然主義傾向的文學，以及
注重表現自我個性的浪漫主義文學。這和新文化運動開始後的思想解放、個
性自由和社會批判有關。

《文學副刊》不定期的對外國作家進行評介，同時還不定期的開設「歐
美文壇雜訊」、「歐美文壇近訊」、「歐美文壇短訊」、「歐美文壇消息」、「歐美
雜誌介紹」等專欄以及「本年英（法、德）國文人生歿紀念表」。對外國作家、
文學理論的介紹，是有針對性的，其潛在功能是對新文學理論的清算和反撥。
是以新人文主義對抗科學主義、自然主義、寫實主義和自由功利主義，以古
典主義對抗浪漫主義。如同吳宓在《本副刊之宗旨及體例》所說的「不取專
務描寫社會黑暗及人類罪惡之作品」。

從實際的工作成績看，《文學副刊》是 20 世紀前半葉中國現代出版傳媒
領域，對西洋文學最集中、最專業的介紹、評價的刊物。當然，這主要得力
於一個西洋文學教授的主持。

〔註21〕茅盾：《我走過的道路》（中）第 122 頁。

僅介紹的歐美哲學家、文學家、批評家和歷史學家有 196 人以上〔註22〕。

由於周氏兄弟和創造社諸作家同日本文學界的特殊關係，使得中國新文學初始的諸多報刊上，都有譯介日本文學的文章，特別是《晨報》副刊和《京報》副刊。《大公報・文學副刊》的編者立足清華大學，與歐美文學界，特別是美國有相應的親緣關係，所以，譯介歐美文學的東西自然就占主導地位。堅持上下來吳宓的翻譯課的三位弟子陳銓、賀麟、張蔭麟隨後都留學美國，陳銓、賀麟又轉學德國，分別研究文學、哲學。所以對德國文學、哲學的譯介主要來自他們二位。而對日本文學幾乎很少涉及。其所譯介日本作家、學者的著作，多數是純粹的學術文章，極少數是與文學有關。作者如鹽谷溫（13期）、三宅俊成（15期）、土田杏村（17期）、內藤虎（26期）、高獺（58期）、廚川白村（67期）、宮島新三郎（71期）、岡田正之（112、137、139、173、174期）、原田淑人（117、118、120、122、125、127、128、159期）、松元又三郎（128期）、遍照金剛（145期）、石田茂作（148期）、箭內亙（151期）、藤田豐八（153、183期）、田澤金吾（159期）、矢吹慶輝（159期）、井上哲（161、181期）、桑原騭藏（164期）、小川琢治（166期）、羽田亨（188、189、190期）、本間久雄（189、200、203、204、214期）、荒木貞夫（273、298期）等。這些日本學者的著作是當時稱爲「支那學」或「東方學」的論著，而他們的作者與京津地區的學者多有良好的學術聯繫。

在介紹外國的報刊方面，《文學副刊》曾有系統的計劃，如開設「歐美雜誌介紹」的專欄，但並沒有堅持下去。其中零星介紹的外國報刊有：《亞洲學會年刊》（英國，4、54期）、《文字同盟》（日本，6期）、《萬國評論》（瑞士，10期）、《北美洲雜誌》（30期）、《日晷》（美國，51、105期）、《民族》（日本，78期）、《中央美術》（日本，78期）、《染織》（日本，78期）、《民俗學》（日本，87期）、《婦人沙龍》（日本，87期）、《愛丁堡評論》（英國，105期）、《新時代》（美國，107期）、《斯克勒雜誌》（美國，109期）、《文藝類志》（美國，110期）、《兩星期評論》（法國，111期）、《美國世紀雜誌》（美國，111期）、《倫敦水星雜誌》（英國，112期）、《大西洋月刊》（美國，119期）、《新得非雜誌》（英國，121期）、《青丘學叢》（朝鮮，150期）、《論壇》（美國，161期）、《東方學報》（日本，172、182期）、《文哲集刊》（美國，192期）等。

〔註22〕此是初步統計數據。

　　宣揚美國的新人文主義，推崇歐美文學的古典主義，是《文學副刊》的宗旨和有意識的追求。在 313 期《文學副刊》中，與新人文主義有關的重要的翻譯文章以及撰文如：《韋拉里論理智之危機》（8、9、10 期），吳宓譯。穆爾的《美國現代文學中之新潮流》（27、28、29、30 期），吳宓譯。《班達論智識階級之罪惡》（51 期），吳宓譯。《白璧德論班達與法國思想》（72 期），素癡譯。《白璧德論今後詩之趨勢》（97 期），吳宓譯。《穆爾論自然主義與人文主義之文學》（101 期），吳宓譯。《薛爾曼評傳》（102、105 期），吳宓譯。《布朗乃爾與美國之新野蠻主義》（123、129、130 期），義山譯。《白璧德論盧梭與宗教》（191、192 期），閒譯。《悼白璧德先生》（312 期），吳宓。

　　這些文章大部分被《學衡》轉載，形成《文學副刊》與《學衡》的互動。這也是吳宓最初所希望的「擬以《大公報・文學副刊》為宣傳作戰之地」，要《學衡》一派人支持、相助。

作者隊伍

　　《文學副刊》不登新文學作家的小說、散文，尤其排斥白話新詩。這和「宗旨與體例」中所說的「毫無黨派及個人之成見」，「文言白話之體，浪漫寫實各派，以及其它凡百分別，亦一例平視，毫無畛域之見，偏袒之私」完全相悖。也與「宗旨與體例」中所說的「本報文學副刊既願為全國文學界之公開機關，故所有各門，均極端歡迎社外人士投稿。而通論及長篇小說，尤為重視」不符。因為《文學副刊》實際上只登「通論」，而拒載「長篇小說」。所登的文學創作幾乎全是舊體詩詞。舊體詩詞的作者，大都是「學衡派」成員，且在北方，尤其以原吳宓的清華學校同學、清華大學的教師和清華研究院的畢業生為多。其次是原南京高師─東南大學的畢業生。吳宓本人大量的舊體詩詞是在《文學副刊》上刊出的，這曾引起胡適的強烈不滿〔註 23〕。後來《文學副刊》被胡適的兩個門生楊振聲、沈從文所辦的《文藝副刊》取代，變成新文學的陣地，自然與胡適有關。

　　《文學副刊》上所謂的文學創作，主要是舊體詩詞。舊體詩詞作（譯）

〔註23〕　胡適 1933 年 12 月 30 日的日記中記有：「今天聽說，《大公報》已把《文學副刊》停辦了。此是吳宓所主持，辦了三百一十二期。此是《學衡》一班人的餘孽，其實不成個東西。甚至於登載吳宓自己的爛詩，叫人作嘔心。」見胡適：《胡適全集》第 32 卷第 254 頁。胡適寫這日記後，《文學副刊》又於 1934 年 1 月 1 日出了第 313 期，作為終結。

者有：胡先驌、吳芳吉、吳宓、黃節、錢稻孫、呂碧城、李景堃、陳寅恪、繆鉞、汪玉笙、顧隨、陳垣、王國維（遺稿）、柳詒徵、劉永濟、趙萬里、天嘯、徐際恒、李濂鏜、張澄園、閔爾昌、王式通、陶燠民、陳築山、浦江清、鄭騫、潘式（鳧公）、胡宛春、葉石蓀、張爾田、陳達、朱孝臧、龍榆生、黃侃、劉異、宗威、俞平伯、王秋湄、朱缽文、李拔可、劉泗英、朱師轍、胡坤達、龔遂、張魯山、周儀傑、盧前、趙啓雍、劉盼遂、常燕生、王越、劉興德、李素英、卓遠來、徐英、王蔭南、張筱珊、楊圻、吳其昌、蔡松吾、戴培之、蕭公權、王力、俞大綱、瞿宣穎、劉海疆等。

對中國傳統學術的關注是《文學副刊》在譯介外國文學、外國學術之外的一個重要內容。許多作者都是「學衡派」的成員。他們品評中外學術，譯介外國文學，表現出相應的一致性和趨同性。主要寫（譯）文章的有：吳宓、浦江清、張蔭麟、趙萬里、繆鉞（彥威）、向達、張爾田、李思純、李秉中、景昌極、陳寅恪、傅任敢、陳銓、賀麟、吳其昌、葉公超、錢穆、顧頡剛、秦仲文、孫楷第、羅香林、胡宛春、張星烺、馮承鈞、瞿兌之、盧伽、余嘉錫、朱希祖、容庚、戴家祥、盛成、澤陵、水天同、楊葆昌、余超農、馬君武、徐景賢、葉恭綽、馮友蘭、王遽常、傅增湘、張季同、方蘇、曹需人、謝興堯、費鑒照、徐祖正、張頤、宗白華、李辰冬、劉盼遂、楊樹達、邵循正、侯堮、譚正璧、蒙文通、何春才、鄭壽麟、章太炎、黃家澍、王越、陳恭祿、蔣廷黻、劉咸炘、郭斌龢、聶曾紀芬、馬一浮、錢鍾書（中書君）、錢萼孫（仲聯）、陳垣、徐英、蕭一山、劉文典、歐陽采薇、韓湘眉、楊敬慈、夏鼐、王岷源、季羨林、畢樹棠、李長之、沈從文、繆鳳林、邢鵬舉、袁同禮、王重民、孫毓棠、嚴既澄、淩宴池、曾覺之、鄧之誠、施閏誥、黎東方、梁念曾等。

其中陳寅恪的《〈敦煌劫餘錄〉序》（124 期）、《馮友蘭著〈中國哲學史〉審查報告》（132 期）、《與劉文典教授論國文試題書》（244 期）、《馮友蘭著〈中國哲學史〉下卷審查報告書》（268 期）都是先在《文學副刊》上刊登，而後《學衡》轉載（《〈敦煌劫餘錄〉序》、《馮友蘭著〈中國哲學史〉審查報告書》易名《馮著〈中國哲學史〉審查報告》。登《學衡》第 74 期，《與劉文典教授論國文試題書》登《學衡》第 79 期終刊號）。

《文學副刊》的舊體詩詞作者或文章作者，有的也是新文學家作者，如俞平伯、宗白華等。少數新文學作家如陳夢家（《論方瑋德〈丁香花的歌〉》，

263 期）、孫大雨、廢名（《悼秋心——梁遇春君》，236 期）、沈從文（《丁玲女士失蹤》，284 期）的白話文文章也在《文學副刊》出現。沈從文、陳夢家、方瑋德、梁遇春（《吻火》，223 期）、廢名的文章，則是純粹的白話散文。孫大雨的譯詩，也是白話文體。他們的文章沒有在話語權利上與「學衡派」成員及吳宓本人構成對立，只是應時之作。但這種文章只是少數。

　　吳宓等人與白話新文學運動尖銳的對立，表現在《文學副刊》上是很少登白話文學作品，他所謂的文學創作主要是指「學衡派」成員的舊體詩詞。這是有意排斥新文學作家的文學創作。也不登外國小說、散文、劇作。少量外國詩歌的翻譯也是用舊體詩格（如素癡譯羅色蒂的《幸福女郎》、楊葆昌譯拜倫《王孫哈魯紀遊詩》）。其中對羅色蒂詩歌的翻譯，呈現出明顯的新舊對立之勢。第 19 期（1928 年 5 月 14 日）素癡譯羅色蒂的《幸福女郎》，第 154 期（1930 年 12 月 22 日）上吳宓翻譯的《古決絕辭》、《願君常憶我》是舊體詩格。而同期羅家倫翻譯的《當我死了》，則是白話詩體。羅家倫翻譯此詩的時間是 1924 年在歐洲留學期間，未曾發表。此時（1930 年 12 月）在《文學副刊》第 154 期上發表，是為了紀念羅色蒂誕辰 100 週年。正好吳宓這時候在歐洲游學，未能實際控制《文學副刊》的編輯主權。可以說，《文學副刊》主要是譯介文學批評、紀念外國文學理論家。

　　在吳宓的主持下，《文學副刊》實際成了二十世紀二、三十年代北方最著名的文學副刊，與中國白話新文學的創作主潮明顯疏離，並形成尖銳的對立性趨勢——以張揚西洋文學的古典主義精神對抗中國新文學的浪漫主義、寫實主義、自然主義傾向；以西洋文學的人文主義精神對抗中國文學日益強化的科學主義精神；以西洋古典文論所主張的文學紀律、標準、道德原則和理性精神來衡量、批評中國新文學作家的創作。從張揚文學的古典主義到新人文主義，是《文學副刊》鮮明的個性和追求。

　　吳宓到歐洲旅行時（1930 年 9 月～1931 年 9 月），《文學副刊》登了胡適的學生，新文學作家羅家倫用白話文譯羅色蒂的詩《當我死了》（154 期），還刊出了胡適與馮友蘭討論《中國哲學史》的通信（178 期）。也就在這時候，吳宓便感到他的主持副刊的權力將要喪失，並在日記中有所反映。他在 1931 年 6 月 12 日的日記中寫道：

　　　　晚歸，閱《大公報》萬號特刊，見胡適文，譏《大公報》不用

　　白話，猶尚文言；而報中季鸞撰文，已用白話，且約胡之友撰特篇，

於以見《大公報》又將爲胡輩所奪。且讀者評《文學副刊》，是非兼有：宓在國外，未爲《文副》盡力，恐《大公報》中人，不滿於宓，而《文副》將不成宓之所主持矣。又胡適文中，譏《大公報》中小說，爲訐人陰私。若指潘式君，則殊誣；且潘君方遭冤獄，胡不營救，且施攻訐，以視 Zola 之於 Dreyfus，何相去之遠耶？念此種種，及中國人之愚妄，破壞本國文明，並吾儕主張之難行，不勝悶損，久不成寐。〔註24〕

吳宓所說胡適之文是指《後生可畏——對〈大公報〉的評論》，作於 1931 年 5 月 8 日，刊 5 月 22 日《大公報》萬號特刊。「季鸞撰文，已用白話」是指張季鸞在《一萬號編輯餘談》中明確表示：「適之先生嫌我們不用白話，所以我們現在開始學著寫白話文，先打算辦到文語並用。」因爲胡適在稱道《大公報》爲「中國最好的報紙」的同時，提出「有幾個問題似乎是值得《大公報》的諸位先生注意的」：

第一，在這個二十世紀裏，還有那〔哪〕一個文明國家用大多數人民不能懂的古文來記載新聞和發表評論的嗎？第二，在這個時代，一個報館還應該依靠那些談人家庭陰私的黑幕小說來推廣銷路嗎？還是應該努力專向正確快捷的新聞和公平正直的評論上謀發展呢？第三，在這個時代，一個輿論機關還是應該站在讀者的前面做嚮導呢？還是應該跟在讀者的背後隨順他們呢？〔註25〕

胡適之說的確是針對《文學副刊》的，這和他 1933 年 12 月 30 日的日記中所說話是一致的。他和吳宓雙方都有對對方尖銳的批評和詆毀之言。

「學衡派」與北京大學的矛盾在《大公報・文學副刊》上也有顯示。如前所示胡適的不滿。另據浦江清的《清華園日記》所示：「蔭麟駁朱逷先君在《清華學報》上所發表之《古代鐵器先行於南方考》一文之無據。朱反譏，張因又反駁。大體眞理屬張，特朱地位高，負盛名於國學界，一朝被批，豈有不強辯之理。長此辯論，恐無已時，然而《文學》副刊則不愁乏稿矣。馬叔平向人言《大公報・文學副刊》專攻擊北大派，實則余等初無是意也。」〔註26〕

朱逷先即北京大學歷史學教授朱希祖，馬叔平（衡）爲北京大學的考

〔註24〕吳宓：《吳宓日記》第 V 冊第 332 頁。
〔註25〕胡適：《胡適全集》第 21 卷第 452 頁。
〔註26〕浦江清：《清華園日記・西行日記》第 11 頁。

古學教授。張蔭麟在《文學副刊》上與朱希祖辯論，吳宓甚怕得罪人，頗
不以爲然。張蔭麟聲明再不做批評文字。因爲張蔭麟在《大公報・文學副
刊》第 30 期所登的介紹《清華學報》第 5 卷第 1 期的文章中，對朱希祖的
《中國鐵製兵器先行於南方考》加以評論，且沒有署名，朱希祖先後四次
致信《大公報・文學副刊》編輯（32-33-34、39、40-41、54 期），張蔭麟三
次作答（32-33-34、38、46 期），形成論辯之勢。

　　另外，「學衡派」成員與北京大學的矛盾、對立，還表現在繆鳳林（此時
任中央大學教授）等對顧頡剛、傅斯年持續多年的批評。其中繆鳳林對傅斯
年《東北史綱》的批評文章，也曾請示過黃侃〔註27〕。他除了在《文學副刊》
的長文（連載 9 期）外，還在中央大學的文學院的《文藝叢刊》上刊登《評
傅斯年君〈東北史綱〉卷首》〔註28〕。

尊孔傾向

　　《文學副刊》在 1931 年 11 月 2 日第 199 期，以《新孔學運動》爲題目
報導了「學衡派」成員郭斌龢在北平華文學校的英文演講《孔學》。演講的大
意是說中國一向以孔學立國，孔學爲中國之國魂。近三十年來，孔學遭重創，
一蹶不振。結果是國人失去根本信仰，思想成了無政府主義狀態，外患也就
日重。郭斌龢認爲「孔學非宗教，而爲一種人文主義。以人爲本，不含神學
與超自然之理論」。孔學爲知識階級的普遍信仰，爲廣義的宗教。中國今日所
需者，爲一新孔學運動。此種新孔學，應視爲中國一切改革的原動力。新孔
學是中國將死之國心的復活的良方。他主張：1、應發揚光大孔學中有永久與
普遍性的部分。2、應保存有道德意志的天的觀念。3、應積極實行知、仁、
勇三位一體的道德。4、應使孔學想像化、具體化。文章最後還提到郭斌龢從
事中西文化之源的比較研究，在美國用英文發表了《孔子與亞里士多德之人
文主義》〔註29〕、《浪漫派之莊子》〔註30〕。

〔註27〕黃侃：《黃侃日記》第 885 頁有「繆贊虞以駁傳某《東北史綱》一文見示」。
〔註28〕《文藝叢刊》第 1 卷第 1 期（1933 年 11 月）。
〔註29〕本文又曾以中文形式刊於 1932 年 9 月 28 日《國風》第 3 期。
〔註30〕作爲白璧德的弟子，郭斌龢此文受到導師的直接影響。白璧德有《中國的原
　　　　始主義》一文，他認爲「歷史上最接近於以盧梭爲最重要的領袖人物的運動
　　　　或許是中國早期的道教運動」。著《道德經》的老子和著《莊子》的莊周等道
　　　　家學者「都是富有想像力的，而且都屬於浪漫主義一線」。參見歐文・白璧德：
　　　　《盧梭與浪漫主義》（孫宜學譯）第 237～238 頁。

郭斌龢隨後爲《文學副刊》寫有《曾文正與中國文化》（253 期）、《讀梁漱溟近著〈中國民族自救運動之最後覺悟〉》（257 期）。前者指出：「一文化之能存在與否，當視此文化之有無價值而定。而此文化之有無價值，當視此文化所產生之人物有無價值而定。中國數千年來，舊有文化所產生之賢人君子，豪傑志士，史不絕書。最近復能產生曾文正公，道德文章事功，三者皆可不朽。文公之榮，亦中國文化之榮也。」「孔子以匹夫而爲百世師，自然貴族也」。「自然貴族，昔日尊稱之曰讀書人，曰士大夫，其責任在爲吾民族之領導人，爲吾民族文化之繼承者」〔註 31〕。他認爲今日中國不能產生偉大之領袖，其原因是一般人太缺乏宗教性——純潔之動機，堅強之意志與強烈之情感。他把這種情況進一步歸因於教育。郭斌龢指出中國的舊式教育的目的不在培養狹隘的專門人才，而在養成有高尚的品格，多方面發展之完人。新文化運動以來，那些以提倡西方科學方法自命者，視舊文化爲大敵，極力摧毀。他說曾文正是典型的新文化人物。理由是曾公最早主張向外派留學生，又在江南製造局組織翻譯西書。曾文正這樣做的目的自然是調和中西，取長補短。

後者是一篇讀後感。他由梁漱溟的文章而發出相應的感慨：自新文化以來，一種暴民精神彌漫全國。一知半解之徒，起而執思想界之牛耳，所謂名流先進，思想見識十分幼稚，卻居於指導、影響青年學生的地位。而實際上是在利用欺騙青年學生。青年人不讀古文，也就無法瞭解民族精神。現代大學教育，不列中國經史，也就與民族生命不發生關係〔註 32〕。客觀地看，這實際上還是《學衡》初期反新文化—新文學的基本思路，試圖對新文化—新文學運動主流話語進行再消解。

1932 年 9 月 26 日的《文學副刊》第 247 期有未署名而實際作者是吳宓的《孔誕小言》。他認爲中國文化的精神，是寄託於孔子一身。中國人現今欲挽救國難，振起人心，每個人必須取法其上，精勤奮勉，學習、模仿孔子。同時，吳宓搬出他的老師白璧德和他所提倡的新人文主義。說白璧德的新人文主義是「融彙世界聖賢之教化及人類經驗智慧之結晶，更用實證批評之方法，針對近世社會之需要，本茲立言，以爲全世界全人類（中國亦在其內）受用之資」。研究孔子，首先要持瞭解與同情的態度。「孔子之更爲人認識崇敬，

〔註 31〕 郭斌龢：《曾文正與中國文化》，《大公報·文學副刊》第 253 期。
〔註 32〕 郭斌龢：《讀梁漱溟近著〈中國民族自救運動之最後覺悟〉》，《大公報·文學副刊》第 257 期。

亦文化昌明學術進步必然之結果矣」。而此時南京的「學衡派」同人創辦的《國風》雜誌也出版了紀念孔子的「聖誕專號」。「學衡派」成員在南北報刊同時紀念孔子，既是對五四新文化運動批孔反孔的有意識的反抗，也是民族危機時刻對傳統文化的重新反思和認同。

下、主編的立場

張揚古典主義，反對浪漫主義

吳宓在大學授課期間，多次開講《文學與人生》的課。在《文學副刊》創辦的初期，他便刊登了《文學與人生》的部分內容。

吳宓首先主張文學的範圍應當擴大，因爲近代以來，中國與西洋接觸，政治、經濟、社會思想的種種變遷，使人生的經驗也發生了巨大的變化。人生的情形日益紛繁，中國文學的範圍不得不隨之擴大。今天要創造和評論文學，均當以中外、東西、新舊人生之總和，及中外、東西、新舊文學之總和作爲思想的對象，爲比較及模仿的資料。批評者和普通的讀者要懂得文學的範圍實際是與人生的全體同大。這是文學創作與批評的基礎〔註33〕。

吳宓認爲文學中所描寫的人生，是本能、直覺、理性、意志、感情、想像的聯合構成。古典派的倫理主張，實際上是各種性情元素的調和融洽。因此他反對寫實派、浪漫派和自然派的種種表現，認爲西洋文學史上的各派循環，專重性行原素的某一方面的文學決非人性的正當和文學的正常現象〔註34〕。吳宓指出文學是人生經驗的表現，浪漫派最重主觀，唯自我表現。寫實派、自然派最重客觀，唯眞是崇。這些派別中的作家所表現的人生都不是眞實的完美的藝術人生。文學是人生的模仿和經驗的反映，是超越主觀、客觀之上的東西。因此，決無絕對的主觀的文學，也無絕對的客觀的文學〔註35〕。同時，他認爲，文學所表現的是人生之常，兼及其變。凡古今偉大的作品，必須攫取人生人性中之根本普遍事實，爲其題材。在選擇中，專取人生經驗中最有價值最有趣味的奇妙精彩的部分，寫入書中。並且是寫來酣暢淋漓，使讀者激切感動。在這方面，古典派文學表現得眞切完善，浪漫派、寫實派、自然

〔註33〕吳宓：《文學與人生》（一），《大公報・文學副刊》第 2 期。
〔註34〕吳宓：《文學與人生》（二），《大公報・文學副刊》第 4 期。
〔註35〕吳宓：《文學與人生》（三），《大公報・文學副刊》第 7 期。

派，皆只注重表現人生人性之變，而遺棄其常。他說：「浪漫派文學不遵規矩，惟務創新，以奇特爲高，以詭異爲尚。又凡事喜趨極端，矜炫浮誇，縱獲奇美而失眞善。寫實派文學描繪務期得眞，惟觀察不廣，選擇不精。每以一時一地偶然掇拾之材料，概括人生人性之全體。故不免拘囿而陷於一隅。自然派文學昧於人性二元之要理，不知人實兼具神性與物性，而視人如物。謂人之生活純爲物質機械，受環境之支配，爲情慾所驅使，無復意志責任道德之可言。此其對於人生人性僅知其半，而未識人之所以爲人者何在。」〔註36〕

從這點出發，就小說而言，他推崇哈代的古典主義傾向，不滿盧梭的浪漫。認爲哈代絲毫沒有浪漫主義的色彩，其重視「三一律」，精神實近古典〔註37〕。吳宓反對易卜生的問題小說和問題戲劇，認爲這些東西是作者人生觀偏狹的產物，其訓誨主義是文學的禁忌。吳宓視易卜生的問題小說和問題戲劇爲浪漫主義之餘波，說易卜生把罪惡歸於社會，個人實際上就不負責任了。他說這看似眞誠負責，實爲虛僞作假〔註38〕。他甚至把福祿特爾（伏爾泰）也視爲僞古典派。因爲眞正的古典派是目的必高尚，精神必莊嚴，格調必雅正。而福祿特爾攻擊禮教，矢口謾罵，議論見解常近僞古典派，且常流於僞古典派矯揉造作的惡習，專以雕琢爲工〔註39〕。吳宓認爲當今社會被科學主義和感情上的浪漫主義所統轄，蔑視道德、任意改革、打破禮教、表現自我等種種事理，皆源於盧梭。「以感情爲道德，以驕傲爲美行。唯我獨是。人皆可殺」。吳宓列舉了反盧梭者所指出的盧梭及浪漫主義的十大罪狀：一、自尊自私，自命天才，而斥人爲凡庸。凡有悖吾意者皆有罪。二、以奇異爲高，異容異服。甚至別立文字，別創文體，但求新異，不辨美惡。三、縱任感情，滅絕理性。謂感情優美之人，無論其行事如何，不能謂之有罪。四、謂情慾發乎自然，無往不善，不宜禁阻。世間之美人，以及厚生利用之物，皆專爲天才而設。五、天才及善人必多憂思，常深墮悲觀。六、天才及善人必終身飢寒困苦。世人忌之妒之，皆欲害之。七、天才與世人皆不能相容，而獨居鄉野，寄情於花鳥草木，倘佯於山水風光，則異常快樂。八、天才常夢想種種樂境，不能辦事，不善處事，喜過去與未來，而惡現實。九、天才喜動惡靜，動無目的，無計劃、無方向，任性情而不用思想。文章藝術皆成

〔註36〕吳宓：《文學與人生》（四），《大公報・文學副刊》第98期。
〔註37〕吳宓：《哈代評傳》，《大公報・文學副刊》第5期。
〔註38〕吳宓：《易卜生誕生百年紀念》，《大公報・文學副刊》第12期。
〔註39〕吳宓：《福祿特爾逝世百五十年紀念》，《大公報・文學副刊》第21期。

於自然，出之無心。十、天才必體弱多病，早夭者多。然賦性仁慈，存心救世。凡此種種，皆可從盧梭《懺悔錄》中見之〔註40〕。

在第 33 期的《拉塞爾論博格森之哲學》一文譯者前言中，吳宓特別指出拉塞爾原以反浪漫主義，痛詆盧梭而著名，此時又評論博格森之哲學，對其所謂的「生力」、「創化」作了相應的進一步解釋。說他重興「精神主義」，對人世有益。吳宓認為這是拉塞爾立場的轉變，因研究博格森而被其思想所俘獲。

在這一點上，吳宓和梁實秋的觀點是一致的。一個老師教出的兩個學生，有共同的表現之處。梁實秋在 1926 年批評新文學時，也明確指出過「現代中國文學，到處彌漫著抒情主義」。他和吳宓一樣，都有二元對立的批評傾向，把古典主義與浪漫主義對立起來。如梁實秋對古典主義和浪漫主義的形象化的解說：

> 古典主義者最尊貴人的頭；浪漫主義者最貴重人的心。頭是理性的機關，裡面藏著智慧；心是情感的泉源，裡面包著熱血。古典主義者說：「我思想，所以我是。」浪漫主義者說：「我感覺，所以我是。」古典主義者說：「我憑著最高的理性，可以達到真實的境界。」浪漫主義者說：「我有美妙的靈魂，可以超越一切。」按照人的常態，換句話說，按照古典主義者的理想，理性是應該占最高的位置。但是，浪漫主義者最反對者就是常態，他們在心血沸騰的時候，如醉如夢，憑藉感情的力量，想像到九霄雲外，理性完全失去了統馭的力量。據浪漫主義者自己講，這便是「詩狂」、「靈感」，或是「忘我的境界」。浪漫主義者覺得無情感便無文學，並且那情感還必須要自由活動。他們還以為如其理性從大門進來，文學就要從窗口飛出去。
> 〔註41〕

同時，梁實秋指明抒情主義所顯示出的無選擇、無節制和寫作中類型的混雜，正是浪漫主義的具體表現形式，其結果是：流於頹廢主義和假理想主義。

〔註40〕 吳宓：《盧梭逝世百五十年紀念》，《大公報‧文學副刊》第 26 期。
〔註41〕 梁實秋：《現代中國文學之浪漫的趨勢》（續），《晨報副鐫》第 1370 號（1926 年 3 月 27 日）。

他山之石

新人文主義在 20 世紀初的美國，是大學校園的學院派理論，以哈佛大學爲主要理論發散中心。1928 年，哈佛大學的法文教授馬西爾著有《美國人文主義之運動》一書，敘列美國人文主義運動的大師及此次運動的領袖人物分別是：布朗乃爾、白璧德、穆爾三人。1923 年 7 月《學衡》第 19 期，刊登了吳宓翻譯的馬西爾（梅爾西埃）的《白璧德之人文主義》。由於此時的「人文主義」內涵已經不是傳統意義上的人文主義了，所以學術界爲了區別對待「人文主義」而稱此時美國的布朗乃爾、白璧德、穆爾所張揚的「人文主義」爲「新人文主義」。

白璧德是哈佛大學的法國文學教授，他先後出版《文學與美國的大學》（1908 年）、《新拉奧孔》（1910 年）、《法國現代批評大師》（1912 年）、《盧梭與浪漫主義》（1919 年）、《民主與領導》（1924 年）、《人文主義和美國》（1930 年）等，明確高揚人文主義的大旗。他是以「因對人類大多數思想的正確性提出質疑而蜚聲世界。他勇敢地指出，由於西方再次落入他所謂的『自然主義的陷阱』，混淆了人的法則和物的法則，因此它在基本原則上已步入歧途」〔註42〕。他拒絕把自己的學說稱爲「新人文主義」。白璧德認爲「只有自然主義（或神、人、自然三者合一的一元論，其結果是否認存在一種先於人類經驗的法則）和人文主義之間多年的對立。後者對於人有著清晰的認識：他本性超眾獨特，是一種物質和精神交匯於一體的神秘存在，故而他應向一種高於其自身的法則負責，他必須去發現這一法則，並必須學會使自己的自然意志服從於這種更高意志」〔註43〕。宗教以上帝的名義闡釋這種更高的意志，於是白璧德就「借助宗教來支持人文主義」〔註44〕。穆爾是和白璧德1893年同時在哈佛大學獲得碩士學位的同學，著有《謝爾本隨筆》11 卷。他和白璧德志同道合，力倡人文主義。吳宓在 1933 年 12 月 25 日《文學副刊》第 312 期刊出的《悼白璧德先生》一文中說：「先生與美國穆爾先生爲今日全世界中學德最高之人。其學術綜合古今東西。其立言皆不爲一時一地。其教旨在保

〔註42〕 轉引自《歐文·白璧德與吳宓的六封通信》（吳學昭譯），載《跨文化對話》第 10 期第 145 頁，上海文化出版社，2002。

〔註43〕 轉引自《歐文·白璧德與吳宓的六封通信》（吳學昭譯），載《跨文化對話》第 10 期第 147 頁。

〔註44〕 轉引自《歐文·白璧德與吳宓的六封通信》（吳學昭譯），載《跨文化對話》第 10 期第 147 頁。

存人性之優點與文明之精華，且發揮而光大之，以造福於來茲，爲全世人類根本久遠之圖。」

　　借助《文學副刊》，吳宓對白璧德、穆爾的理論作了較多的介紹。同時，借對人文主義的張揚，有時影射中國的新文學現實，有時鮮明地批評新文學運動中的寫實主義和浪漫主義。穆爾《美國現代文學中之新潮流》是一篇長文，集中細究美國新派文人力求推翻英倫文學正統的原因。而吳宓譯介的眞實用意是比附、影射中國新文學運動對古典文學傳統的變革。

　　穆爾認爲，美國新派文學家的藝術主張，雖自詡爲創造發明，實際上只是對英國新派文人的模仿，其根源在法國和俄國的新派。最根本原因有三：一是偏狹的地域之見；二是謬誤的愛國心。專以摧毀國性爲能事，借解放爲名，破壞種種禮教法規；三是對於宗教道德的反抗，在生活與藝術中，借自由與解放，排斥宗教與道德〔註45〕。新派文人實際上分爲審美派和激進寫實派。〔註46〕這種主要傾向體現在杜來色《美國的悲劇》等作品中〔註47〕。

　　穆爾認爲解決美國文學中的此類問題，要依靠思想徹底、負責的批評家，即白璧德這樣人格偉大而又通曉古今東西文化與學術淵博的人文主義思想家來解決、救正、改良〔註48〕。

　　中國的新文學現實是否像美國那樣？是否需要白璧德這樣的人文主義思想家來「解決、救正、改良」？這恐怕是吳宓在譯文之外想要說而暫時沒說出的話。

　　穆爾在《論自然主義與人文主義之文學》一文中，闡明了人性二元論（一爲自然，同於物。二爲超乎自然，在物之上。人性中實有高下兩部分，曰理曰欲。人文主義哲學承認此事，強調意識有方向的意志。而自然主義哲學則持相反意見）的基本觀點，並鮮明地指出「自文藝復興時代迄今，一部歐西文化史，不外人文主義（謂人異於物）與自然主義（謂人同於物）之勢力迭

〔註45〕穆爾：《美國現代文學中之新潮流》（吳宓譯），《大公報・文學副刊》第27期。

〔註46〕穆爾：《美國現代文學中之新潮流》（續）（吳宓譯），《大公報・文學副刊》第28期。

〔註47〕穆爾：《美國現代文學中之新潮流》（續）（吳宓譯），《大公報・文學副刊》第29期。

〔註48〕穆爾：《美國現代文學中之新潮流》（續）（吳宓譯），《大公報・文學副刊》第30期。

爲起伏互爭雄長而已」〔註49〕。他爲現代文學開出的良方是:「今欲重興文學而使有生氣,則非提倡人文主義不爲功。」〔註50〕

穆爾和白璧德有兩個著名的弟子薛爾曼、Ｔ・Ｓ・艾略特。而以《現代文學論》一書張揚師說的批評家薛爾曼卻在生命的最後十年間,忽然改變其思想議論,一反兩位老師的人文主義主張,倒戈從敵,與文學新派結盟。《文學副刊》刊登吳宓譯的《薛爾曼評傳》,意在揭示美國人文主義倡導者及信徒的命運,並顧戀自己在中國的處境。徐志摩去世前曾將當紅歐美的Ｔ・Ｓ・艾略特的詩歌交給胡適看,胡適明確表示看不懂。而吳宓本人對Ｔ・Ｓ・艾略特也是不敢輕易發批評之言。這起碼說明,時代的變遷,薛爾曼、Ｔ・Ｓ・艾略特與穆爾、白璧德之間有了思想和文學理念的不同。

白璧德的《論盧梭與宗教》一文初登美國《論壇》雜誌1930年2月號,吳宓的譯文刊於1931年9月7日、14日的《文學副刊》第191、192期。白璧德對盧梭及其信徒的浪漫主義思潮有嚴厲的批評,同時就美國的現實也提出了相應的抨擊。他認爲盧梭是二百年來影響最大的作家,討論盧梭,「實乃辯論現代文學生活,政治生活,及教育生活之主要問題,而宗教生活尤爲重要」〔註51〕。白璧德認爲宗教不但毀於盧梭之徒,且受僞科學家之害。他說自己所持的積極與批評的人文主義態度,是要解決智慧與意志的二元問題,推翻盧梭的情感主義至上的人性本善的新神話。

白璧德所說的真二元論,是指生命的衝動與生命的約束互爲存在。人文主義所謂約束的程度,即所持的標準。白璧德反對盧梭信徒重才情輕智慧,所以才推出所謂的標準,作爲一個統一的原則,來衡量複雜及變化的精神。盧梭所謂的美德在人文主義者的眼光裏都不是真正的美德。人文主義者是由想像與分析的智慧合作所產生的標準,由個人定義考驗後所產生的標準,來作用於個人,以助人在正確的方向上實行較高的意志〔註52〕。

白璧德指出人文主義者不信人性有突變,而偏重教育的功能。「人必須自幼受訓練,養成適宜之習慣,始可達人文主義之鵠的」〔註53〕。他認爲

〔註49〕 穆爾:《論自然主義與人文主義之文學》(吳宓譯),《大公報・文學副刊》第101期。
〔註50〕 穆爾:《論自然主義與人文主義之文學》(吳宓譯),《大公報・文學副刊》第101期。
〔註51〕 白璧德:《論盧梭與宗教》(吳宓譯),《大公報・文學副刊》第191期。
〔註52〕 白璧德:《論盧梭與宗教》(續)(吳宓譯),《大公報・文學副刊》第192期。
〔註53〕 白璧德:《論盧梭與宗教》(續)(吳宓譯),《大公報・文學副刊》第192期。

美國教育的迫切問題是要從盧梭教育思想的影響下走出來。因爲盧梭主義不僅統治了美國的教育，而且摧毀了新教的命脈，表現爲功利主義與情感主義。而德、法等國正在恢復宗教的人文主義教育。最後白璧德強調：「吾人倘不恢復眞二元論，或重新確立內心生活之眞理，不問其形式爲傳說或批評的，宗教或人文的，則任何文化均有傾覆之險。」〔註 54〕白璧德這裡顯然是有些杞憂。思想家的超前思考和對現實的洞察，有時是孤立的，不合時宜的，但在學理上是有道理的，站得住的。與白璧德同在哈佛大學任教的科學史家 G・薩頓在 1930 年代也力主新人文主義，並且提出了與白璧德完全不同的路向，即科學時代的人文主義。他主張用科學史的教育學習來推廣對科學的瞭解，消除人文工作者對科學的隔膜，進而在人性化的科學之上，建立一種新文化，即新人文主義。而不是白璧德那樣將科學與人文主義對立。

有趣的是，白璧德 1933 年 7 月 15 日去世，《學衡》正好在此時停刊。吳宓在 1933 年 12 月 25 日《文學副刊》第 312 期刊出的《悼白璧德先生》後一周，《文學副刊》也停辦。

據吳宓的編者按所示，布朗乃爾是在 1929 年去世的。當年 6 月，美國的《論壇》雜誌第 81 卷第 6 號刊登了馬西爾的《布朗乃爾與美國之新野蠻主義》的紀念文章。這篇文章和《美國人文主義之運動》的第一章《孤立之人文主義者布朗乃爾及批評家之責任》互相發明。布朗乃爾著作頗豐，有《法國藝術論》（1891 年）、《維多利亞時代之散文家》（1901 年）、《美國之散文家》（1901 年）、《批評論》（1914 年）、《標準論》（1917 年）、《法國人之特性》等。

布朗乃爾是愛瑪生（愛默生）的弟子，承愛瑪生之學說，繼續前進，追求美國理智生活的合理發展。他認爲美國與歐洲文化的一切遺傳關係，非恢復不可，否則美國的理智精神必然是幼稚的。愛瑪生將德國的理想主義輸入美國，但他的哲學宗於直覺，無批評精神。布朗乃爾超越了愛瑪生，並有重大的發展。布朗乃爾篤信美國民治之將來，並同情群眾。布朗乃爾通過研究法國文化，認明一個「眞實之社會，存於法國國民之間。一共同之性格，合此國民爲一體。一至高無上之權力，統轄之成一理想。此種權力，使個人與社會相融洽，國體精神得發展，眞純友愛之情得滋生。蓋人人信仰相同，而

〔註 54〕白璧德：《論盧梭與宗教》（續）（吳宓譯），《大公報・文學副刊》第 192 期。

又群策群力，以期與外在標準相合也。」〔註55〕由法國歷史文化的啓示，布朗乃爾提出了自己對社會生活「標準」的進一步思考，意在喚醒美國人自覺其歐洲遺傳之處，即對歐洲文化的認同，以擺脫美國人理智與精神的幼稚。

事實上，美國社會不可能完全接受外在的標準，共同本能也就不能產生。所以布朗乃爾認爲標準之哲學應爲美國此時精神生活的新基礎。他在1917年所著的《標準論》就是要闡明這一問題。在他欲求這一挽回標準的方法時，白璧德、穆爾的著作出現了，他們因有共同的思想而走到一起，於是，有了一場人文主義運動的提倡〔註56〕。

「標準」既是一種完善的批評方法，也是文學藝術創造中藝術價值能否成立的判斷。在個人與社會團體的表現中，「標準」是一種「作風」。這是「人文派」與「新野蠻人」的根本區別。美國人篤信個人發展的可能，此原則乃使美國今日富強無比的原因之一。同時，因不重視「和諧及向心力」作爲「標準」的進一步體現，才使得美國出現了新野蠻人和所謂的新野蠻主義〔註57〕。

《文學副刊》對他們的系統介紹和有針對性的討論，顯然是有目的的，也是頗費心機的。影射、批評中國白話新文學是其眞正的意圖。

借討論民族與文學的關係，提倡道德救國論

作爲具有浪漫主義詩人氣質的道德理想主義者，他在《本副刊之宗旨及體例》中曾明確提出「本報同人以爲文學固非宣傳之資，不可有訓誨之意。然在其最高境界，文藝實可與道德合一」。文藝與道德的合一之說，在吳宓討論民族與文學的關係時，有了充分的表現。

在《文學副刊》創刊伊始，吳宓就有《歐洲戰後思想變遷之大勢與吾國人應有之覺悟》，就中國思想界對歐洲戰後思想變遷的兩種不同認識，指出固陋之守舊派與偏激之急進派的錯誤看法，提出要以「相對之標準及歸納之方法，求綜合之結果」〔註58〕。並針對斯賓格勒西方文化沉淪沒落之說，提出

〔註55〕馬西爾：《布朗乃爾與美國之新野蠻主義》（義山譯），《大公報・文學副刊》第123期。

〔註56〕馬西爾：《布朗乃爾與美國之新野蠻主義》（續）（義山譯），《大公報・文學副刊》第129期。

〔註57〕馬西爾：《布朗乃爾與美國之新野蠻主義》（續）（義山譯），《大公報・文學副刊》第130期。

〔註58〕吳宓：《歐洲戰後思想變遷之大勢與吾國人應有之覺悟》，《大公報・文學副刊》第3期。

了以「人文主義」作爲「救今世之病之良藥」〔註59〕。

　　1931 年「九一八」事變的強烈刺激，使得廣大國人和知識分子的民族意識高漲。知識分子作爲「思想者」與奮起抗敵的軍民的「行動者」的原有思想格局中的「啓蒙者」與「被啓蒙者」的身份等差，立刻淡化。「思想者」眞正開始走向經世致用。將文學與救國聯繫起來，且賦予如此神聖的使命和責任。吳宓道德救國論的主張在這一時期得以強化和明確，而這又首先是從民族意識出發的。作爲副刊的主編，吳宓通過探討民族生命與文學的關係、中華民族在抗敵苦戰中所應持的信仰及態度，提出了道德救國的理想。這和吳宓一貫的道德理想主義有密切的聯繫，又突兀在思想文化界一貫主張的「科學救國」、「教育救國」之上。「學衡派」成員郭斌龢曾推崇曾文正道德、文章、事功，三者皆不朽。在不能上陣殺敵建立事功的民族危機時刻，知識分子除了吶喊助威外，道德、文章的理想追求，就落到了民族大義和道德救國上。

　　在《民族生命與文學》一文中，吳宓提出了文學在個人與社會的密切關係中所起的「根本之培養與永久之趨向」的作用。他說：1、文學能曉示眞理，發明道德因果律〔註60〕。2、文學中描寫歷史上或虛構的偉大人物，足爲模仿之資。學習中西文學，閱讀中外名著，傚仿其中偉人的立意行事，實爲我國人士之當務之急〔註61〕。3、文學具有感化力，可造就理想的品格。儒教是中華文明的正宗。從中華民族的歷史和現實的命運考慮，「應以儒教之精神爲主，以墨家爲輔，合儒與墨，淬厲發揚，而革除道家之影響與習性，實爲民族復興之要務及南針。」〔註62〕在此基礎上創造一種「培養民族生命鼓舞民族精神之新文學，則吾國文學家所有事也」〔註63〕。

　　隨後，吳宓在《文學副刊》的顯著位置組織並撰寫了「國難與文學」的系列文章。在《中華民族在抗敵苦戰中所應持之信仰及態度》一文中，吳宓強調的是「寧爲精神、道德、正義、公理、光榮、自由、快樂、幸福而死，不爲物質、貨財、小利、私欲、卑屈、苟偷、麻木、呻吟而生」〔註64〕。爲

〔註59〕吳宓：《斯賓格勒西土沉淪論述評》，《大公報·文學副刊》第 6 期。
〔註60〕吳宓：《民族生命與文學》，《大公報·文學副刊》第 194 期。
〔註61〕吳宓：《民族生命與文學》（續），《大公報·文學副刊》第 195 期。
〔註62〕吳宓：《民族生命與文學》（續），《大公報·文學副刊》第 197 期。
〔註63〕吳宓：《民族生命與文學》（續），《大公報·文學副刊》第 197 期。
〔註64〕吳宓：《中華民族在抗敵苦戰中所應持之信仰及態度》，《大公報·文學副刊》
　　　　第 213 期。

信仰為理想而生活，為中國文化而作戰，這樣抗敵奮鬥才有勇氣與堅誠的實力〔註65〕。

吳宓上述種種說辭又可歸結為「道德救國論」。他認為道德救國這一問題在中華民族的抗敵苦戰中尤為重要，尤當如此。中國人在抗敵苦戰中，應知保家衛國是我們自己的義務與天職，抗敵苦戰也是我們道德上的承擔。我們自己當自強、自奮，同時這也是為世界的公理、正義而戰〔註66〕。

在《論戰爭能振起民族精神並產生充實光輝之文學》一文中，吳宓希望借抗戰重振我們民族的精神，強化我們民族的凝聚力。同時也使我們民族的文學得以充實並展現出光輝〔註67〕。《世界歷史文學訓示吾國人應積極抗敵苦戰犧牲到底論》一文中，他說我們的抗敵苦戰，要採取一種正當的態度和精神，要消除悲觀，祛除盲目自大，確立抗敵救國的重心和凝聚力，團結一致，為民族大義而戰〔註68〕。

與此相關的文章很多，這裡僅以吳宓為代表。

先有《學衡》停刊，繼之《文學副刊》被《文藝副刊》所取代，吳宓及「學衡派」在北方的勢力迅速衰落，吳宓個人也陷入浪漫詩人意亂情迷的困境不能自拔。

〔註65〕 吳宓：《中華民族在抗敵苦戰中所應持之信仰及態度》，《大公報·文學副刊》第 213 期。

〔註66〕 吳宓：《道德救國論》，《大公報·文學副刊》第 214 期。

〔註67〕 吳宓：《論戰爭能振起民族精神並產生充實光輝之文學》，《大公報·文學副刊》第 216 期。

〔註68〕 吳宓：《世界歷史文學訓示吾國人應積極抗敵苦戰犧牲到底論》，《大公報·文學副刊》第 262 期。

民族意識：《國風》

上、刊物的實際運作

北大「新潮社」的先鋒到「學衡派」的營盤當校長

1928 年 5 月 21 日中午，胡適在南京出席全國教育會議後，應中央大學校長張乃燕（君謀）之請，與蔡元培等到中央大學出席宴會。胡適在宴會上發表演說。他說了這樣一段話：

> 想中央大學在九年前爲南高，當時我在北大服務，南高以穩健、保守自持，北大以激烈、改革爲事。這兩種不同之學風，即爲彼時南北兩派學者之代表。然當時北大同人，僅認南高爲我們對手，不但不仇視，且引爲敬慕，以爲可助北大同人，更努力於革新文化。今者北大同人，死者死，殺者殺，逃者逃，北大久不爲北大。而南高經過東大時期，而成爲中央大學。經費較昔日北大多出三倍有餘，人才更爲濟濟。我希望中央大學同人，擔北大所負之責，激烈的謀文化革新，爲全國文化重心云。〔註1〕

胡適的希望是有道理的，但也是一廂情願的事。昔日在北洋政府的首都，北京大學肩負領導新文化運動的重任。如今首都的遷徙改變了原南京高師—東南大學，如今中央大學的地位。他希望中央大學能像昔日北京大學那樣爲新文化的發展盡自己的努力。此時在國民黨政府參政的羅家倫（志希）已經與

〔註 1〕 胡適：《胡適全集》第 31 卷第 117 頁。第 20 卷第 108 頁又收錄此演講詞，文字上略有出入。

胡適有過多次暢談，使胡適很感愉快。當胡適說從「《民國日報》的社論來證國民黨今日尚沒有公認的中心思想」時，羅家倫便說《民國日報》不是黨報。因此胡適致信羅家倫，希望他對推動新文化的發展有所作爲：

> 我有一個小小的建議，要請你盡力主張，但不必説是我的建議。

> 前天聽説你把泉幣司改爲錢幣司，我很高興。我因此想，你現在政府裏，何不趁此大改革的機會，提議由政府規定以後一切命令、公文、法令、條約，都須用國語，並須加標點，分段。此事我等了十年。至今日始有實行的希望。若今日的革命政府尚不能行此事，若羅志希尚不能提議此事，我就眞要失望了。

> 稚暉、子民、介石、展堂諸公當能讚助此事，此亦是新國規模之大者，千萬勿以爲迂遠而不爲。〔註2〕

因爲自 1920 年起北洋政府已經通令小學一、二年級課本改用白話，而政府的公文、法令、條約卻遲遲不改。胡適希望政府的文字改革更有利於文學的變革和創新，進而推動文化的發展。而事實上，羅家倫的能力是有限的。因爲他很快出任了清華大學校長。胡適等了一年多後，沒有結果，便自己站出來寫了《新文化運動與國民黨》，尖銳地批評國民黨政府在新文化運動中的反動。

1932 年 9 月 5 日，羅家倫出任中央大學校長。這位五四運動的學生領袖，北京大學「新潮社」的先鋒人物，由清華大學校長的位置上（1928 年 8 月～1930 年 5 月）轉到南京的中央大學任校長。羅是胡適的學生，「胡適派文人集團」的重要人物。在「學衡派」主力、東南大學教授胡先驌發出反對胡適及新文學運動的《中國文學改良論》時〔註3〕，羅以《駁胡先驌君的〈中國文學改良論〉》〔註4〕進行反擊，成爲出陣應戰的急先鋒。東南大學改制爲中央大學之後，羅做了 9 年的校長（1932～1941）。

先看一個基本的歷史事實，即國民黨政治的激進與文化—文學的保守。國民黨的興起和民族革命的過程是與反清排滿相關聯的。因此，革命一開始，便有十分明確的和強烈的「民族主義」傾向。與激進的暴力革命相伴的是文化—文學觀念上的極端保守。這一點在國民黨革命時期的最重要的政治—文學群體「南社」表現得尤其明顯。國民黨政治上的革命與文學上的反動，

〔註2〕胡適：《胡適全集》第 23 卷第 630 頁。
〔註3〕《東方雜誌》第 16 卷第 3 號（1919 年）。
〔註4〕《新潮》第 1 卷第 5 期。

胡適在 1929 年 12 月的《新月》第 6、7 號合刊上發的《新文化運動與國民黨》一文，曾尖銳地指出過。1927 年國民黨定都南京後，當朝權貴，在五院機構中的院長、副院長，多有「南社」之子且先後把持多年。其中如行政院：汪兆銘；立法院：邵元沖、葉楚傖（又先後任中央宣傳部長）；司法院：張繼、居正；考試院：戴季陶；檢察院：于右任。他們都是當年「南社」的成員〔註5〕。

1932 年 9 月，羅家倫出任中央大學校長後，積極從事學校各方面的建設，很快提升了中央大學的實際學術水平和管理水平。1932 年 10 月 17 日，他在中央大學「總理紀念周」發表了《中央大學的使命》的演說。全文刊登在 10 月 20 日的《國立中央大學日刊》上。他說：「要把一個大學對於民族的使命認清，從而創造一種新的精神，養成一種新的風氣，以達到一個大學對於民族的使命」；「這種使命，我覺得就是為中國建立有機體的民族文化。」〔註6〕羅家倫在國民黨革命成功並成為執政黨後，從教育為立國之本上，為中國的現政府、現政治意識形態提供了「民族文化」這一具有權力意志的可借助的主流話語的支持。這同時也是這一時期思想界「民族本位文化」和文學界「民族文學」倡導者所持的基本觀點，並得到了當局主流意識形態及政權的認同。

昔日激進的「新潮」人物，此時的大學理念發生了如此大的變化。由於 1931 年「九一八」事變的強烈刺激，民族蒙難的直接影響，「民族」的大觀念一時成為國人的共同理念和求團結的內在凝聚力。而「民族文化」則成為這一內在凝聚力的基礎。

羅家倫能在文化保守主義的「學衡派」的大本營做校長，其立足點是他找到了此時與中央大學教授群體及「學衡派」同仁溝通的共同理念：「民族文化」。而民族主義情緒在當時許多有留學背景的自由主義知識分子中也出現了高漲的現象。如蔣廷黻在 1932 年以後就轉向民族主義，並主張新的極權專制。而他這種思想的根源是在美國哥倫比亞大學留學時就已種下的。他當時受哥倫比亞大學海斯教授《族國主義論叢》的影響，感到了強烈的「刺激」。他說：「我們當代的中國人都是民族主義者。拋開精神方面問題不談，中國已因鄉土和氏族觀念而積弱。如果實行高度的民族主義，對中國人一定是有好處的。

〔註5〕柳無忌：《蘇曼殊傳》（王晶譯）第 81 頁，生活・讀書・新知三聯書店，1992。
〔註6〕《國立中央大學日刊》，1932 年 10 月 20 日。

以當前的政治而論，民族主義幾乎成了教育界的宗教。」﹝註7﹞在美國所接受的東西，在 1932 年以後的特殊國情中，有了日本帝國主義軍事侵略的刺激而顯露到他思想的外在層面上。

昔日反清排滿的老「革命」，國學大師章太炎，在 1912 年以後既不與袁世凱的北洋政府合作，也與國民黨的南京政府疏離。此時他的民族主義思想也更進一步強化。他在 1935 年 6 月 6 日致張季鸞的信中強調：「一、中國今後應永遠保存之國粹，即是史書，以民族主義所依託在是。二、爲救亡計，應政府與人民各自任之，而皆以提倡民族主義之精神爲要。」﹝註8﹞這正是《詩經・小雅・常棣》中所說的「兄弟鬩於牆，外禦其侮」。

在這樣的歷史語境中，《國風》雜誌誕生了。

這裡需要指出的是，1930～1932 年間，在國民黨當局的有意倡導下，曾出現短期的「民族主義文藝運動」。1930 年 6 月 1 日，潘公展、黃震遐、王平陵、朱應鵬、傅彥長、范爭波等在上海成立「六一社」，倡導「民族主義文藝」。《文藝月刊》、《前鋒周報》、《前鋒月刊》、《開展》、《長風》、《黃鐘》、《晨光》等刊物都先後成爲「民族主義文藝」的主要陣地。「民族主義文藝」﹝註9﹞有強烈的政治傾向，即反「左翼文學」的黨派色彩。張道藩在自己的回憶錄中說他是此運動的，幕後導演。

1934 年 10 月 10 日新創刊的《文化建設》又著重提出「民族文化」的問題。其中第 1 期就是「中國文化建設檢討專號」，陳立夫、吳鐵城、戴季陶、陶希聖、王新命、何炳松等寫有文章。其中陳立夫的文章是《中國文化建設論》﹝註10﹞，所說的核心問題就是「民族文化」。第 2 期又刊出方治的《民族文化與民族思想》﹝註11﹞。1935 年 1 月 10 日《文化建設》月刊第 4 期又集中刊出王新命、何炳松、武堉幹、孫寒冰、黃文山、陶希聖、章益、陳高傭、樊仲雲、薩孟武十教授的《中國本位的文化建設宣言》。這是針對胡適的全盤西化主張而發的﹝註12﹞。胡適的反擊自然是更爲激烈。他在《大公報》「星期論文」欄目和《獨立評論》上連續發表了《試評所謂「中國本位的文化建設」》

﹝註 7﹞蔣廷黻：《蔣廷黻回憶錄》第 79 頁，（臺北）傳記文學出版社，1984 年再版。

﹝註 8﹞馬勇編：《章太炎書信集》第 957 頁。

﹝註 9﹞詳見倪偉：《「民族」想像與國家統制》，上海教育出版社，2003。

﹝註 10﹞《文化建設》第 1 期（1934 年 10 月 10 日）。

﹝註 11﹞《文化建設》第 2 期（1934 年 11 月 10 日）。

﹝註 12﹞詳見耿雲志主編：《胡適論爭集》中冊，中國社會科學出版社，1998。

〔註13〕、《我們今日還不配讀經》〔註14〕、《紀念「五四」》〔註15〕、《略答陶希聖先生——關於「中國本位文化」》〔註16〕等文章。同時他的學生傅斯年也在《大公報》「星期論文」欄目發文批評否定白話文和尊孔讀經的主張。

在南京金陵大學文學院的學生刊物上，也出現了對民族文學的響應。《金陵大學文學院季刊》第1卷第2期，登有向映富的《民族文學論》。文章提出「發揚中華民族文學，立此旗幟之下」。凡「今日從事中華民族文學，應以爲準繩者，試論之如次」：1、提倡性靈生活。2、崇尙道德氣節。3、鼓勵壯勇豪俠。4、保持溫柔敦厚。5、愛好偉大自然。6、指導向上進取。7、養成自尊自立。8、注重現世人生。9、矢志報復國仇。

由上述9項所示，可見向映富的「民族文學論」只是一大雜燴，中心並不明確。

《國風》的教授群體和他們的學術主張，以及由此體現出的「學衡派」的文化精神，和「民族主義文藝」、「中國文化本位」派是不同的。作爲中央大學校長的羅家倫，爲了團結中央大學的教授，以「民族文化」內凝學校的重心，也曾於1935年春有計劃地通過黃侃讓寓居蘇州的章太炎來中央大學講學〔註17〕。羅家倫曾於1932年12月21日在南京接待法國漢學家伯希和時請黃侃作陪〔註18〕。以後，羅家倫曾有意招黃侃應酬酒會。脾氣怪異、好罵人，同時也是來自北京大學的黃侃，此時在中央大學與北京大學出身的羅家倫友好相處。同時，羅家倫也有意與北方大學保持良好的關係。陳寅恪在1933年也曾致信傅斯年，希望通過傅與羅家倫、汪東（旭初，中央大學中文系系主任）聯繫，推薦原清華國學研究院王國維的學生戴家祥到中大任教〔註19〕。

《國風》的誕生，開始了一個「後學衡」時期

20世紀報刊史上，有三家報刊以「國風」命名。1910年1月～1911年6

〔註13〕《大公報》「星期論文」，1935年3月31日。《獨立評論》第145號（1935年4月7日）。
〔註14〕《獨立評論》第146號（1935年4月14日）。
〔註15〕《獨立評論》第149號（1935年5月5日）。
〔註16〕《獨立評論》第154號（1935年6月9日）。
〔註17〕黃侃：《黃侃日記》第1037頁。日記原話是：「羅家倫以預請太炎師至彼校講學託交。」
〔註18〕黃侃：《黃侃日記》838頁。
〔註19〕陳寅恪：《書信集》第45～46頁。

月由上海國風報館出版發行的《國風報》。1932 年 9 月～1936 年 12 月南京中央大學教授群體創辦的《國風》。1942 年 11 月～1945 年 12 月中央周刊社出版發行的《國風》半月刊。

這裡提出《國風》的出現標誌著一個「後學衡」時期的開始，是基於以下幾點根據。

《學衡》雜誌本身到了 1927 年底，其局面如吳宓自己所言，已經成了強弩之末。據《吳宓日記》所示，1927 年 11 月，胡先驌向吳宓提出「先將現有之《學衡》停辦，完全另行改組。絲毫不用《學衡》舊名義」。也可改在南京出版，由柳詒徵、湯用彤、王易主編。原因是「《學衡》缺點太多，且成為抱殘守缺，為新式講國學者所不喜。業已玷污，無可補救」〔註20〕。在第 78、79 期的《學衡雜誌社啓示》中說《學衡》自 80 期改由南京鍾山書局出版發行，編務由繆鳳林擔任。而實際上，在南京的「學衡派」同仁已經另起爐竈，創辦了《國風》，沒有沿用《學衡》之名。

據浦江清《清華園日記》所示，在《國風》創刊之前，在北京清華大學的「學衡派」成員浦江清、向達、王庸曾於 1932 年 1 月 10 日商議，同時得到了錢穆的贊同，欲辦一個名為《逆流》的雜誌，「以打倒高等華人，建設民族獨立文化為目的」。「逆流者，逆歐化之潮流也」〔註21〕。這個動議中的刊物沒有出臺，9 月 1 日《國風》在南京創刊後，向達、王庸成了這個刊物的作者。

《國風》的大本營在原《學衡》的老地盤，基本隊伍都是原《學衡》的作者。刊物保持了《學衡》原有的以民族本位文化為體，反新文化—新文學、尊孔、倡導舊體詩詞、國學研究、譯介西方新知的特色，並增加了倡導科學、鼓吹國防教育的新內容。連刊物的基本編輯模式都和《學衡》相同。

這裡需要指出的是，羅家倫雖然把大學的理念落實在「民族文化」上，但他始終沒有給倡導「民族文化」本位觀念的雜誌《國風》寫文章。因為這個刊物是《學衡》的繼續和發展，是反新文化，反新文學的。而他自己是胡適派文人，也是五四新文化—新文學運動重要成員。這說明民族的蒙難時期，革命、激進主義的新文化—新文學派和文化保守主義的「學衡派」在中央大學兼容共存，是有底線的。

〔註20〕詳見沈衛威：《吳宓與〈學衡〉》第 10～11 頁。
〔註21〕浦江清：《清華園日記·西行日記》第 61 頁。

《國風》的實際運作和鍾山書局

1932 年 9 月 1 日《國風》在南京的中央大學創刊，據《國風》雜誌所示，中央大學的教授先成立了「國風社」，推柳詒徵爲社長，編輯委員有：張其昀、繆鳳林、倪尚達。出版發行歸鍾山書局。刊物最初定爲半月刊。

先說南京的鍾山書局。

鍾山書局的實際主持人爲張其昀，並設有董事會。常務董事是：編輯張其昀、出版繆鳳林、會計倪尚達、營業沈思嶼、西書羅廷光。

營業種類分爲：教本部、叢刊部、雜誌部、地圖部、古書部、西書部、儀器部、文具部、寄售部。書局在全國十多個重要城市設有「各地特約經理」和「各地分銷處」。

鍾山書局出版有六種雜誌：《國風》、《旁觀》、《方志月刊》、《科學世界》、《科學的中國》、《地理學報》。事實上，堅持辦下去的，且形成特色的只有《國風》和《方志月刊》。這兩個刊物都是張其昀親自操作的。

《國風》的欄目分爲：通論、歷史、科學、地理、文學、教育、詩詞文獻雜著。同時有不定期的「特刊」專號

《發刊辭》出自柳詒徵之手。柳詒徵特別強調只有奮發自強，復興民族之精神，重振民族的雄風，才可能「隆人格而升國格」〔註22〕。

刊物初定爲半月刊，但第一年即被「專號」打亂，以後有兩期合刊、月刊、雙月刊的現象。1932 年 9 月 1 日～12 月 16 日出了第 1 卷 1～10 號（加有兩個專號）。1933 年 1 月 1 日～6 月 15 日出了第 2 卷 1～12 號。1933 年 7 月 1 日～12 月 16 日出了第 3 卷 1～12 號。1934 年 1 月 1 日～6 月 16 日出了第 4 卷 1～12 號。1934 年 7 月 1 日～12 月 16 日出了第 5 卷 1～12 號（其中 3、4 號合爲一期，6、7 號合爲一期，8、9 號合爲一期，10、11 號合爲一期）。1935 年 1 月 1 日～1935 年 5 月 1 日出了第 6 卷 1～10 號（其中 1、2 號合爲一期，3、4 號合爲一期，5、6 號合爲一期，7、8 號合爲一期，9、10 號合爲一期）。1935 年 8 月 1 日～12 月出了第 7 卷 1～5 號。1936 年 1 月 1 日～12 月出了第 8 卷 1～12 號。

張其昀受聘浙江大學，《國風》堅持到 1936 年底停刊。

〔註22〕《國風》第 1 卷第 1 號（1932 年 9 月 1 日）。

下、《國風》的特色與專號

基本成員與出版專號

張其昀後來回憶說：「九一八事變以後，作者任國立中央大學教授，創辦《國風》雜誌，以提倡民族精神教育，喚起國魂爲宗旨；執筆者多是南高、東大、中大師友們。」〔註 23〕張其昀這裡實際是強調此刊物明確的宗旨之外，還有作者的同仁性。1932 年 9 月 1 日創刊後，由於作者基本上都是原《學衡》和其外圍刊物《史地學報》、《文哲學報》、《史學與地學》以及《國學叢刊》的人馬，所以仍保持《學衡》的特色，同時增加了張揚科學精神、強調國防教育和普及地理知識的內容。

《學衡》的最初成員除劉伯明去世外（《國風》的「劉伯明先生紀念號」上還刊登了劉原在《學衡》上發的文章）、吳宓、梅光迪、胡先驌、柳詒徵、湯用彤等人都給《國風》寫稿。原《學衡》的主要成員王煥鑣、汪辟疆、王伯沆、繆鳳林、景昌極、張其昀、王庸、向達、劉永濟、徐震堮、歐陽竟無、張爾田、徐英、劉樸、鄭鶴聲、錢基博、郭斌龢、繆鉞、蒙文通、張蔭麟、趙萬里、陳訓慈、陳柱、龐俊此時都活躍在《國風》雜誌上。

南京高師──東南大學，乃至中央大學，是「中國科學社」的大本營，新增的張揚科學精神的文章都是出自國內著名的科學家：翁文灝、秉志、竺可禎、熊慶來、顧毓琇、戴運軌、胡敦復、張江樹、盧于道、錢昌祚、嚴濟慈、謝家榮、凌純聲、李書華、歐陽翥、倪尚達、劉咸、樊德芬、王家楫等。

普及地理學知識的主要作者有張其昀、胡煥庸、任美鍔、葉蓮夫等。

相對於《學衡》的《國風》新作者有章太炎、朱希祖、錢鍾書、胡光煒、范存忠、唐圭璋、盧前、任中敏、唐君毅、賀昌群、錢南揚、滕固、謝國禎、蕭一山、蕭公權、陳詒紱、李源澄、朱偰等。這些人多數爲中央大學教授。

專號是主編的編輯導向和問題集中展示的表現，一可顯示主編和刊物的傾向性，二可利用集中的學術實力把問題說清楚。《國風》共享 14 期的版面出了 12 個專號（兩個專號分上、下，共占 4 期），分別是：「聖誕特刊」，《國風》第 1 卷 3 號。「國防特刊」，《國風》第 1 卷 5 號。「劉伯明先生紀念號」，《國風》第 1 卷 9 號。「現代文化專號」，《國風》第 2 卷 1 號。「選印四庫全書問題專號」，《國風》第 3 卷 6 號。「徐光啓專號」，《國風》第 4 卷 1 號。「膠

〔註 23〕張其昀：《六十年來之華學研究》，《張其昀先生文集》第 19 冊第 10252 頁。

山黃氏宗譜選錄」，《國風》第 4 卷 10 號。「英國首相制與美國總統制之比較研究」，《國風》第 5 卷 3、4 號。「金藏雕印始末考」第 5 卷 12 號。「南京高等師範學校二十週年紀念刊」（上、下），《國風》第 7 卷 2 號、第 8 卷 1 號。「元遺山年譜彙纂」（上、下），《國風》第 7 卷 3、5 號。「浙江文獻專號」第 8 卷 9、10 號。

其中「聖誕特刊」、「劉伯明先生紀念號」、「南京高等師範學校二十週年紀念刊」（上、下）集中體現了此時中央大學教授的人文傾向和集體意識，也是此時「學衡派」實力重新集結後的集中展示。

反對新文化—新文學，主張讀經

反對新文化—新文學，主張讀經的文章主要出自胡先驌、章太炎、徐英之手。如章的《論讀經有利而無弊》、《再釋讀經之異議》、《論經史實錄不應無故懷疑》〔註24〕，徐的《讀經救亡論》、《十五年來所謂白話文運動之總檢討》。徐英有極端的反對白話文的理念，他對白話文的總體的結論是：

> 白話毫無文學之價值。白話爲提高教育程度之障。白話不適於生活工作之用。白話不適於學術工作之用。白話與復興文化不能並存。白話只適於宣泄低級趣味之小說。白話應用之範圍將不出低級趣味之小說以外。〔註25〕

而徐英對讀經則情有獨鍾。他在《讀經救亡論》中鮮明地指出：救亡之道果何由？曰自發揚我固有之文化始。固有之文化如何發揚？曰自讀經始。唯讀經可以救世，唯讀經可以救亡。他在論經之價值時說：

> 諸子百家之學皆出於經也。經者吾文化之核心也。經者吾文化之本位也。修齊治平之道，立國之基也。歷代英賢豪傑之士，多通經術。吾歷史不可忘，即經不可忘也。〔註26〕

這種極端的反對白話新文學的文章，在《學衡》中屢屢出現。新文學已經發展到了 1930 年代，《國風》雜誌尙登載這種極端的反對意見，顯然是有傾向性和公然唱反調的因素。

胡先驌在第 9 號刊出的《今日救亡所需之新文化運動》一文中強調，吾國立國之精神大半出於孔子之學說。蓋孔子學說爲中國文化的泉源，與基督

〔註24〕 此三篇文章均刊《國風》第 6 卷 7、8 號（1935 年 4 月 1 日）。
〔註25〕 《國風》第 5 卷 10、11 號（1934 年 12 月 1 日）。
〔註26〕 《國風》第 6 卷 5、6 號（1935 年 3 月 1 日）。

教之爲歐美文化之泉源相若。他認爲五四運動之結果：在政治上，雖助成北洋軍閥之顛覆，與國民黨之執政，而軍閥勢力並未剷除。在文化上，雖造成白話文之新文體，但對於普及教育並無什麼貢獻，而文學上之成就，尤不足數。雖誘起疑古運動，對於歷史考古訓詁諸學有不少新事實之發明。然於吾國文化之精神，並無發揚光大之處。高等教育，已近於不可救藥，中小學教育亦每況愈下。日言社會改革，而爲社會基礎之家庭先爲之破壞，自由戀愛之說流行，而夫婦之道苦，首受其禍者厥爲女子。

胡先驌的根本意圖是，要開始一種較五四運動更新並與之南轅北轍之新文化運動。這一運動的重心是要落實在維護吾民族生存至四千年之久之精神上，並以身體力行將其發揚光大〔註 27〕。胡先驌這裡的言論的確偏至，觀點與他在《學衡》初始酷評《嘗試集》時的相同。他所說的白話文的新文體，對於普及教育並無什麼貢獻，顯然是不合實際的。因爲此時連頑固的反胡適者梅光迪都認爲白話文對於教育下一代有益。

有趣的是錢基博、錢鍾書父子同爲《國風》作者，而錢鍾書在《國風》上發表的大多是舊體詩。當張其昀向錢鍾書問及白話與文言的關係問題時，他的回答是相對的、調和的〔註 28〕。

在反對新文化—新文學的同時，景昌極提出了所謂的「新理智運動」來否定五四新文化—新文學運動。他先後發表《新理智運動芻議》〔註 29〕、《新理智與舊理想》〔註 30〕、《理智與熱忱》〔註 31〕等文。他在《新理智運動芻議》一文中指出 1919 年以來新文化運動是幼稚偏頗的理智主義。其主要表現在以下幾個方面：

1、發起新文化運動諸人之大部分，似自始即政治的動機爲重而學術的動機爲輕。

2、民治之在西洋，僅屬政治理想之一。

3、科學爲西洋文化之特殊產物，固矣。然必先有純正愛智的哲學態度，而後有條理清楚，察驗周詳的科學方法，而後有理論科學，

〔註 27〕《國風》第 1 卷 9 號（1932 年 11 月 24 日）。
〔註 28〕錢鍾書：《與張君曉峰先生書》，《國風》第 5 卷第 1 號（1934 年 7 月 1 日）。
〔註 29〕景昌極：《新理智運動芻議》（上），《國風》第 8 卷 4 號（1936 年 4 月）。《新理智運動芻議》（下），《國風》第 8 卷 5 號（1936 年 5 月）
〔註 30〕《國風》第 8 卷 6 號（1936 年 6 月）。
〔註 31〕《國風》第 8 卷 7 號（1936 年 7 月）。

而後有應用科學。

4、然新文化運動所予一般人深刻之印象，則既非民治，亦非科學，
而為反舊禮教，提倡白話文，與疑古史書之三者。此亦國人重道
重文重史的心理之反映也。

5、白話之提倡與所謂文學革命，似是一事，其實非也。

6、新文化運動諸人，以其所謂科學方法，為疑古之考據，多有過當
之處，時賢論之者眾。

7、哲學者能見其大之學也，尤貴自具主見。此中諸位人，似尤不足
以語此。

8、不曰新學術運動而曰新文化運動，或者以文化之詞較新穎而意義
較寬泛也。惟其寬泛，乃令人莫名其指歸。

因此，他主張，要在中國開展一場新的理智運動，以糾正五四運動帶來的負
面影響。而新理智運動的具體內容和基本路向是什麼，景昌極也不十分清楚，
但人文主義的文化觀念倒是他所堅持的。因此他只是要求人們多一些理性，
多一些中庸、中和，少求新求疑，少談些激進與革命。

從徐英、胡先驌到景昌極，公開否定五四新文化—新文學運動的功績，
是有一致性的，這正是《國風》的傾向性之一。

民族意識強化與民族精神的張揚

民族的自覺是民族意識強化和民族精神張揚的關鍵，教育和引導是主要
的方式和途徑。埃里・凱杜里在《民族主義》中強調「民族自決是一種意志
的決定；而民族主義首先是一種教導正確的意志的方法」〔註32〕。他同時引
述費希特《愛國主義及其反面》所主張的教育政策，說「這種教育的目的是
將精神融入對國家的熱愛之中」〔註33〕。《國風》的創辦，就是要強化中華民
族的集體意識，弘揚民族的基本精神，並樹立良好的健康的國風、民風，以
從根本上抗禦外敵。作為國風社社長的柳詒徵，在一系列文章中都體現了他
原本屬於「學衡派」的文化保守主義立場，即中國文化本位的基本理念。而
在強化中華民族的集體意識，弘揚民族的基本精神時，仍不忘對五四新文化
運動的清算。

〔註32〕埃里・凱杜里：《民族主義》（張明明譯）第 76 頁。
〔註33〕埃里・凱杜里：《民族主義》（張明明譯）第 78 頁。

　　十年前，柳詒徵是張其昀、繆鳳林等人的老師，如今又是《國風》社社長，是張、繆等人的精神導師。《正義之利》是柳詒徵在《國風》上繼《發刊辭》後的開篇之文，他針對中國人普遍存在的「嗜短淺之小利，不知有所謂正義」的國民性弱點，和強敵入侵的現實，提出了自己的意見。他說：「吾以爲今日欲存族保邦，在此數千萬人能憬然覺悟，致力於正義之利，其條件則：1、對於正當之賦稅必擔負。2、對於經徵之黑幕必打破。3、對於經費之使用必求有效。4、對於非分之利益必不取。5、對於公共之事業必努力。」〔註34〕因爲實際的正義乃爲大利，明道乃爲大功。不從道義進行，便沒有功利可言。

　　《國風》第 3 號出了紀念孔子的「聖誕特刊」，這也是「學衡派」對五四運動的批孔反孔的總的反攻、清算。該期特刊中有柳詒徵的兩篇文章《孔學管見》和《明倫》。前者是要闡明孔子精神，發揚孔子之道。同時對康有爲的尊孔和五四運動的反孔都表示了不滿。在《明倫》中，他認爲人倫、倫理、禮教爲今日研究中國學術、道德、思想、行爲之根本問題。「人倫有五，亦曰達道」。他說五倫中的君臣、父子、夫婦、兄弟、朋友的道不能亂。同時他一反主張新文化者的意見，重新以明五倫作爲改變世風和穩定社會心態的精神力量，並強調其在日常工作中的作用，和其作爲中國文化的基本精神之所在〔註35〕。

　　柳詒徵的中國文化史觀的核心是「五倫」，他在幾十年的歷史研究和文化史研究中都堅持這一「五倫」中心觀。而這正是五四新文化運動中激進的思想革命者所批判的。1924 年 2 月 12 日的《時事新報‧學燈》上刊登柳詒徵的講演《什麼是中國的文化》，明確指出中國文化中作爲價值體系的三綱五常的決定性作用。這立即引起了周作人的批評。他以「荊生」爲筆名，在 1924 年 2 月 24 日、28 日的北京《晨報副鐫》第 37 號、41 號上，發表《復舊傾嚮之加甚》〔註36〕、《童話與倫常》〔註37〕。前者由柳詒徵的講演，指出五四運動

〔註34〕　《國風》第 1 卷第 1 號（1932 年 9 月 1 日）。
〔註35〕　柳詒徵：《明倫》，《國風》第 1 卷 3 號（1932 年 9 月 28 日）。
〔註36〕　《復舊傾嚮之加甚》一文是針對柳詒徵講演中所說的：「倫理上講孝，是要養成人們最純厚的性質，人之孝敬父母，並沒有別種關係，只是報償養育之恩。」
〔註37〕　《童話與倫常》一文是針對柳詒徵講演中所說的：「現在小學校裏所用的教科書，不是貓說話，就是狗說話，或者老鼠變成神仙，這一類的神話，對於中國的五倫，反是一點不講，實在是大錯特錯。……他們由國民學校畢業之後，固然不配做世界上的人，更不配做中國的國民，豈不是要變成貓化狗化畜牲化的國民麼？」

高潮過後，當時社會上各方面的復舊傾向正逐步加重。後者針對柳詒徵的講演中所謂中國的童話不講「中國的五倫」的觀點，提出了相反的看法。周作人說正因爲童話中不講傳統的教訓，所以才可以成爲良好的兒童讀物。

歷史有時有一種極大的諷刺，周作人這裡批評柳詒徵的復舊和講五倫，但到了民族危機，日寇入侵時，柳詒徵堅守民族大義、大節和知識分子的文化道統，流亡到西南大後方，繼續爲文化教育界服務，而周作人卻完全背離中國的民族大義和文化精神，叛變投敵，苟且偷生。

柳詒徵在《從歷史上求民族復興之路》一文中主張從歷史上求民族復興之路，就是要講興不講衰。講民族就是要講多數人，在多數人中求民族精神，而不是在少數人中。這是他的民族史觀。他主張首先要講民族主義，要從中國的歷史中尋找民族精神。「欲求民族復興之路，必須認清吾民族何時爲最興盛，其時之興盛由於何故，使一般人知今日存亡危急之秋，非此不足以挽回潰勢」〔註38〕。

在《論非常時期之教育》這篇文章中柳詒徵批評過去及現在一些從事於教育的人，無國家觀念，不知外人欲侵略中國的野心，「標榜新奇，自欺欺人積爲風尚」。「利用學生爲武器，蟠踞學堂爲地盤」。「黃茅白葦，牛鬼蛇神，提倡自由，推翻禮教，以戀愛爲神聖，以拖屍爲文明，國學既匪所知，科學亦無深造，彼其棲留異域，遊覽列邦，舉朽質而鍍金，騰穢聲而辱國，久已甘爲奴隸」。這些人「於古今中外作民造邦，宏綱要旨，固未嘗一涉腦海」。「亦復無長慮遠圖，嚴復所謂短命主義，無後主義，惟教育界中人爲最甚」〔註39〕。在國難當頭，柳詒徵不忘批評新文化運動，他把外患日重的責任推給了新文化運動的領導者，他這話顯然是針對胡適等人的。

柳詒徵是中國文化史專家，自然也是中國文化最熱烈的崇拜者，他和「學衡派」同人有共同的道德理想主義和賢人政治主張，同時更有文化救國的鮮明傾向。柳詒徵在《對於中國文化之管見》的演講中，將中國文化分爲政法、學術和生活三個層面，並針對有的人面對中國的落後所「主張放棄中國所有的文化，去學習西洋的物質文明就可以強國的」論調，進行了批駁。柳詒徵認爲「中國文化的根本，便是就天性出發的人倫，本乎至誠。這種精神方能造就中國這麼大的國家，有過去幾千年光榮的歷史」。他的具體意見是：「我們知道了中國

〔註38〕《國風》第 5 卷 1 號（1934 年 7 月 1 日）。
〔註39〕《國風》第 8 卷 2 號（1936 年 2 月）。

文化的根本，先教一班士大夫有知識的人，明白人倫的道理，從少數人下手，然後再由根本推及枝葉，訓導大多數的民眾也明白這個道理」。「先從切身做起，慢慢的將人倫的天性，推而至於一村一鄉一省一國，使中國文化的精神，從新發揚起來，那便是中國民族復興的良藥見了功效了！」〔註40〕

繆鳳林是柳詒徵得意的學生之一，也是二十多年間積極與五四新文化派對抗的「學衡派」成員。他在《文化的訓練》〔註41〕的演講中，一反五四新文化派的批判精神，站在保存和光大中國文化的立場上，極力主張發揚中國文化的精神。他的文化觀與自己的老師有不同的著眼點。老師重倫理的精神形態，而他重具體的偉大人物（個體）。他特別強調五四新文化運動的主要人物攻擊禮教，「然此正以證明禮教之必不可不修明」〔註42〕。這篇文章和他在1932年9月28日《國風》第1卷第3號「聖誕特刊」上的《談談禮教》的主旨是相同的，既是對五四新文化運動的反撥，又是在現實的民族主義情緒高漲之時堅持「學衡派」的文化保守主義主張。

歐陽翥是著名的動物學和人類學教授，他在《救亡圖存聲中國民應有之覺悟》〔註43〕一文中強調，「種族之盛衰，除個人能力而外，尤賴通力合作」。「凡我國人為民族生存計，其速蠲除成見，團結一致，努力對外，以速天人之助乎。眾志成城，同心斷金」〔註44〕。他所強調的實際是民族的團結，是民族的凝聚力作為重心的體現。而這正是在國難當頭，國人都感到並希望能夠引起重視的。

竺可楨在1936年4月15日就任浙江大學校長時，在對學生所作的《大學教育之主要方針》的第一次講話時，特別強調「民族自由重於個人自由」。他要同學們明白「民族沒有自由，個人合理的自由也失去保障」〔註45〕。

在基本的生存權和民族的危難時刻，文化保守主義者的精神更加亢奮，也更加焦慮。他們有時言論更加偏至，對五四新文化運動的反擊也就顯得特別情緒化。

〔註40〕 原注有「柳詒徵講、柳定生筆記」。「四月二十二日在南京中國文化學會演講」。《國風》第4卷第7號（1934年4月1日）。
〔註41〕 原注有「繆鳳林講、黃乃秋筆記」。「五月六日在中國文化協會講」。
〔註42〕 《國風》第4卷9號（1934年5月1日）。
〔註43〕 內文題目為《救亡圖存聲中國民應有之民族覺悟》。
〔註44〕 《國風》第8卷8號（1936年8月）。
〔註45〕 竺可楨：《大學教育之主要方針》，《國風》第8卷5號（1936年5月）。

　　從上述這種密集的自我文化認同方面看，民族主義的意識和情感的強化，可以超越集團利益和暫時的黨爭，成為一個共同恪守的信仰體系。這正是《國風》同人所希望建立的新的文化價值的整合，並通過這種整合，發展為一種狀態，達到抵禦外敵，強國強民的目標，並最終形成一種新的意識形態〔註46〕。這種新的意識形態，在《國風》還只是一種朦朧的期待，但在北方的「清華三教頭」蔣廷黻、吳景超、錢端升那裡，卻明確表示要新式的開明專制〔註47〕。

「學衡派」與孔子在二十世紀中國的影像

　　民族意識的強化，是《國風》時期的思想趨勢，也是刊物的鮮明導向。民族文化的思想基礎是儒學，是孔子思想。尊孔是《國風》以「民族文化」為本位的又一個突出表現。

　　國民黨政府取得政權並定都南京後，他們想到了孔子。這種現象，魯迅在《現代中國的孔夫子》一文中道出了「治國者」良苦用心和孔子作為「敲門磚」的作用。林語堂在《沙蒂斯姆與尊孔》中指出「孔教之盛衰與革命之狂潮成反比」的關係。從五四運動到北伐高潮的革命最旺時期，是孔教的低潮和灰暗時代。因此林語堂指明了孔教之復興的道理：

> 　　一則物極必反，時代潮流總是一激一返的，世界進化是螺旋式的，而非直線式的。再則，孔教到底是中國民族思想，其浸入國人思想之深，非馬克思所可比，故其根脈不易動搖，此點不可輕視。三則，儒教為安邦定國之道，歷朝國基初奠之時，祀孔與封禪郊祀告上帝祭山川一樣不能免的。所以劉邦為「無賴」時期（用《史記》本紀高祖對太上皇語），盡可溺儒冠，一旦登極，卻不能不復尊儒者，否則天下無賴以劉邦所以倒秦者，反而施諸身，漢室就岌岌可危了。
>
> 〔註48〕

同時，林語堂也指出了提倡尊孔者還有「藉此以報復青年者」的另一層因素。

〔註46〕T.帕森斯認為社會體系中，民族主義的信仰體系，所要確立的意識形態，不過是一種特殊的符號。參見克利福德‧格爾茨：《文化的解釋》（韓莉譯）第299頁。

〔註47〕參見沈衛威：《自由守望——胡適派文人引論》第四章，上海文藝出版社，1997。

〔註48〕林語堂：《中華散文珍藏本‧林語堂卷》第128～129頁，人民文學出版社，2000。

　　白璧德的中國學生因受其對東方的孔子及儒學重視的影響，而重新認識孔子，同時也對新文化運動的反孔激進行爲進行反撥。事實上，白璧德在視孔子及儒學爲中國的人文主義運動的同時，也由將盧梭與老子、莊子比較而得出他們具有浪漫主義，特別是自然主義運動的基本傾向的結論，進而指出中國的「儒教的標準太刻板了」和「不能容忍變化因素」〔註49〕的局限。但「學衡派」中白璧德的中國學生在重繪孔子的影像和張揚孔子及儒學精神時，卻有意迴避這一重要事實。

　　新文化運動在北京大學高漲時，《新青年》的大本營就在北大。新文化運動作爲思想革命的中心任務之一是反孔、批孔。打孔家店是北大一部分教授的重要活動。反孔、批孔是文化激進主義的顯著標誌之一。二十世紀七十年代中國大地的「評法批儒」、批孔浪潮，同樣是初瀾於北大。特別是胡適，直到晚年，仍然拒絕擔任臺灣「全體大專院校校長集會」發起組織的「孔孟學會」的發起人。他在致梅貽琦的信中說：「我在四十多年前，就提倡思想自由，思想平等，就希望打破任何一個學派獨尊的傳統。我現在老了，不能改變四十多年的思想習慣，所以不能擔任『孔孟學會』發起人之一。」〔註50〕因爲他認爲「過於頌揚中國傳統文化了，可能替反動思想助威」。他在1930年代曾對曾琦（慕韓）說：「凡是極端國家主義的運動，總都含有守舊的成分，總不免在消極方面排斥外來文化，在積極方面擁護或辯護傳統文化。所以我覺得，凡提倡狹義的國家主義或狹義的民族主義的朋友們，都得特別小心的戒律自己，偶一不小心，就會給頑固分子加添武器了。」〔註51〕也就是說，胡適不擔任「孔孟學會」的發起人，是早有心理基礎的。他甚至更強調新文化的積極影響，在1940年1月3日的日記中他特意重複幾年前《寫在孔子誕辰紀念之後》一文時說過的話：「凡受過這個世界的新文化的震撼最大的人物，他們的人格，都可以上比一切時代的聖賢，不但沒有愧色，往往超越前人。」〔註52〕

　　相對於北京大學的文化激進，南京高師─東南大學─中央大學─南京大學在對待孔子的態度上顯得持重和保守。

　　1906～1911年任兩江優級師範學堂監督的李瑞清在《兩江優級師範學堂同學錄序》中認爲「環球之上，自古以來，未有無學而國不亡；有學而國不

〔註49〕歐文・白璧德：《盧梭與浪漫主義》（孫宜學譯）第238頁。
〔註50〕胡適：《胡適全集》第26卷第415頁。
〔註51〕胡適：《胡適全集》第34卷第744～745頁。
〔註52〕胡適：《胡適全集》第33卷第324頁。

興者」。而「師學之興自孔子」〔註53〕。他在《諸生課卷批》中主張「奉孔子
為中國宗教家，吾願吾全國奉孔子為教主」。因為孔子以「孝悌革鬼神之命」，
實為「宗教之革命家也」。他的具體論述是：

> 謂孔子為教育家，非宗教家，時論皆如是，故西人譏我為無教
> 之國，又曰宗教家必有崇拜鬼神之性質，不知孔子者，宗教之革命
> 也。殷，宗教立國者也，殷之開國，伊尹、巫咸、巫古，於官屬諫
> 職，假神道以規君教民者也。殷人又尚鬼，墨子口稱大禹，實殷學
> 也。伊尹重任，墨子尚同。《抱朴子》有墨子符，《墨子》有尚鬼篇。
> 孔子知後世哲理日明，鬼神不能使眾人迷信，人心不可無所注意，
> 故以孝悌革鬼神之命。宗教國革也，教亡則國亡。崇之者至以耶穌
> 紀年，至謂時移勢易，孔子之論不必字字珠璣，願收三教之精英，
> 不作六經之奴隸。古人讀書，本不禁後人之迷信。孔子與顏淵論為
> 邦，采擇四代禮樂，不泥一朝，擇善而從，不善而改，方為孔教之
> 真。故顏淵於言無不悅孔子有非助我之歎。蓋學以反對而日進。凡
> 學必具一個體段，以成其一種學問。故有一時之學問，有一種之學
> 問。孔子之學，不局於一定之時代，不圉於一個之體段，因時因地
> 以立學。所謂凡宜於現今之學，皆孔子之學，凡不宜於現今之學，
> 皆非孔子之學。春秋分三世之治，無一定死法也。何也？孔子之學，
> 以時為宗旨者也。以孝悌為本，以忠恕為用，以改良進化為目的。
> 其所用以達其目的者，知仁勇也。其迹則載在春秋孝經。吾非為孔
> 子訟直，吾斷斷奉孔子為中國宗教家，吾願吾全國奉孔子為教主。

> 現今滅國之公例，必先滅吾文字，滅吾言語，滅吾宗教。語言
> 文字知有保之者矣，至於宗教則忽之，何也？宗教者，群學之母，
> 使人之有愛力合群者，孰與於宗教也。況孔教又無一切魘魔，又無
> 束縛人之才智之桎梏，為地球上純粹完美之第一宗教乎。願子毋以
> 哥白尼、達爾文之言，遂疑宗教之可廢。毋惑於遠藤隆吉、白河次
> 郎之言，而自破壞我宗教。此卷頗喜其有言論自由，學術獨立之概，
> 故尤樂與詳論之。〔註54〕

他同時在《世界宗教會小引》中指出，由於批孔、排孔的異己者的攻擊，「使

〔註53〕李瑞清：《清道人遺集》卷二第4～5頁，中華書局，1939。
〔註54〕李瑞清：《清道人遺集》卷二第40～41頁。

孔佛操戈，耶老對壘，因形色之細，故忘先師之本心，不亦悲乎。……願我環球教主，互相研復，去其忮爭，節彼離滯，吸此共實，庶幾達義，俱舉析符，復合澡斯民之垢渣，脫眾生之桎梏，上慰先師之苦心，下拓同人之宏願」〔註55〕。

可以說，尊孔的傳統在百年南京大學的歷史上，由此開始〔註56〕。

1914 年，兩江優級師範學堂改名爲南京高等師範學校後，校長江謙爲南高寫的校歌歌詞中有「千聖會歸兮集成於孔」。

此時柳詒徵在南京高師主講「中國文化史」，孔子是他重要的一講。1921 年《中國文化史》以講義形式由南京高師印行。1925 年 11 月的《學衡》第 46 期開始連載他的《中國文化史》。1928 年中央大學重印，1932 年南京鍾山書局正式出版〔註57〕。柳詒徵在課堂上爲他的學生確立了對孔子的基本認識，並體現在他的《中國文化史》中。他說：「孔子者，中國文化之中心也。無孔子則無中國文化。自孔子以前數千年之文化，賴孔子而傳；自孔子以後數千年之文化，賴孔子而開。即使自今以後，吾國國民同化於世界各國之新文化，然過去時代之與孔子之關係，要爲歷史上不可磨滅之事實。」〔註58〕

1922 年 1 月在東南大學創刊的《學衡》，第一期所登的圖片是孔子和蘇格拉底。《學衡》是公開表示尊孔的。這和《新青年》是公然對立的。

1932 年 9 月 28 日是孔子的誕辰，中央大學的教授在《國風》第 3 號出了「聖誕特刊」，以紀念孔子。卷前有孔子像、曲阜孔林照片各一幅。

在這期的「聖誕特刊」中，發表了梅光迪讚揚孔子的文章《孔子之風度》，柳詒徵針對五四打孔家店，特別是就康有爲、陳獨秀等人的反孔言論而發的《孔學管見》，繆鳳林反駁五四時期反孔批孔的《談談禮教》、《如何瞭解孔子》。這一期文章從整體上爲孔子重新畫像，也重新確立其價值。這是五四新文化運動以後，大學教授第一次有意識的集體行爲，而這種集體行爲發生在中央大學，展示在《國風》。

《孔子之風度》說「孔子以多藝聞於當時」。他「除有最深之道德修養外，更富於藝術興味」。「其發於外者，不爲矜嚴局踏之道學家，而爲雍容大雅之

〔註55〕李瑞清：《清道人遺集》卷二第 19 頁。
〔註56〕關於「李瑞清的風格與貢獻」，參見蘇雲峰：《三（兩）江師範學堂》第 105～110 頁，南京大學出版社，2002。
〔註57〕柳曾符、柳佳編：《劬堂學記》第 356～358 頁。
〔註58〕柳詒徵：《中國文化史》第 263 頁。

君子」。梅光迪強調孔子是愛憎分明，多情而又多恨之人。在我國文化勢力下所產生的人品，自當以孔子爲極則。我國國民的人品通常分爲三派：老莊派、道學派、孔孟派。其中孔孟派折衷於前兩者之間，有老莊派之超逸，而無其放蕩，有道學派之謹嚴，而無其拘泥。所以爲人品極則。有立德、立功、立言之不朽之舉，顯道德、文章之格調。人品極則關係到民族文化及其特性，所以，當以尊孔爲是。

柳詒徵的《孔學管見》重在明確提出要在當下的社會中推行的孔子思想。他說：「孔子之學，最易亦最難。最易者，愚夫愚婦，與知與能，如飲食男女勢位富厚皆順人情而爲之禮制，非若其它宗教，必殊異於平常之生活也。其最難者，則在根本觀念，徹底樹立。如仁之一義。淺言之，則孝悌爲仁之本，隨時皆可致力；深言之，則克伐怨欲不行，尚不得遽謂之仁。」柳詒徵認爲今日青年受反孔之害，吃了不少苦頭，「苟有不肯吃苦而求久遠之安樂者，或者不妨棄所學而學孔子之學，由淺入深。由易至難，由有主義而至於不抱定一種主義，孔學倘亦有大明之一日乎」。十六年後，柳詒徵仍堅持尊孔的基本觀點，他在《與青年論讀史》一文中再次強調：「青年學者讀中國史，首宜認識孔子。」〔註59〕

下邊的幾位作者都是親炙柳詒徵教誨的學生，或受其尊孔思想影響的學生輩學人。在他們，尊孔的確形成了一股較強的勢力。

繆鳳林的《談談禮教》則十分強調禮教作爲社會穩定的精神力量是非常必要的。景昌極爲孔子翻案的文章是《孔子的眞面目》。他說孔子是集中國古代文化的大成，並且承前啓後的一個人。現代反孔者的理由：孔子把君臣一倫看得太重了，有助長專制的嫌疑；把男女間戀愛的神聖看的太輕了，養成所謂吃人的禮教。最後他強調：「吾們試把世界各民族的歷史文化，做比較的研究，便可以知道，一個民族的偉人，是民族性的結晶，同時也是陶鑄民族性的要素。又可知孔子實是中華民族的代表人物。把孔子和其餘各民族的偉人比較一下，便可知中華民族性和希臘民族性比較相近而互有短長，經得彼此融會。印度便失之偏激，猶太、阿拉伯更失之鄙野了。因此吾們得著答案，孔子仍然值得全中華民族的崇拜，並且值得廿世紀受過科學洗禮的人去崇拜。」

郭斌龢的《孔子與亞里士多德》一文的主旨是談孔子與亞里士多德倫理

〔註59〕柳曾符、柳定生選編：《柳詒徵史學論文集》第549頁。

學說的重要相似點。他說孔子與亞氏學說的相似實由於其人生觀之相似。蓋皆能以穩健平實之態度，觀察人生之全體。孔子與亞氏對於人性有同一之見解——性相近而習相遠。郭斌龢強調：孔子與亞里士多德關於意志自由和道德選擇的自由，是表現在中庸之道上。中庸的標準，亞氏曰理，孔子曰道。具體表現爲亞氏所說的「莊嚴之人」、「心胸偉大之人」；孔子所說的「君子」。而君子之德爲仁。孔子與亞氏在重視個人修養，同時強調人不能脫離政治社會這方面是一致的。

范存忠的《孔子與西洋文化》一文比較客觀。他強調孔子學說之影響西方思想，大概在政治與道德兩方面。17、18 世紀，孔子學說對於西洋思想的影響，不僅在政治與道德，就在宗教上，也有相當的影響，即「禮教之爭」——中西宗教的衝突。具體地說就是西洋思想與孔子學說有幾處相近。但到了 19 世紀，在政治經濟上，經過了種種的運動，誰都知道了孔子與柏拉圖、亞里士多德一樣無濟於現代的世界。

《孔子與歌德》的作者是 1928～1932 年就讀與中央大學哲學系，後來長期在中央大學任教的「新儒家」代表人物唐君毅，他在比較了兩人多個方面的相同和相似後得出的結論是：1、生活之極端肯定。2、生活之各方面化。3、樂觀。4、生活的和諧。5、現實主義的人世間的。6、泛神的宗教。從唐君毅身上可以看到中央大學師生所受西方哲學中的德國哲學傳統的影響。當時的文學院院長、哲學系系主任是留學德國的宗白華，著名的哲學教授方東美雖是留學美國，但他對德國哲學家黑格爾有過系統的研究。後來研究德國現代哲學家海德格爾的熊偉也在這所大學教書。

另外，「聖誕特刊」上柳詒徵的《明倫》、張其昀的《教師節》，都從不同的方面對孔子進行了讚譽。其中《明倫》仍堅持他的「五倫」爲中國文化核心的觀點。張其昀在《教師節》中提出九月二十八日爲中國極有榮譽的教師節。其理由是：1、中國講學之風始於孔子；2、中國以教授爲職業始於孔子；3、中國教育宗旨以修身齊家治國平天下爲大綱始於孔子；4、中國的文化統一始於孔子。

1945 年 8 月 31 日，汪辟疆在重慶發表對全國的廣播演講《怎樣瞭解孔子》。演講稿同時刊登在 8 月出版的《中國學報》第 1 卷第 4 期上。此文的尊孔傾向十分明顯。他說孔子的性格剛強、熱烈、獨立不懼，極端積極，是以一個誠字貫通天人的大道。孔子的性格是我們後代人的模範，也是全人類的

模範。孔子的學術對我們有正確的啓示。孔子精神是中華民族永久的立國精神，並早已浸潤在全民族的生命之中。重新發皇孔子的眞學說，是爲了救中國、救世界，乃至拯救全人類。最後汪辟疆呼籲：我們還要推行孔學，並普化到每一個國度每一個角落的人民的靈魂和血液中〔註60〕。

1949 年以後，「學衡派」的重要成員，《國風》的靈魂人物張其昀隨國民黨政府到了臺灣。他利用自己的特殊身份，促成國民黨政府法定每年的 9 月 28 日的孔子誕辰爲「教師節」〔註61〕。在具體著作中，張其昀除《孔子傳》的專書外，還有十多篇涉及孔子的專論。他對孔子的整體性評價，可代表其孔學觀：

> 孔子是中國文化的中心。自孔子以前數千年之文化，賴孔子而傳；自孔子以後數千年之文化，賴孔子而開。孔子的學術思想，代表我中華民族的眞精神。中國的民族性，復因孔子的教澤而發榮滋長。孔子學說的中心觀念是人性的發揚與人格的完成。

> 孔子是中國史上一位最偉大的教師。教育是他心愛的職業，政治是他的抱負，淑世是他的理想。他以爲政治必須以教育爲本源，所以他的教育哲學就是他的政治哲學。〔註62〕

> 孔子學說是中華民族思想上的大動脈，數千年來以迄於今，都要依恃孔子之道來鎔鑄立國的主義，指示民治的理想，統一國民的意志，與培養建國的能力。歷覽前史，凡能創造時代開拓國運者，莫不以孔學爲其最大之動力。我國巍然獨立之民族精神就在於此。〔註63〕

> 中國文化傳統，宗於孔子，自成爲一套華美無比的人文主義，一面著重社會上人與人的關係，一面注重各個人的進德修養，以仁義忠恕爲根本。〔註64〕

張其昀從文化中心、教師職業、民族思想和人文主義多個方面，爲孔子確立

〔註60〕 汪辟疆：《怎樣瞭解孔子》，《中國學報》第 1 卷第 4 期。
〔註61〕 筆者 1997 年 9 月第一次訪問臺灣時，親身感受到了「教師節」的氣氛。
〔註62〕 張其昀：《孔子傳》，《張其昀先生文集》第 7 冊第 3091 頁，（臺北）中國文化大學出版部，1988。
〔註63〕 張其昀：《中國思想的動脈》，《張其昀先生文集》第 18 冊第 9946 頁，（臺北）中國文化大學出版部，1989。
〔註64〕 張其昀：《中國文化在美國》，《張其昀先生文集》第 21 冊第 11428 頁。

無王而王的特殊地位。

在大陸的南京大學，1980 年代初，伴隨反「左」和思想解放的浪潮而出現第一部《孔子評傳》，著作人是兩度執掌南京大學的「老革命」匡亞明。由昔日的革命到此時的執政，孔子的影像成了教育文化的本源之尊。

宣傳、普及國防教育

《國風》在辦刊方針上，注意貼近現實，尤其是注重宣傳、普及國防教育，這也是民族意識強化和民族主義思想特定時代的具體表現形式，。爲此，張其昀等人的確是費了心血，盡了責任。1932 年 10 月 10 日的《國風》第 5 號爲「國防特刊」，內有柳詒徵的《遼鶴厄言》、歐陽漸的《中庸讀敘》、竺可楨的《天時對於戰爭之影響》、丁嗣賢的《化學與國防》、顧毓琇的《工程與國防》、錢昌祚的《航空與國防》、倪尚達的《電氣與國防》、張其昀的《太平洋上之二線》、朱炳海的《九一八以前之東北》、繆鳳林的《中日戰爭與日本軍備》〔註65〕、張其昀的《肉搏》〔註66〕。至 1933 年 12 月 16 日《國風》第 3 卷第 12 號上還刊登了竺可楨的《航空救國與科學研究》〔註67〕。

從多篇宣傳、普及國防教育的文章看，儘管強調民族意識和民族精神，但都有相對務實的現實依託。張其昀的《國防教育四講》所談的四項是：從國防觀點談國防教育、從教育觀點談國防教育、中小學之國防教育、青年之軍事訓練。但最後歸結爲召喚「國魂」二字。他說：「方今中國民氣頹喪，國魂消沉，非發揚孔學，不能恢宏軍隊的元氣，振作軍隊的精神。孔學爲中國之國魂，亦爲一切改革之原動力。哀莫大於心死，中國國心，已瀕死境，新孔學實爲使此將死之國魂復活之唯一良方。」〔註68〕換句話說，就是要用孔子救國。

秉志在《關於國防之三點》〔註69〕一文中認爲，國防的根本是在固民心、強民種、興科學。隨後他在《國家觀念與國防》中指出，國防的物質建設固然重要，但精神方面也不能忽視。要使人民有國家觀念，人人有強烈的愛國心。他還具體從五個方面闡明國家觀念的重要性：1、國家公務人員皆有熱烈的國家觀念而使政務清明。2、知識分子皆因有堅強的國家觀念而使人才的培

〔註65〕内文題目爲《日本軍備與最近中日戰爭》。原注釋有「二十一年四月作，曾載《時代公論》第 7 號」。
〔註66〕原注有「爲《申報》雙十節增刊作」。
〔註67〕原注有「爲《科學畫報·飛機專號》作」。
〔註68〕《國風》第 3 卷 3 號（1933 年 8 月 1 日）。
〔註69〕《國風》第 8 卷 6 號（1936 年 6 月）。

養日眾。3、全國民眾皆受國家觀念之督促而勤苦奮勵，使自衛能力加強，國家收入提高。4、國家統一，力量才能強大。5、人人皆有國家觀念時，土匪漢奸無生存之地〔註70〕。

1933年4月2日張其昀在蘇州中學作的《江南春色與國防革命》〔註71〕的演講中，特別提到1932年春日寇對上海及長江三角洲的侵略，並指出中國現實的國防革命是要應對新式的戰爭，中國國防所需要的是坦克車、飛機和潛水艇。這實際是國防革命的真正意義。從召喚「國魂」的國防教育，到重視現代武器裝備的國防革命，張其昀一直是用心良苦，為國家社會著想，為民分憂。

科學精神的提倡與當前的救國方略

面對強敵的入侵，中國的科學家都意識到了科學精神的提倡與科學救國是當務之急。為此《國風》在「國防專號」之後又在1933年1月1日第2卷第1號出了「現代文化專號」。內容包括：張蔭麟的《傳統歷史哲學之總結算》、鄭曉滄的《教育學與現代文化》、張江樹的《中國科學教育之病源》、謝家榮的《地質學與現代文化》、盧于道的《心理學與現代文化》、劉咸的《人類學與現代文化》、凌純聲的《民族學與現代文化》、嚴濟慈譯的《科學究竟是什麼》〔註72〕。沒有按時交稿或後續文章，《國風》仍繼續刊登。1933年1月15日《國風》第2卷第2號有孫鎕的《數學與文化》〔註73〕、1933年7月15日第3卷第2號上張其昀的《地理學與現代文化》。

秉志是1915年在美國成立的「中國科學社」的發起人之一，也是中國傑出的科學家，他在《科學精神與國家命運》中強調科學精神是：公而忘私、忠於所事、信實不欺、勤苦奮勵、持久不懈。他說：「國家欲避免覆亡，政府宜努力以興科學」。「科學精神者，政府宜有之，社會宜有之，吾科學界同人尤當負此責任，力求推進。」〔註74〕同期還有伍獻文的《中國所需於科學者為何》。他特別強調：「中國唯一圖存之道，須在作販運科學事業之外，急以大力量謀科學獨立研究事業之發展。集國內第一流專家，規劃方針，不囿於偏狹之見，不必為純粹應用之爭，不急事功，不避艱險，而以最終不落人後

〔註70〕《國風》第8卷11號（1936年11月）。
〔註71〕《國風》第2卷8號（1933年4月15日）。
〔註72〕原注有「A.H.Compton原著 嚴濟慈、錢臨照譯」。
〔註73〕內文題目為《算學與近代文化》。
〔註74〕《國風》第8卷8號（1936年8月）。

爲鵠的。力行不懈，較短時期，可見小效，爲時較長，當見大效也。」〔註75〕民族蒙難，國家遭劫，科學家的憂傷和焦慮是如此的強烈。

王志稼在《我國目前之科學教育問題》一文中明確指出，科學教育關係到一個民族的盛衰，中國面臨的現實問題是：促進科學教育、獎勵科學研究。其中科學教育應注意五項原則：科學知識的灌輸、科學技能之傳授、科學方法之教導、科學精神之養成、科學興趣與理想之培植。而中國目前的科學教育存在著兩大問題：「師資之缺乏與專業訓練之需要。普及科學教育於全社會民眾。」〔註76〕

在民族危機時刻，這批科學家和「學衡派」中重「精神」、重「傳統文化」的人文社會學科的學者不同，他們更看重科學的力量在現代社會生活中的作用。現實的、實用的和求是的科學態度，使刊物在辦刊方針上呈現出科學的立場、方法。精神文化層面上意義的倡導，與現實、實用層面上積極的主張，共同構成刊物人文與科學並重的兩大特性。

關注日本及中國的東北、華北

《國風》對現實的關注，已經完全超越了原《學衡》的學院氣和「昌明國粹，融化新知」學術研究範圍。對日本歷史和現實的關注，是知識分子在民族危機時刻的一種必然的心理和學理活動，也是現實的需要，具有十分強烈的政治功利性。柳詒徵和他的學生張其昀、繆鳳林都投以相當的精力。同時從中國歷史上看日本倭寇對中國東南沿海的侵擾，更容易理解現實的日寇入侵。柳詒徵在 1933 年 4 月 15 日《國風》第 2 卷第 8 號上發表了《明代江蘇省倭寇事略》〔註77〕，揭露日本人的侵略本性和中國外患導致的內在問題。而繆鳳林的系列文章《日本開化論》〔註78〕、《中日戰爭與日本軍備》〔註79〕、《日本史鳥瞰》（上、中、下）〔註80〕、和《告山本實彥先生》〔註81〕等則向

〔註75〕《國風》第 8 卷 8 號（1936 年 8 月）。
〔註76〕《國風》第 8 卷 11 號（1936 年 11 月）。
〔註77〕內文題目爲《江蘇明代倭寇事略》。
〔註78〕《國風》第 1 卷 1 號（1932 年 9 月 1 日）。
〔註79〕《國風》第 1 卷 5 號（1932 年 10 月 1 日）。內文題目爲《日本軍備與最近中日戰爭》。原注有「二十一年四月作，曾載《時代公論》第七號」。
〔註80〕《國風》第 3 卷第 1、2、3 號（1933 年 7 月 1 日、7 月 15 日、8 月 1 日）。繆鳳林的《日本史鳥瞰》隨後作爲單行本在鍾山書局出版發行。其它相關文章收集爲《日本論叢》也由鍾山書局出版發行。同時還在「鍾山學術講座」（叢

國人介紹了日本的具體情況和日本軍國主義者發動侵華戰爭的目的，以及注
定要失敗的必然性。張其春系統地翻譯了日本學者寫的關於日本各個方面的
文章刊登在《國風》或《方志月刊》上，對讀者進一步瞭解日本有較大的作用。
諸如廣瀨淨慧著《日本之文教》〔註82〕、小野鐵二著《日本之人口》〔註83〕、
下田禮佐著《日本之海外貿易》〔註84〕、岡田武松著《日本之氣候》〔註85〕、
寺田貞次著《日本之工業》〔註86〕、中野竹四郎著《日本之畜牧業》〔註87〕、
西田直二郎、池田源太合著《日本國土之沿革》〔註88〕、岡本重彥著《日本
之通信》〔註89〕、田中秀作著《日本之國內商業》〔註90〕、瀧本眞一著《日
本之航空》〔註91〕、宇野哲人著《儒教與日本精神》〔註92〕、峰岸米造著《德
川光國創修之〈大日本史〉》〔註93〕，並寫有《〈日本八大論叢〉序》〔註94〕。
張其春同時還譯有《戰爭地理學總論》在鍾山書局出版。另外夏禹勳還翻譯
有小牧實繁著的《日本之民族》〔註95〕。這些文章同時也成為「知己知彼」
的顯示要求下的國防教育的一個重要組成部分。

　　對東北失地和正在喪失的華北地區的關注也是《國風》上的一個興奮點。
關注東北的文章如張其昀的《毋忘東北失地》、《興安嶺屯墾工作》〔註96〕、
劉廣惠的《瀋陽回憶錄》、王克章的《我之第二故鄉・遼寧桓仁》、曾憲文的

　　　書第一輯，每旬一冊。1933年10月10日～1934年9月底）中出版有《中日
　　　關係論》。
〔註81〕第8卷4號（1936年4月）。
〔註82〕《國風》第2卷4號（1933年2月15日）。
〔註83〕《國風》第2卷5號（1933年3月1日）。
〔註84〕內文題目為《日本之國外商業》，《國風》第2卷7號（1933年4月1日）。
〔註85〕《國風》第2卷9號（1933年5月1日）。
〔註86〕《國風》第2卷12號（1933年6月15日）。
〔註87〕《國風》第3卷3號（1933年8月1日）。
〔註88〕《國風》第3卷5號（1933年9月1日）。
〔註89〕《國風》第3卷10號（1933年11月16日）。
〔註90〕《國風》第4卷2號（1934年1月16日）。
〔註91〕《方志月刊》第6卷3期。
〔註92〕《國風》第6卷1、2號（1935年1月1日）。
〔註93〕《國風》第4卷7號（1934年4月1日）。
〔註94〕《國風》第4卷12號（1934年6月16日）。
〔註95〕《國風》第3卷4、8號（1933年8月16日、10月16日）。夏禹勳還譯有《日
　　　人眼中之東北經濟》，由張其昀主持的鍾山書局出版。
〔註96〕內文題目為《興安區屯墾工作》。張其昀的這些文章隨後結集為《東北失地
　　　之經濟概況》，列入「鍾山學術講座」。

《遼寧省西安縣》、劉咸的《人種學觀點下之東北》〔註97〕、汪湘陽的《一角的東北農民生活》。關注華北的文章如張其昀的《二十五年來之河北》〔註98〕、《熱河省形勢論》（上、中、下）、李守廉《介紹最近一個民族戰場——熱河凌源》。書寫這類文章，既是民族意識的張揚，更是一種自覺的愛國精神的體現。書生的無用和有用，有時也就在於這筆端的如何書寫。

〔註97〕內文題目爲《人種學觀點下之中華民族》。
〔註98〕原注有「1936 年 10 月 12 日《大公報》星期論文」。

國家觀念：《思想與時代》

　　抗戰後期，中國面臨的兩大任務是徹底取得戰爭的全面勝利和爲勝利以後的建國做相應的準備。「學衡派」近二十年的非政治化傾向，這時候卻在一部分人那裡發生了重大的變化，並具有鮮明的時代傾向性。以往的文化守成、尊孔、道德理想主義和民族主義傾向，如今卻有國家觀念的新的意識形態的強化，並呈現出集體性。「學衡派」中這部分人的思想情感的表達也由民族話語轉向國家話語。

　　由民族話語向國家話語轉化的一個內在知識—文化路徑是儒學的新開展即新儒學的啓動。《學衡》雜誌一開始就強調要國人確立穩定的心態和健全的理智，抗拒新文化運動可能引起的文化動蕩和文化失範。「學衡派」的主要人物也通過對馬修・阿諾德的接受而強調文化的重要。馬修・阿諾德指出「只有健全理智才能成爲可靠權威的基礎，而帶領我們走向世界健全理智的正是文化」〔註1〕。因爲「文化明白自己所要確立的，是國家，是集體的最優秀的自我，是民族的健全理智。良知作證，文化要樹立國家的觀念，不僅是爲了維護秩序，也同樣爲了實現我們所需要的偉大變革」〔註2〕。儒學的新開展即新儒學的啓動表現爲《思想與時代》的部分作者重新認識被五四新文化運動重創了的中國儒家文化。賀麟、錢穆尋求儒學「精華」並加以改造和利用的意圖，也正是馬修・阿諾德的文化理念。

〔註1〕馬修・阿諾德：《文化與無政府狀態——政治與社會批評》（韓敏中譯）第 146 ～147 頁。

〔註2〕馬修・阿諾德：《文化與無政府狀態——政治與社會批評》（韓敏中譯）第 64 頁。

上、史實顯現

過程

　　竺可楨 1936 年 4 月出任浙江大學校長，張其昀應他老師竺可楨之聘，於 1936 年夏離開南京的中央大學到杭州的浙江大學。

　　張其昀到浙大一年，即爆發了抗戰。浙大在遷徙中動盪了兩年多，1940 年 2 月在貴州省的遵義湄潭落定。浙大穩定後，《思想與時代》便於 1941 年 8 月在浙大文學院創刊。1945 年 2 月 1 日第 40 期後停刊一年多，1947 年 1 月復刊，1948 年 11 月第 53 期後停刊。原《國風》的主持人張其昀此時主持《思想與時代》的具體編輯工作。在《思想與時代》之前，張其昀主持的浙大的史地學系辦有學術刊物《史地雜誌》。由於戰爭和浙大校址的空間遷移，53 期《思想與時代》的編輯出版和印刷發行的地點也多有改變〔註3〕。刊物背後的情況，在張其昀的文章中有所顯示。他說張蔭麟是原《國風》的作者，又是刊物《思想與時代》最初的發起人。1940 年 7 月底，張蔭麟在昆明西南聯大婚變後一人應聘到借地遵義的浙大任歷史學教授。1941 年 4 月，張其昀與張蔭麟在遵義老城「縱談至夜深」，結果是他們決定「糾合同志，組織學社，創辦刊物，在建國時期從事於思想上的建設，同時想以學社為中心，負荷國史編纂之業」〔註4〕。

　　隨後，張其昀赴重慶開會，見到了蔣介石。他把要辦刊物的計劃和目的向蔣介石作了彙報，並得到了蔣介石 14 萬元的實際支持。郭斌龢說「經費來源據張告知係由陳布雷負責」〔註5〕。於是，張其昀、張蔭麟、郭斌龢（洽周）、賀麟（自昭）、錢穆（賓四）、朱光潛（孟實）作為基本社員，在 1941 年 6 月正式成立「思想與時代社」，8 月 1 日出版《思想與時代》雜誌。這六位基本社員中張其昀、張蔭麟、郭斌龢、賀麟是原「學衡派」成員。朱光潛為郭斌

〔註3〕《思想與時代》的基本情況如下：
　　　　編輯兼出版者：思想與時代社（1～35），貴州遵義水硐街三號。思想與時代社（36～40），貴州遵義經歷司街十號。思想與時代社（41～53），杭州大學路國立浙江大學文學院。
　　　　印刷：貴陽文通書局（1～5）、貴陽中央日報社（6～38）、貴陽文通書局（39～40）、杭州正報印刷廠（41～44）、杭州當代出版社（45～52）、上海華夏圖書出版公司印刷廠（53）。
〔註4〕張其昀：《敬悼張蔭麟先生》，《思想與時代》第 18 期。
〔註5〕郭斌龢檔案（南京大學檔案館）。

龢香港大學讀書時的同學。

據竺可楨日記（1941 年 6 月 14 日）所示：

> 曉峰來談《思想與時代》社之組織。此社乃爲蔣總裁所授意，
> 其目的在於根據三民主義以討論有關之學術與思想。基本社員六
> 人，即錢賓四（穆）、朱光潛、賀麟、張蔭麟、郭洽周、張曉峰六人。
> 主要任務在於刊行《思想與時代》月刊及叢刊，與浙大文科研究所
> 合作進行研究工作。月刊定七月起發行，每月由總裁撥七千五百元
> 作事業費，其中 2500 爲出版費，1500 元爲稿費，編輯研究 2000，
> 與史地部合作研究 1500 元。據曉峰云：擬設邊疆、氣象、南洋、東
> 北四研究計劃，補助文科研究所之不足云。〔註6〕

竺可楨所言的出版時間爲 7 月，而實際出版時間爲 8 月。由於張其昀的緣故，
刊物與蔣介石、陳布雷及國民黨政府的特殊關係，在竺可楨的日記（1941 年
10 月 19 日、1943 年 1 月 23 日）中還有顯示：

> 一樵〔沈按：顧毓琇〕欲晤曉峰，遂偕至水峒街〔沈按：水峒
> 街〕三號晤曉峰。曉峰出布雷、錢賓四函相示，知布雷對於《思想
> 與時代》每文必讀，且對於曉峰著《中國古代教育家》一文已集專
> 刊，由委員長爲之印行簽署矣。〔註7〕

> 九點叔諒〔沈按：陳訓慈，陳布雷之弟〕來談，知去年政府之
> 所以忽然褒揚梁任公，乃因張曉峰之文提及任公對青年之影響未被
> 政府所重視，接著張蔭麟又在《思想與時代》上著一文，均爲委員
> 長所見而有褒揚之議。〔註8〕

另據王泰棟所著《陳布雷傳》所示，陳布雷對刊物的具體指示是：「這本月刊，
不要太顯露本黨面目，也不局限於三民主義政治範疇，而著重闡揚我民族優
良文化傳統與中西文化之比較。」〔註9〕在刊物編輯出版期間，張其昀於 1943
年 6 月至 1945 年 10 月（17 日離開美國，乘船行 20 日回國）到美國做訪問教
授，臨行前，受到蔣介石、陳布雷的宴請。隨後張其昀在美國的延期又得到
蔣介石的資助。當然這也是張其昀 1949 年以後與蔣介石政權走到一起，並被

〔註 6〕竺可楨：《竺可楨日記》第 I 冊第 515 頁，人民出版社，1984。
〔註 7〕竺可楨：《竺可楨日記》第 I 冊第 542 頁。
〔註 8〕竺可楨：《竺可楨日記》第 II 冊第 649 頁，人民出版社，1984。
〔註 9〕轉引自王泰棟：《陳布雷傳》第 238～239 頁，東方出版社，1998。

視爲「陳布雷第二」的重要原因。在張其昀出國期間，郭斌龢爲《思想與時代》代總幹事〔註10〕。

宗旨及辦刊方針

創刊時，刊物沒有發刊辭，只有一個簡單的《徵稿啓事》，是出自張其昀之手：

> 一、本刊内容包涵哲學、科學、政治、文學、教育、史地諸項，而
> 　　特重時代思潮與民族復興之關係。
> 二、本刊歡迎下列各類文字。
> 　　1、建國時期主義與國策之理論研究，
> 　　2、我國固有文化與民族理想根本精神之探討，
> 　　3、西洋學術思想源流變遷之探討，
> 　　4、與青年修養有關各種問題之討論，
> 　　5、歷史上偉大人物傳記之新撰述，
> 　　6、我國與歐美最近重要著作之介紹與批評。
> 三、本刊文字大都爲通論，不載考據纂輯之作，但窮理力求精密，
> 　　立論務期徵信，以要言不繁深入顯出者爲尚。
> 四、投稿手續請參閱本期底頁所載投稿簡章。〔註11〕

據張其昀所說，張蔭麟對於「整理來稿尤特別認真，他力主掃除近人互相標榜及無端詆毀的積習，要培養忠實平恕的風氣，來建立一個刊物的風格」〔註12〕。1946年12月1日，張其昀在杭州爲次年1月復刊的《思想與時代》寫的《復刊辭》中進一步指明了刊物宗旨。他說：

> 就過去幾年的工作看來，本刊顯然懸有一個目標，簡言之，就
> 是「科學時代的人文主義」。科學人文化是現代教育的重要問題，也
> 是本刊努力的方向。具體的說，就是融貫新知，溝通文質，爲通才
> 教育作先路之導，爲現代民治厚植其基礎。英國《自然》周刊
> （Nature），是一個有計劃的論述現代自然科學人文科學和哲學教育
> 的良好園地，本刊對於《自然》周刊的宗旨實深具同感。〔註13〕

〔註10〕郭斌龢檔案（南京大學檔案館）。
〔註11〕《思想與時代》第1期。
〔註12〕張其昀：《復刊辭》，《思想與時代》第41期。
〔註13〕張其昀：《復刊辭》，《思想與時代》第41期。

所謂「科學時代的人文主義」只是一個簡單的說辭，實際上，《思想與時代》雜誌是「梅光迪、張蔭麟、錢穆諸教授倡導人文主義，一以發揚傳統文化之精神，一以吸收西方科技之新知，欲上承南高、東大諸教授創辦《學衡》雜誌之宗旨，以救世而濟民」〔註14〕。也就是張其昀所說的《思想與時代》是「以溝通中西文化爲職志，與二十年前的《學衡》雜誌宗旨相同」〔註15〕。因爲在《思想與時代》創刊後一年多，張其昀赴美國訪學、講學二年。他曾在哈佛大學的魏特納圖書館（Widener Library）的專用研究室——就是白璧德的老師諾頓（Charles Eliot Norton）紀念室——讀書研究，以充分體會白璧德的人文主義精神。

　　《思想與時代》與《學衡》、《國風》的不同在於它《徵稿啓事》中第一項所示的「建國時期主義與國策之理論研究」。胡適說這是擁護極權專制，而實際的一系列文章中也正表現出這一點。這和張其昀、張蔭麟〔註16〕與國民黨當局的個人關係以及得到蔣介石的 14 萬元支持有關。《徵稿啓事》中第二項第 2 點所示的「我國固有文化與民族理想根本精神之探討」是自《學衡》就標榜的，也是「學衡派」的一貫主張，是其文化保守的特性體現。所幸的是，刊物本身這時候已不再反對白話新文學，不再專登舊體詩詞了。但這些在胡適看來仍是有「反動意味」、「保守的趨勢」和「擁護集權的態度」〔註17〕。

作者隊伍

　　《思想與時代》在貴州遵義創辦時，原《學衡》的作者在浙大文學院任教的有張其昀、張蔭麟、梅光迪、王煥鑣、郭斌龢、繆鉞、王庸、陳訓慈，以及吳宓在歐洲游學時結識的費鞏（福熊）。《國風》是《學衡》的後繼，《思想與時代》又是《國風》的後繼。原《學衡》的作者有多人爲《思想與時代》寫文章。

〔註14〕治喪委員會撰：《鄞縣張曉峰先生其昀行狀》，《傳記文學》第 47 卷第 3 期（1985年 9 月）。

〔註15〕張其昀：《〈中華五千年史〉自序》（一），《張其昀先生文集》第 20 冊第 10841頁，（臺北）中國文化大學出版部，1989。

〔註16〕張蔭麟關心國家大事，以民族抗戰大業爲重，他此時的學業是以研究宋史爲主，故踐宋儒經義、治事必須相輔相成，方收知行合一之效。抗戰之初，他曾在重慶陳誠主持的政治部短期工作，參與擬訂宣傳工作綱要，並於 1938 年1 月撰《蔣委員長抗戰必勝訓詞釋義》一小書，由軍事委員會政治部印行。見《張蔭麟先生追悼會致辭》，刊《思想與時代》第 18 期。

〔註17〕胡適：《胡適全集》第 33 卷第 524 頁。

　　從《思想與時代》的作者隊伍看，張其昀、張蔭麟、景昌極、梅光迪、郭斌龢、樓光來、唐君毅、徐近之、吳宓、劉永濟、朱炳海、翁文灝、王煥鑣、繆鳳林、陳訓慈、胡先驌、繆鉞、竺可楨、盧于道、謝家榮、賀麟、賀昌群、范存忠、任美鍔、方豪、錢寶琮等都是原《國風》的作者。新進的主要作者有錢穆、馮友蘭、熊十力、朱光潛、謝幼偉，且集中在人文學科。當時，在浙大的張蔭麟、謝幼偉分別負責史學和哲學的稿件。成為《思想與時代》主要作者的賀麟，分別是張蔭麟的清華同學和謝幼偉的哈佛大學哲學系同學。

　　從《思想與時代》的作者所從事的具體專業來看，竺可楨、張其昀、任美鍔、徐近之、葉良輔、涂長望、沙學濬、黃秉維、李春芬、李旭旦、朱炳海、丁驌、黃汲清大都是出自於南京高等師範—東南大學—中央大學的地理學學者，且多人此時在浙大任教。這自然是與竺可楨、張其昀有關係的。胡先驌、翁文灝、陳省身、李四光、盧于道、謝家榮、張孟聞等都是科學工作者。馮友蘭、熊十力、朱光潛、謝幼偉、賀麟、洪謙、唐君毅等研究哲學。梅光迪、郭斌龢、樓光來、吳宓、田德望、范存忠、張月超等研究西洋文學。劉永濟、繆鉞、詹鍈、夏承燾等研究古典文學。錢穆、張蔭麟、繆鳳林、賀昌群、王繩祖、陳樂素、周一良、王栻、楊聯陞等研究史學。新進作者中只有陳夢家是原「新月派」詩人，胡適派文人，但他後來轉向甲骨文研究。陳之邁、周鯁生是胡適的朋友，在自由主義議政時與胡適為同道。

　　從作者與刊物的實際內容來看，稿約第一項「建國時期主義與國策之理論研究」的主要實踐者為張其昀、錢穆、馮友蘭三人。信念驅動行為，他們三人在 1949 年以後，都有特別的表現：張其昀到臺灣從政。錢穆是蔣介石違憲連任「總統」時的積極擁護者。馮友蘭在「文革」的政治鬧劇中登臺表演。「我國固有文化與民族理想根本精神之探討」和「西洋學術思想源流變遷之探討」本是《學衡》的基本精神。《思想與時代》的諸多作者的文章都體現了這種傾向。尤其是錢穆、郭斌龢、馮友蘭、熊十力、朱光潛、謝幼偉、賀麟、洪謙的著述傾向更為明顯。其中錢穆在為 1988 出版的《張其昀先生文集》做序時談到他因此刊與張其昀結緣：「余平生猖狂妄言，每於中西文化多有分別辯論，其事則始於為曉峰在對日抗戰時所創辦之《思想與時代》一雜誌撰稿。而余之於國內黨政稍有興趣，稍加注意，則亦由曉峰啓其端，而亦惟曉峰之是賴。」〔註18〕

〔註18〕張其昀：《張其昀先生文集》第 1 冊第 1 頁，（臺北）中國文化大學出版部，1988。

　　所謂「科學時代的人文主義」的體現，主要是在一批自然科學家的文章中。如錢寶琮的《科學史與新人文主義》的專題論文，陳立的《赫胥黎論文教與科學》。同時，現代科學哲學也由洪謙引進到中國的學術界。他連續發表了《自然科學與精神科學》、《科學與哲學》、《維也那學派與現代科學》、《石里克的人生觀》、《維也那學派與現象學派》等重要文章。第 46 期的「梅迪生先生紀念專號」是《思想與時代》同仁和「學衡派」成員對中外新人文主義思想的一次集中展示，也是對所謂「科學時代的人文主義」思潮的集體回應。附錄所刊梅光迪 1944 年在國民參政會上的兩項提案《國立各大學應增設東方語文學系以加強東方各民族在政治經濟文化上之聯繫而維護世界永久和平案》、《大學教育在遵行國家教育方針之下應給予相當自由以利進展案》，則顯示了一個新人文主義者的現實關懷和文化理想。

　　《思想與時代》雜誌社還糾集作者，編輯出版了《思想與時代叢刊》五種，和《現代學術文化概論》第一冊，即《人文學》。另有《現代文庫》三輯 30 冊書籍，於 1948 年出版〔註 19〕。

　　這本刊物是戰時中國的一部分學術精英思想展示的重要舞臺，也是「學衡派」文化保守主義在新的歷史時期的變異和發展。特別是「學衡派」文人，由《學衡》時期無政治企圖的相對純粹的文化保守主義，經過《國風》時期的「文化民族主義」和「道德理想主義」之後，在此時，一部分人轉向「新儒學」，尤其是以研究「建國時期主義與國策之理論」，探討「我國固有文化與民族理想根本精神」為由，並表現出鮮明的美化中國古代政治和擁護集權政治的傾向。

下、作者立場

主張集權、建國與國防

　　「學衡派」的文化保守傾向，到了抗戰時期，在張其昀、錢穆、馮友蘭、張蔭麟等人這裡發生了相應的向政治的傾斜，由文化的保守走向政治的保守，並表現出極端的民族主義傾向。即主張、擁護集權統治，同時從學理上極端美化中國古代的封建統治，放棄了作為現代知識分子的批判意識和批判

〔註 19〕　「思想與時代雜誌社」編輯出版有「現代文庫」三輯、《思想與時代叢刊》五
　　　　　種、《現代學術文化概論》第一冊《人文學》。具體目錄從略。

責任。這是由五四個體主義到民族主義、國家主義的一次明顯的歷史輪迴。主張集權、建國與國防是《思想與時代》的第一要義，即「建國時期主義與國策之理論研究」。這也是張其昀、錢穆等人後來與蔣介石政府走到一起的重要的思想基礎，前後有必然的內在聯繫。

領袖與集權

「領袖與集權」以及下邊所說的「建國」問題，當時也曾引起「戰國策派」的關注。這是由民族意識到國家觀念強化的必然產物。這種話語的確立和張揚，決非一人或一部分人，而是有相應的政治基礎和歷史文化背景。

張其昀在《我國憲法草案之重要思想》一文中集中討論了「五五憲草」（又稱「五五憲法」）的精神和綱紀之意義。所謂「五五憲草」，即 1934 年立法院宣佈初稿，1936 年 5 月 5 日國民政府正式宣佈的憲法草案，1940 年 3 月 30 日國民參政會第一屆大會通過的中華民國憲法草案修正案。張其昀認爲，自由、平等二義，在中國思想史上似不居於顯要之地位。西洋歷史以自由爲中心觀念，是因爲西洋人民苦於不自由，故無時不爲自由而奮鬥眞正之平等其名曰義，分而言之曰禮義，合而言之曰綱紀。張其昀將「五五憲草」中體現出的綱紀觀念和基本精神歸結爲：社會之綱紀、經濟之綱紀、政治之綱紀。而這一切在張其昀看來又較西方爲好〔註20〕。

從下文相比之中，我們可以看到張其昀的政治傾向性。陳恩成在解釋憲法的權與能時，特別強調中國古代專制體制，無實際的憲法，有所謂的法律，也是在人治中被隨時隨地地曲解。他對中華民國的「五五憲法」有具體的意見，而不是張其昀式的一味叫好。他說：「五五憲法忽以此大權不歸於代表民眾的國會或國民代表大會，而給予身爲官吏機關的司法院，是在法理上又無異以官吏機關對抗民意機關，以官吏的意志對抗民意；承認司法權得侵犯立法權，既與五權分立之原則不符，且使司法權高於立法權，對於制衡原則亦非適當配合。至於在解釋憲法的權與能的配稱上，亦尚有考慮之必要。深望主持制憲運動的黨國領袖和全國明達之士，對於此點特加注意。將來國民大會對於五五憲草的採納批准，在這一點上也要切實斟酌。」〔註21〕

《中央與地方之均權制度》是張其昀研究「五五憲草」的系列文章之一。他的議論中心是要統一與集權。他說統一爲建國之最初義，亦爲建國之最終

〔註20〕張其昀：《我國憲法草案之重要思想》，《思想與時代》第 1 期。
〔註21〕陳恩成：《解釋憲法之權與能》，《思想與時代》第 36 期。

義。非統一則無從談均權。國家如不統一，即成地方割據之局，其彼此之關係只能稱爲均勢，而不能稱爲均權。均權爲中央與地方之關係，均勢則爲國際之關係。

張其昀指出，從歷史的發展來看，中央與地方的關係，爲數千年來政治上的根本問題。經濟的發展也爲向心力的基本力量。而文化的統一，其價值尤在經濟與軍事之上。統一的最要義爲國民精神意志的一致〔註22〕。同時，他還關注東北問題，爲當局設計並提出了《解決東北問題之基本原則》〔註23〕，從國際交涉的僑務、商務、債務、界務（土地之交涉）四個方面作了具體的論述。

在《論現代精神》一文中，張其昀指出，建國大業在於建設一個現代國家。中國的現代化問題，爲近百年來我國論壇的中心問題，發其端者爲曾文正公〔註24〕。張其昀這裡其實又是在美化中國的政治制度。因爲近代中國的落後，恰恰是在政治哲學和政治制度。沒有現代的政治哲學和政治制度，就不可能有科學昌明之效。洋務運動的努力，強大的北洋水師，還不是被落後、腐敗的政治制度所葬送？

張其昀認爲，作爲兩千年中國思想主流的儒家思想，素來以伸張民權爲職志。他說中國的宰相（丞相）制，是實際的內閣，是保障民權的。如今考慮新中國的建設，就必須在我民族固有之精神與優良傳統基礎上，落實憲法規定的基本精神和職責，尤其是首相精神應常新，從而使得憲法眞正能爲民族立心爲國民立命〔註25〕。

關於行政中樞的文章在《思想與時代》第15期上曾引起討論。謝冠生認爲三權制的精神重在制衡，而五權制的精神重在合作和建樹萬能的政府。陳伯莊認爲民生主義的經濟制度未立，而遽言民權選舉，其勢必使資本階級和地主階級一躍而擡頭，這是不可提倡的。他主張要有黨員的生活保障制度，使他們必須與做生意絕緣。佔有權利，就會佔有資源和財富。一黨的絕對專制，就會有絕對的腐敗。民生主義與國家的新生命相關。官商結合必然使政治腐敗，也就無法做到中心力量的維持和政權統一延續〔註26〕。這是中國政

〔註22〕 張其昀：《中央與地方之均權制度》，《思想與時代》第 2 期。
〔註23〕 張其昀：《解決東北問題之基本原則》，《思想與時代》第 3 期。
〔註24〕 張其昀：《論現代精神》，《思想與時代》第 2 期。
〔註25〕 張其昀：《行政中樞論》，《思想與時代》第 6 期。
〔註26〕 《學術通信》，《思想與時代》第 15 期。

治的病症所在。

對領袖人物的政治期待和善意的進言，是《思想與時代》同人的一項現實表現，也是中國傳統知識分子早已具有的對青天、賢明君主期待並依賴的心理定勢。錢穆說一個政治家，在其可貴的政才與政績之外，更可貴的是其政治風度。這種所謂的風度如同朱子論學時所說的學者的氣象。他認為目前中國政治上一大弊端就是理想的政治家的風度的缺乏。人們對於民主與共和的誤解，導致只有社團黨派的群體利益和觀念，而沒有注意到其領袖人物的培養與愛護。「在此抗戰建國的艱巨過程中，我們已經有了賢明的領袖，我們還需要理想的政府。我們所更要的是一個新的政治風度」〔註 27〕。錢穆自命為儒者，其政治理想和所謂「新儒家」的個人體驗，此時已完全顯現。現代社會的民主、自由、平等思想，似乎與他是隔世而存在的。他對蔣介石個人的政治期待由此而外露，一直堅持到 1960 年代的臺灣。

軍政與軍令是領袖、集權的重要內容，張其昀認為中國現行的國防機構是經 1931、1937 年兩次改制完成的，軍政與軍令的統一是國家統一和中央集權的標誌。要達到抗戰勝利與和平建國，就必須做到軍政與軍令的統一。「綱紀為立國的命脈，欲外求獨立，必先內求統一，此乃建軍最大之方針，亦為建國最高之義諦」〔註 28〕。文章在這裡表現出的旨意顯然與當局宣傳的無異，是蔣介石「攘外必先安內」政策的學者化表述。《思想與時代》上的此類文章，已如政府的政治傳聲筒了。

建國

對「建國精神」的重視，是張其昀多年的興奮點。發表在 1937 年 7 月《史地雜誌》上的《中國歷史上之建國精神》〔註 29〕，是他 1937 年 6 月 26 日在浙江省學生集中訓練總隊的講演稿。他所謂的「建國精神」是指中華民族作為統一國家的漢、唐、宋、明的建國方式所體現出的基本精神。建國的方式有三：開基創業、承平建設、除弊中興。建國的首要問題是人才，即需要國士，需要政治、軍事與教育的三種人才。第二點是要制定綱紀法度。建國的精神即是用人與確立綱紀法度。他認為這在對青年人的教育中尤其重要。

〔註 27〕 錢穆：《政治家與政治風度》，《思想與時代》第 10 期。
〔註 28〕 張其昀：《歷代之軍政與軍令》，《思想與時代》第 15 期。
〔註 29〕 張其昀：《中國歷史上之建國精神》，《史地雜誌》第 1 卷第 2 期（1937 年 7 月），浙江大學史地學系編。

　　張其昀是歷史地理學家，而錢穆則是傳統的文史哲兼通的大儒。大儒夢寐以求的是遇到明君盛世，或被明君賞識、重用。他在《中國傳統政治與儒家思想》中，指出了這樣一個事實：西人論中國政治每目之曰專制，國人崇信西士，亦以專制自鄙。錢穆為之作了辯解。

　　錢穆此文的真正用意是要強調中國的建國，不能因襲歐美和蘇俄的政治理論和政治體制。因為中西政治理論各有淵源，這是其民族文化的體現。文化的更新，也需要自本自根，從自身活力發榮滋長，不像拆屋造屋。「文化淵源本出一族，而立政定制，尚猶因勢利導，隨地成形。豈有建國於大地之上，而可寄託其國家民族安危存亡所繫之政治精神與政治理論於某一外國異族腳跟之後，隨其趨向以為奔走之理。更豈有各挾一外國異族之政制政論為標幟為號召，自分朋類，相爭相笑而謂可以措其國家民族於磐石之安之理。然則欲完成建國大業，端在自本自根，汲出政治新理論，發揮政治新精神，使政局有安諡之象，而後凡百改進有所措手。而儒家思想之復活，中國傳統教育精神之重光，尤當為新政導其先路。凡此所論，固不在彼我之較量，亦非為戀舊而怖新。愛國深識之士，當體斯旨」〔註 30〕。而事實上，幾年後的「新政」未能在錢穆的理想中出現，他寄希望的國民黨及蔣介石未成大業，而到浪花盡處，東海揚塵。「以蘇俄為師」的中共得天下易，治理天下難。走了吃不飽、餓死人，乃至「文化大革命」的彎路，方有「建設有中國特色」的國策。

　　從理論的闡述到具體的社會主張，是錢穆的思想理路。在《中國社會之剖視及其展望》一文中，他認為政治與社會互為因果，中國以大一統國家行使信託政權。從古代開始，中國就重農抑商，近代的列強入侵和通商，改變了中國社會、經濟、文化狀況，使中國陷入次殖民地的局面。如今中國要建國，首當是自己要擺脫次殖民地的地位。如今在世界商業資本勢力的洶湧澎湃之時，我社會欲求自存則唯有民族集體造產一法。所謂民族集體造產，既不違背大陸鄉村文化的傳統，又可以抵抗外來經濟勢力的壓迫。能夠肩負此歷史重任並成為社會的領導的中堅力量，則是中國的優秀知識分子，即傳統的士者〔註 31〕。錢穆這裡沒有明說，實際上是在強調知識分子（士）廣泛的社會參與，不僅僅是要有從政善俗的德行，同時還要力行科學救國、產業強

〔註 30〕錢穆：《中國傳統政治與儒家思想》，《思想與時代》第 3 期。
〔註 31〕錢穆：《中國社會之剖視及其展望》，《思想與時代》第 4 期。

國。這既是人文主義與科學主義並重的理念闡釋，也是此時錢穆建國理想的具體展示。

張其昀還從地理區域上總結出戰後建國的五大問題：建設西南，恢復東南，收復東北，關注西北，團結海外華僑。他說只有這樣才能合全力以赴建國之大業〔註32〕。

賀麟則強調學術建國。他在《學術與政治》一文中指出：「任何建國運動，最後必然是學術建國運動。離開學術而言建國，則國家無異建築在沙上。學術是建立國家的鋼筋水泥，政治上所謂眞正的健康的『法治』，或者儒家所提倡的『禮治』、『德治』，本質上皆應當是一種『學治』。『開明的政治』就是『學治的政治』。」〔註33〕但學術與政治又是密不可分的。他認爲「學術是『體』，政治是『用』」。如果要求學術的獨立自主可以，但求學術與政治的根本脫節則不可。因爲學術如果沒有政治作用，就只是少數人的支離空疏的玩物而已。這也正是現代「新儒家」精神形態上對內修身養性，對外政學合一的共同信念。

建都與國防

建都問題，在民國期間就有過五次爭論，分別是 1912 年、1927～1928 年、1935 年、1941～1942 年、1946～1947 年。《思想與時代》對此問題的關注，是其國家觀念強化的具體表現。而張其昀對此事的關注和極大的熱情則堅持了 20 年（1927～1947）。

辛亥革命之後，「建都議起，南北殊言」〔註34〕。針對主張堅守建都金陵（南京）者，章太炎在 1912 年初致南京參議會，列述金陵建都的五害。說燕京（北京）有使館炮臺和亡清污俗，「不足以成遷都之說」。作爲都城，燕京可「以全邦計」。若遷都金陵，廣大的北方失去了文化和政治經濟力量影響和統治力，政府「威力必不能及長城以外」，是一害。文化的影響力不及，「是將北民化爲蒙古」，是二害。若袁氏被迫南遷，日俄會乘機侵及東北，中原失重，國體將土崩瓦解，是三害。政府南來，蒙古諸王相擁戴，使南北分裂，是四害。若政府和使館南遷，耗資極大，民窮財盡，是五害。因此，章太炎提出，「謀國是者，當規度利病，顧瞻全勢，愼以言之，而不可以意氣爭也」。

〔註32〕張其昀：《我國戰後之五大問題》，《思想與時代》第 19 期。
〔註33〕賀麟：《文化與人生》第 249 頁。
〔註34〕馬勇編：《章太炎書信集》第 438 頁。

更不能「忘國家久安之計，而循朋友利祿之情」〔註 35〕。從後來的實際情況看，遷都南京後，蒙古問題、日軍侵佔東北等，都被太炎說中了。

1946 年 12 月張其昀應《勝流》編者之約，寫了《首都十論》〔註 36〕的文章，列舉出他 20 年所寫（講）的從《中國國都之問題》到《建國規模》的十次關於首都問題論文。其中刊發於 1927 年 5 月《東方雜誌》的《中國國都之問題》〔註 37〕是他的第一次主張在南京建都的文章，也是學術界第一次有學理的為南京建都作論證。他認為北京官吏腐敗，積重難返，人文與物力都不及南京，加上風沙肆虐的環境，和缺乏海道的不利因素，不宜為首都。南京高山、深水、平原並有，有國際交通的便利，人文優勢巨大，武漢難以匹敵。故南京最適宜建都。

1928 年間所發生的建都問題的論爭，起因於 1928 年 6 月 4 日上午 9 時吳稚暉在上海市黨部第 7 次「總理紀念周」的演講。他在演講中披露了國民黨南北軍事集團之間關於在南京、北京建都問題的意見分歧。他說在 1927 年 6 月，國民革命軍中以蔣介石為首的北伐主力與以馮玉祥為首的東征主力在徐州會師時，馮玉祥首先向蔣介石、吳稚暉等人提出了國民政府應從南京遷都北京的意見。

由於 1912 年 1 月 1 日中華民國建立時在南京定都的緣故，到了 1928 年 6 月第二次北伐成功，乃至全國統一之時，在南京還是在北京建都的問題，在南北軍事集團之間展開了爭執。國民黨及蔣介石軍事集團的勢力和利益在江浙，此時又依靠江浙財閥的經濟支持。所以這時侯國民黨元老吳稚暉首先站出來講話，說建都南京首先是孫中山的主張，他甚至留下葬身南京的遺囑，即建都南京為「總理遺囑」的說法。吳稚暉說：「南京建為首都是總理理想的主張，總理還要將遺體葬在南京。……首都建在南京已無問題。」〔註 38〕而北方輿論界在閻錫山、馮玉祥等軍事集團的支持下，則有堅持建都北京的主張〔註 39〕。曾任教於南京東南大學地學系，此時在北京師範大學地理系任教的白眉初（月恒）教授，在 1928 年 7 月《國聞周報》第 5 卷第 25 期刊出《國

〔註 35〕馬勇編：《章太炎書信集》第 439 頁。
〔註 36〕收入張其昀：《張其昀文集》第 11 冊，（臺北）中國文化大學出版部，1989。
〔註 37〕收入張其昀：《張其昀文集》第 11 冊，（臺北）中國文化大學出版部，1989。
〔註 38〕《吳稚暉在市黨部演講》，1928 年 6 月 5 日《民國日報》。同樣的內容又見《吳稚暉昨在市黨部演講》，1928 年 6 月 5 日《申報》。
〔註 39〕參見經盛鴻：《1928 年國民政府建都南京之爭》，《鍾山風雨》2004 年第 2 期。

都問題》。他以史爲鑒，提出建都北京國運長久，建都南京國運短暫的歷史問題。於是，在 1928 年 7～8 月間，以《大公報》系的《國聞周報》爲陣地，開始了建都問題的第一次爭論。

白眉初的《國都問題》分四部分：歷史之觀察、地勢之評判、外侮之應付、現狀之宏隘。他首先從歷史地理的視野，列舉中國五個古都的建都時間：長安建都總年數 887 年、洛陽建都總年數 822 年、北京建都總年數 857 年、南京建都總年數 443 年、開封建都總年數 163 年。並得出相應的結論：「南京十代國都，其特點所在，非偏安，即年促。」白眉初列舉了南京十代國都的建都時間：吳 53 年、東晉 103 年、宋 60 年、齊 23 年、梁 53 年、陳 31 年、楊吳 16 年〔註40〕、南唐 39 年、明太祖和惠帝兩朝 53 年後遷都、太平天國 12 年。具體說來：「平均之，每代不四十五年。」「除朱明以外，皆爲偏安，而無一能成統一之局者。」

白眉初傾向於北京建都。他說：「今世強國之都城，皆萃於北緯四十度南北。」這八大都城所佔緯度如下：華盛頓北緯 38 度 32 分、倫敦北緯 51 度 25 分、柏林北緯 52 度 34 分、巴黎北緯 48 度 53 分、羅馬北緯 41 度 55 分、莫斯科北緯 55 度 50 分、東京北緯 35 度 46 分、北京北緯 40 度。白眉初強調：「一種氣候之下，其民族之體力精神，隨之變異。」北京居於國疆之上游，「表雄視八方之氣概」。他說：「今環擁北京之民族，西則秦隴，南則燕趙，東北則滿蒙，東南則徐淮。此等民族，受氣候之影響，而北京據乎其中，誠具雄武之氣象也。」所謂南京金陵有天子之氣，「要之，皆就其附近狹小之形勢言之也。苟合大江南北百里內外觀之，則一平原四戰之區耳。非若北京之有大長城，大山脈，大沙漠。重重疊疊，千里環抱之雄圖也」。

白眉初在比較了北京和南京各自的地理、文化優勢後尖銳地指出：「南京溫暖，夏期不免潮濕鬱熱，所爲水分充足，物產豐富，人民生計獨易，行則乘舟而體質柔弱，不能與燕趙徐淮之尙武民族比較。然而，山水明秀，風景絕佳……以故文風特盛，才人輩出，此亦天然美景之所賜也，蓋不宜於武，必宜於文。」〔註41〕在這種文化地理環境下，「南京十代建都，多偏安而年促者，一因北方地勢占勝，民族強健，或被迫而南遷，或欲北伐而不得勢。此

〔註40〕蔣贊初在《南京史話》第 164 頁中認爲「楊吳的國都在今揚州」，而非南京。南京出版社，1995。唐末軍閥割據，節度使楊行密被唐昭宗封爲吳王，即五代十國中的「楊吳」國。

〔註41〕白眉初：《國都問題》，《國聞周報》第 5 卷第 25 期（1928 年 7 月 1 日）。

其所以偏安也。二因恃長江以為天險，不修政治，甚且化於文弱，溺於荒淫，而不克自拔，而北方來侵，遂以亡國。前者為受地勢之害，後者為食文弱之賜」〔註42〕。最後，白眉初強調：「假令總理生至今日，亦當幡然改計，以建都北京為宜也。」〔註43〕

葉叔衡支持白眉初的觀點，他說，至少從地理天時及歷史各方面著想，我們是不能贊成建都南京的主張。同時他尖銳地指出：「近來建都南京的主張似乎並不是從地理天時上立論，而多是從政治外交經濟各方面說話。」〔註44〕並對吳稚暉講話中所謂北京的建築是封建式的，不適合現代的要求提出質疑。最後的結論是：「就全國的形勢與國家的大計說，首都的應在北京，固無疑義；即就國民政府說，亦未嘗不可建都於北京。」〔註45〕

白眉初所說的歷史上南京十代國都「非偏安，即年促」的結論，大大地刺痛了國民黨政府。這等於是在為一個政府敲警鐘或喪鐘，也是一個新朝開國之時最不願意聽到的不吉利之言。隨之而來的是代表國民政府的官方言論，是具有權力話語霸權的人身攻擊和政治打壓。龔德柏的文章《駁白眉初君〈國都問題〉》，不講學理，多談政治需要，以政府代言人的身份，一劍封喉，不容討論。龔德柏說：「白君對於近代國都之議毫無瞭解。故以十八世紀以前之國都論，而欲適用於現代，根本上已屬錯誤。」強調：「蓋南京建都已係既定之局勢，決不為書生一兩篇文字所左右也。」〔註46〕他針對白眉初所說的「列強之侵略」和「使館保衛界之糾葛」一事，詆毀白眉初，說白的兩段言論「與日人所希望者如出一轍」〔註47〕，「若為中國人（觀此白君為中國人否尚屬疑問）而竟能發此喪心病狂之怪論，不能不使吾人疑為外人作說客，為帝國主義者當走狗」〔註48〕。龔德柏最後的結論更是武斷，他說「白君大著，曲學推崇北京，不惜犧牲一切」，是「荒謬絕論之議論」。「圖欺世人」，「貽

〔註42〕　白眉初：《國都問題》，《國聞週報》第 5 卷第 25 期（1928 年 7 月 1 日）。

〔註43〕　白眉初：《國都問題》，《國聞週報》第 5 卷第 25 期（1928 年 7 月 1 日）。

〔註44〕　葉叔衡：《國都問題》，《國聞週報》第 5 卷第 29 期（1928 年 7 月 29 日）。

〔註45〕　葉叔衡：《國都問題》（續），《國聞週報》第 5 卷第 30 期（1928 年 8 月 5 日）。

〔註46〕　龔德柏：《駁白眉初君〈國都問題〉》，《國聞週報》第 5 卷第 31 期（1928 年 8 月 12 日）。

〔註47〕　龔德柏：《駁白眉初君〈國都問題〉》，《國聞週報》第 5 卷第 31 期（1928 年 8 月 12 日）。

〔註48〕　龔德柏：《駁白眉初君〈國都問題〉》（續），《國聞週報》第 5 卷第 32 期（1928 年 8 月 19 日）。

誤國家」〔註49〕。

由於這種代表政府的權力話語的出現，學者不再作「國都問題」的學術談論，南京也就自然成了國民政府的首都。龔德柏1949年以後在臺灣，因言論得罪蔣介石，被關了多年。媚權勢者，在兩岸的遭遇相同。

1935年10月29日，賀昌群應天津《益世報·史學副刊》的編輯吳晗之約，寫了關於建都問題的文章《論歷史建都與外患及國防之關係》〔註50〕，明確提出建都北平的主張。抗戰期間，建都問題一度引起學界的討論。1945年抗戰勝利後，此問題再度引起學人的廣泛關注，並集中在《思想與時代》上討論。

歷史學家湯因比通過對世界許多國家首都的考察後指出：「一個統一國家的政府所在地，確是播撒精神種籽的一塊良田，因為這樣的城市是一個廣大世界的小型縮影。」〔註51〕如果主要的考慮在於行政的方便，那麼，所選擇的地點可能是交通便利的中心。「如果主要的考慮在於防禦侵略，那麼所選的地點可能是在受威脅的邊境上的一個便於發揮軍事力量的城市」〔註52〕。

建都問題是建國的一個重要組成部分，也是錢穆、張其昀、賀昌群等人關心並討論的話題。1941年下半年，錢穆在致張其昀的信中談到，他自己雖然久抱國都必須遷北方的私見，但不敢輕易發議，特請教張其昀，問孫中山是否主張首都必須設在南京？

張其昀認為「首都之地位，實為一切國防計劃之先決問題。歷史上國都之位置恒與敵人進攻之方向針鋒相對，且位於國防線之內，所以然者，即所以建立國威，而不欲示弱與敵人。至於其它條件，如國都常為經濟中心交通中心以及形勢之險固等，當然均須考慮，但尚屬次要。」他說孫中山的建國方略分為心理建設、物質建設和社會建設三部分。細讀孫中山的著作，發現其既富有大陸雄偉之精神，又富於海國超邁之氣魄。其建國大業一方面重於大陸之開發，一方面又注重海外之發展。南京誠為經濟計劃之中樞，亦為國防計劃之定點。南京有高山、平原、深水三種自然條件，天工鍾靈毓秀，處

〔註49〕 龔德柏：《駁白眉初君〈國都問題〉》（續），《國聞周報》第5卷第32期（1928年8月19日）。

〔註50〕 《益世報·史學副刊》第14期（1935年10月29日）。收入賀昌群：《賀昌群文集》第3卷，商務印書館，2003。

〔註51〕 湯因比：《歷史研究》（下，曹未風等譯）第52頁，上海人民出版社，1997。

〔註52〕 湯因比：《歷史研究》（下，曹未風等譯）第44頁。

世界各國首都之首。「南京可以統攝海陸之防務,可以兼籌東北與南洋,其與英之倫敦,美之紐約,海道航程適相等,在世界地圖上誠居於優越之地位」。「定都於南京,則杭州灣兩岸成為首都之外郭。以東方大港為門戶,而與上海及象山港左右夾輔,氣象至為開展」。「古時南京建都,內以長江為控扼,外以淮甸為藩籬。今日之南京,以舟山群島為第一道防線,杭州灣為第二道防線。古時防禦之目標,為南下之鐵騎,今之目標則為東來之戰艦」〔註53〕。張其昀在這裡是拍最高當局的馬屁,為他們製造了一種虛無縹緲的假象。這等於是在為蔣氏王朝送葬。

從中國歷史上看,秦一統中國後,自漢朝始,中國的外患,一直來自北方。到了明代,才開始有來自海上的東南之患,如倭寇騷擾東南和荷蘭人入侵臺灣。特別是歐洲工業文明開始後,海上道路的開拓,大英帝國的強大,以及歐洲多國爭相從海上對全世界的侵略,中國的主要外患轉移到了東南。自鴉片入侵而引發的戰爭始,東南海上門戶洞開。從軍事上看,如果沒有強大的海上自衛能力(現代戰爭又出現了空中路線),政府的首都是不宜設在東南沿海的。

事實上,南京有一種歷史的宿命,即南京為短命之都,亡國之都,悲壯之都。僅中華民國而言,孫中山在這裡不足三月即讓位給袁世凱,大總統沒有了,首都完了。蔣介石在南京十年,因日寇要屠城,棄首都跑到重慶。抗戰勝利後在南京三年多,且戴上行憲總統的帽子,很快又被趕到臺灣。

錢穆是從研究秦漢史出道的,也是秦漢文化精神的推崇者。他對中國早期國家性質和精神形態十分熟知。他主張戰後新首都應該建在西北的長安,而以北平為陪都。他在《戰後新首都問題》中提出自然國家(單式)和人文國家(複式)所面臨的不同首都問題。他認為中國自秦漢以來,早已脫離自然單一的國家雛形,進入人文複式的國家階段。所謂人文國家的意義,就是指其國家的創建,全有人文化成,而不復為自然的地形與民族之隔閡所限。因此,在人文複式國家裏,首都的選擇,實為一項重要的事情。一個國家的規模和精神要看首都的選擇。錢穆明確提出在長安建都的理由是:長安北平一線,略相對於黃河平原之地帶,即代表前期中國漢唐精神的地帶,應使長安為新中國的首都。「全國青年受國家政治教育宗教哲學各部門精神方面的訓練培養者,以集中此地帶為相宜。壯闊的地形,嚴肅的天象,深沉古老的歷

〔註53〕錢穆、張其昀:《論建都》,《思想與時代》第5期。

史文化之真迹，全在此地帶上。這一地帶表示著中國民族之堅毅強韌篤厚偉大。大政治家、大教育家、大思想家、大宗教師、大軍人，全應在此地帶受洗禮。自此以北，益高益冷益曠益大的邊疆區，應成為新中國之兵庫。萬里長城即其最好的象徵。新中國人應在此帶建設活的萬里長城。」〔註54〕南邊的長江平原，是代表後期宋明精神的地帶，此地應成為新中國之胸腹營養之地，文藝、美術、科學、工業應在此發皇。此地象徵中華民族之活潑、溫良、清新、智巧。珠江平原代表著中國的近代新興精神，與大海相吞吐，與世界相呼吸，工商製造，往來貿易。這裡象徵著中國之動盪、開放，與最北的凝定遙遙相對。這樣一來，人文國家的大體制，歷史國家的大精神將得以發揮，尤其是中華民族內心深處的至高情緒得以張揚。

錢穆反對首都偏在東南江海丘陵小局面之下。說偏在東南會使中國文化，特別是現代中國的中央地帶和亞洲大陸衝盪鬥爭的大局面閉幕。東南江海丘陵小局面之下的人物的精力無法指揮駕馭大局，也無力迴旋北方的大勢。「我們用歷史的藝術的軍事的政治的哲學的文化的經濟的地理的各方面各條件的眼光與理論來衡量戰後新中國之首都問題，斷然應向北遷移，尤其應該西北重於東北，中心重於偏隅，大陸重於海疆，則長安厥為首選」〔註55〕。

在建都問題上，錢穆的見解明顯高於張其昀，只是他的這份良苦用心，國民黨當局沒有能夠理解和接受。

抗戰勝利後，由於國民黨政府仍把首都設在南京，而不是錢穆所主張的長安（西安，抗日戰爭期間，日寇也未能入侵此地）和賀昌群主張的北平。這使得張其昀「首都問題」的興趣不減，且更加得意洋洋。為此，《思想與時代》在第42期又轉載了張其昀的四篇關於建都的文章，總題為《再論建都》，同時，還刊出中央大學歷史系教授賀昌群的《再論歷代建都與外患及國防之關係》。

張其昀1946年3月8日在重慶的《中央日報》發表有《南京乎？北平乎？》〔註56〕的文章，堅持建都南京的主張。1946年4月28日，他又在南京的《中央日報》刊出《定都南京之十大理由》〔註57〕。這兩篇文章又刊載於《思想

〔註54〕 錢穆：《戰後新首都問題》，《思想與時代》第17期。
〔註55〕 錢穆：《戰後新首都問題》，《思想與時代》第17期。
〔註56〕 張其昀：《南京乎？北平乎？》，《思想與時代》第42期。
〔註57〕 張其昀：《定都南京之十大理由》，《思想與時代》第42期。

與時代》第 42 期。張其昀說：「在勝利還都聲中，聽到了遷都北平的論調。瞻念國事前途，不勝抱有杞憂。這些浮議和誤解如果不能使其澄清，難免不致動搖國民的意志，影響建國的核心。因此作者想把定都南京的重大理由，歸納爲十個要點。」

張其昀 1946 年 12 月 22 日在南京金陵大學的演講是《建國規模與國都》〔註58〕。他以孫中山建國方略爲依據，從以下八個方面闡述了建國與首都的關係：全國性、世界性、水道系統、海上發展、土地利用、地下資源、工業化、大都市。緊接著，他又在 1947 年 1 月 5 日杭州的《東南日報》上刊出《金陵與錢塘》〔註59〕的文章，闡述南京作爲首都，與杭州形成門戶的關係。金陵與錢塘互爲表裏，是中山先生深明空間觀念而又富有歷史意識的產物，也是世界眼光的表現。

曾任浙大史地系教授，此時爲中央大學歷史系系主任的賀昌群針鋒相對指出，建都要以中華民國的利益爲重，不要把中山陵與建都的關係並爲一談。中山先生的建都南京計劃，如果條件不夠，任何人也不能藉口造成一條金科玉律的憲法。中國沒有海軍，也就無海防實力和國防保障。中國的國防第一線至今仍是在大陸。日本很快侵佔南京的事實說明，海防及軍事的無力，也就不能保障首都的政治、經濟作用。他說：「國都的意義，不在戰爭爆發玉石俱焚之後，而在戰爭爆發之前，在如何敏捷地運用政治外交軍事的機變，而盡可能消弭戰禍於無形，在如何占得機先。」〔註60〕建都長安的朝代是西北塞外民族強盛的時代。在北平建都，從地理上說，是依靠河北的重要地理位置，與東北、山東半島、渤海灣、北方邊事、大西北等多有關聯。同時，中國歷史上是北強南弱，戰爭是北方征服南方，文化是南方征服北方。北平南面黃河流域，是屬於北方。南京是屬於長江流域，南方的溫暖，適宜生活，且文化發展較優，然而文勝於質，身體纖弱而怯於戰爭，可在和平中求進取。坐守北平可顧及東北、西北。而沒有強大的海防即無防禦的南京，一時設爲首都只是暫時的需要。賀昌群尖銳地指出：「帝國主義在長江及沿海口岸的勢力，是以兵艦爲後盾的經濟侵略，中國的國家財政不能不與帝國主義的經濟勢力相勾結，所以政府遷都南京，無寧說全因國家財政的關係，絕不能以國

〔註58〕 張其昀：《建國規模與國都》，《思想與時代》第 42 期。
〔註59〕 張其昀：《金陵與錢塘》，《思想與時代》第 42 期。
〔註60〕 賀昌群：《再論歷代建都與外患及國防之關係》，《思想與時代》第 42 期。

防爲理由。」〔註61〕

　　這裡，賀昌群是一針見血地指出國民黨政府定都南京的內在意圖是財政關係而非國防爲由。1911 年辛亥革命後，孫中山要定都南京；1927 年北伐勝利以後，蔣介石及國民黨政府定都南京；1945 年抗戰勝利後，又還都南京，莫不被賀昌群所言中。

　　從賀昌群、錢穆、張其昀三人在首都問題上的不同意見，我們可以清楚地看出他們不同的歷史眼光和政治目的，正如同湯因比所言。賀昌群操持的是歷史深邃感和敏銳的現實批判能力，他「主要的考慮在於防禦侵略」。錢穆具有強烈的儒學復興理想和民族主義情感，他把首都看成是「播撒精神種籽的一塊良田」。張其昀因有政治教條和對現政權的人身依附，他「主要的考慮在於行政的方便」。

　　這裡需要指出的是，張其昀在政治原因之外還有他對南京的偏愛。他本爲浙江人，1919 年入南京高師讀書，後來又長期在南京中央大學任教。在他1932 年由南京鍾山書局出版的《人地學論叢》中，就有《首都之人地關係》的長文，他從山、水、平原三個方面論述南京爲「首善之區」，說「三種天工，交錯於一處，正所謂『取精用宏』，誠爲中國國都極優美的特色」〔註62〕。他同時收入《人地學論叢》還有《北平附近之區域地理》的文章，言國都南遷，是北平衰落的致命傷，昔日的繁榮，也因遷都而喪失〔註63〕。

　　《國防中心論》的核心問題是要講精神意志的統一。張其昀認爲，民國三十年來的偉大成就，就是民族精神意志的統一，使國民都能認識到國防觀念。他尤其強調軍政軍令的統一，乃是克敵制勝的前提，也是國家統一的象徵〔註64〕。

　　事實上，對國防的認識，張其昀在抗戰前就已經提出了自己的相應主張。1937 年 4 月 9 日在浙江省教育廳輔導會議的演講報告是《中國歷史上之國防區域》〔註65〕，他說依據國家的地理形勢與國際的關係，劃分爲若干的國防區域，一朝有事，易於動員。同時還列述了歷史上中央政府統管這些地區的

〔註61〕賀昌群：《再論歷代建都與外患及國防之關係》，《思想與時代》第 42 期。
〔註62〕張其昀：《張其昀先生文集》第 3 冊第 1095 頁，（臺北）中國文化大學出版部，1988。
〔註63〕張其昀：《張其昀先生文集》第 3 冊第 1151～1152 頁。
〔註64〕張其昀：《國防中心論》，《思想與時代》第 7 期。
〔註65〕張其昀：《中國歷史上之國防區域》，《史地雜誌》第 1 卷第 1 期（1937 年 5 月）。

成敗得失，以示不忘歷史。

民生主義是建國方略的理想，建國方略則是實行民生主義的方法。張其昀在《建國方略之十大綱領》〔註66〕一文之外，還就民生主義的主要精神從八個方面進行了解釋：革命的思想、國際的正義、全盤的設計、均平的理想、海國的宏規、國防的深慮、歷史的眼光、創造的精神。最後他的結論是：建國方略的實現，即民生主義的實現。這不僅是為中國人民謀幸福，對全人類的和平與繁榮，也將具有切實的貢獻〔註67〕。

「學衡派」中人在五四運動後期，是極力反對學術研究中的功利主義行為和政治影射的，認為這是曲學阿世，並從學風上加以批評和糾正。柳詒徵、劉伯明、梅光迪、胡先驌等人的文章中都表現出這種尖銳的批評傾向，同時也影響到他們學生的治學思想和方法。但抗戰的現實需要和民族主義思想的強烈刺激，使得他們的學術研究不得不有應時的變化，並烙上民族主義的印迹。關注並積極地研究現實政治社會問題是主要的學術工作，同時又從歷史上為現實行為作解釋，並表現出相應的學理性。繆鳳林的《國史上之戰鬥觀——從國史上證明戰鬥至上為歷史的真理》即是這方面的代表之作。這和他抗戰前在《大公報・文學副刊》發表長文評說傅斯年的《東北史綱》的具體情景不同，但這時和傅斯年在內在的理路是相通的。這是民族意識的逐步強化，也是史學家在一個特殊時代自覺的學術選擇。他說從歷史上看，吾民戰鬥力的強弱，事關吾國族的興亡。他引孫子所謂「兵者國之大事」，號召要全民皆兵，全民戰鬥〔註68〕。同樣，謝幼偉的《邏輯與政治》〔註69〕、《論道德判斷》〔註70〕、《論政治與道德》〔註71〕，黃翼的《心理學在軍事上之應用》〔註72〕都是有意識地和政治貼近。賀麟還專門寫了《功利主義的新評價》〔註73〕的文章，從理論上對所謂的功利主義進行重新認識。他指出近代功利主義實有其超功利的宗教精神，有基督教精神作基礎。新功利主義的思想是從舊式的

〔註66〕 張其昀：《建國方略之十大綱領》，《思想與時代》第 10、11 期。
〔註67〕 張其昀：《建國方略與民生主義》，《思想與時代》第 9 期。
〔註68〕 繆鳳林：《國史上之戰鬥觀——從國史上證明戰鬥至上為歷史的真理》，《思想與時代》第 9、10 期。
〔註69〕 謝幼偉：《邏輯與政治》，《思想與時代》第 35 期。
〔註70〕 謝幼偉：《論道德判斷》，《思想與時代》第 36 期。
〔註71〕 謝幼偉：《論政治與道德》，《思想與時代》第 41 期。
〔註72〕 黃翼：《心理學在軍事上之應用》，《思想與時代》第 36 期。
〔註73〕 賀麟：《功利主義的新評價》，《思想與時代》第 37 期。

內心道德，純義務的道德思想進化過來的。

錢穆認爲中國是農業大國，中國的國防，必爲農業的國防。富國強兵者才有國防。欲富中國，先富農村，欲強中國，先強農民。所謂大陸農國的民主政治，是建立在公耕之新農村之上的，否則民主政治就是一塊愚民的招牌。維繫農民和農村穩定、發展的是物質，把注意力放到農民和廣大的農村，溝通文化、武力、政治、經濟，而以一貫之，這才是建國固防的基礎〔註74〕。

儒學的新開展與民族主義精神的強化

儒學的新開展即新儒學的啓動，是刊物所主張的「我國固有文化與民族理想根本精神之探討」的具體體現，也是外來衝擊，本土文化回應的基本事實。

出身清華，早年即受「學衡派」成員較大影響的賀麟，此時爲「新儒學」的倡導者。他強調，在思想文化的範圍裏，現代決不可與古代脫節。他認爲儒家思想是中國過去的傳統，是舊的東西。但就其在現代以及今後的新發展而言，儒家思想在變革、發展和改造中已適應新的精神，可以說又是新的思想。在儒家思想的新展開裏，我們可以得到現代與古代的交融，最新與最舊的統一。他根據自己對於中國現代文化動向和思想趨向的觀察，斷言廣義的新儒家思想的發展或儒家思想的新開展，是中國現代思潮的主流。

和《國風》時期「學衡派」成員一味地尊孔、美化孔子的傾向不同。賀麟尖銳地指出近代儒家思想的「沉淪」、「僵化」和「失掉了孔孟的眞精神」。他認爲近代以來，中國的根本危機是文化的危機，文化的失調不能應付新的局勢。儒家思想的沈倫、僵化和無生氣，失掉了孔孟的眞精神，也就在中國文化生活中失掉了自主權，喪失了新生命。

賀麟指出，五四新文化運動，可以說是促進儒家思想新發展的一個大轉折。表面上，五四新文化運動雖是一個打孔家店，推翻儒家思想的大運動。但實際上，其促進儒家新發展的功績與重要性，乃遠在前一時期曾國藩、張之洞等人對於儒家思想的提倡上。新文化運動的最大貢獻，在於破壞、掃除儒家僵化部分的軀殼的形式末節和束縛個性的傳統腐化部分。他們並沒有打倒孔孟的眞精神、眞意思、眞學術。反而因爲他們的洗刷掃除的工夫，使得孔孟程朱的眞面目更加清晰地顯露出來。賀麟認爲新文化的領袖人物──以

〔註74〕錢穆：《農業國防芻議》，《思想與時代》第25期。

打孔家店相號召的胡適，其打孔家店的戰略就是他英文本《先秦名學史》的宣言。要點是：解除傳統道德的束縛，提倡一切非儒家的思想，亦即提倡諸子之學。但推翻傳統的舊道德的束縛，實爲建設新儒家哲學的新道德作預備工夫。提倡諸子哲學，正是改造儒家哲學的先驅。用諸子來發揮孔孟，發揮孔孟以吸取諸子的長處，因而形成新的儒家思想。

賀麟認爲西洋文化大規模的無選擇的輸入，又是儒家思想新發展的一大動力。表面上看，西洋文化的輸入，好像是代替了儒家思想，使之趨於沒落消滅。但一如印度文化的輸入在歷史上曾展開了一個新儒家運動，西洋文化的輸入，無疑也將大大地促進儒家思想的新展開。西洋文化的輸入，使儒家思想面臨一個生死存亡的大試驗，大關頭。假如儒家思想能及時把握，吸收、融會、轉化西洋文化，以充實自身，發展自身，則儒家思想便生存復活，而又有新的開展。

就個人而言，就是要確立個體的人格主體，儒化西洋文化，共同促使中華民族以儒家思想或民族精神爲主體，去儒化或華化西洋文化，使人人能對付這分歧龐雜的思想，達到殊途同歸，共同合作以擔負建設新國家、新文化的責任。賀麟還從文化和學術方面具體設計了儒家新發展所須採取循藝術化、宗教化、哲學化的途徑。

就生活修養而言，儒家思想在個人的體現，是儒者氣象。就是要求每個人在作事時須求其合理性、合時代性、合人情。賀麟強調，對儒家思想要能加以善意同情的理解，得其精神與意義之所在。使政治、社會、文化、學術的問題解決，都能契合儒家的精神，代表典型的中國人的眞意思、眞態度，這就是「儒家思想的新開展」，也就是民族文化復興的新機運〔註75〕。

與這篇文章相關的還有《五倫觀念的新檢討》〔註76〕、《英雄崇拜與人格教育》〔註77〕，分別刊登在《戰國策》第 3、17 期上。因爲在清華讀書時，賀麟、張蔭麟、陳銓是要好的朋友，此時張蔭麟在遵義編《思想與時代》，陳銓在昆明編《戰國策》。賀麟自然爲兩個朋友的刊物寫文章。

倡導儒學的復興，必然要落實到具體的個人修行。針對近人對「儒行」的提倡，郭斌龢指出儒家學說中，尤以理想人格的提倡爲最具體、最有實效

〔註75〕賀麟：《儒家思想的新開展》，《思想與時代》第 1 期。
〔註76〕《戰國策》第 3 期（1940 年 5 月 1 日）。
〔註77〕《戰國策》第 17 期（1941 年 7 月 20 日）。

的人類活動的推動力。而實際的生活中有小人儒與君子儒，君子儒的理想，正是孔子首倡並實踐的。儒行可以作爲立國之精神，如果我們能將其發揚光大，就可以解決當前及將來中國的重大問題〔註78〕。這種具有明顯道德理想主義色彩的言論，是郭斌龢研讀中西文化原典的結果，也是他多年守望的理想。

個人的修行離不開孝。謝幼偉認爲中國文化是以孝爲本。以孝爲本的文化，爲內發的，爲自然的維護人與人之間的關係，達到彼此之間的敬愛。先儒對孝的提倡實際是超出了家族本位，把孝作爲道德的本源、道德的起點、道德的訓練。數千年來維繫國民道德的是孝。同時，孝在中國代替了宗教，起到了敬重父母，崇拜祖宗的作用，而又使得中國的正統思想上不必有所謂宗教問題。在政治方面，歷代統治者都主張以孝治理天下。孝可以感化君上，破除階級之分，以及成立鄉治。最後謝幼偉強調，中國今後只要不以功利主義之社會爲然，則孝的提倡，必不可忽視〔註79〕。

非孝是五四新文化運動的一項重要任務，如今謝幼偉對孝的重新提倡，自然是一個反五四新文化運動的命題。

儒學復興的具體表現是多方面的。謝幼偉強調民族的生存權，說這可視爲三民主義的理論。因爲要維護中華民族的生存，就必須保持中華民族的統一，必須恢復中國人固有的道德、智慧和能力。也就是說要實現民族精神於宇宙中，因爲在宇宙精神中儘其應盡之職責，能對世界文化有其特殊的貢獻〔註80〕。

錢穆在《中國近代儒學之新趨勢》一文中十分強調民族自信心的重要性。他說學術事業與民族的文化心理是緊密相連的。學術之事，能立然後能行，有我而後有同。否則，不立何行，無我何同。無孟、荀之強立，就無秦漢的廣負。「而今日者，在我則至愚至弱，至亂至困，既昧昧然不信我之猶有可以自立之地，而失心強顏以遊心於群強眾富之列，曰：我將爲和會而融通焉，我將爲兼舉而並包焉」〔註81〕。也就是說儒學的復興，要依靠民族的自信心。同時錢穆又指出，儒家思想是以德性觀念爲中心的德性一元論，自孔孟、易庸、程朱、陸王四個時期的發展，尤其是朱王兩家均未到達圓融渾成之境界。

〔註78〕郭斌龢：《讀儒行》，《思想與時代》第 11 期。
〔註79〕謝幼偉：《孝與中國文化》，《思想與時代》第 14 期。
〔註80〕謝幼偉：《論民族生存權》，《思想與時代》第 16 期。
〔註81〕錢穆：《中國近代儒學之新趨勢》，《思想與時代》第 33 期。

自晚明以下，中國儒學衰竭，也無大氣魄之人，能將孟子與中庸、晦翁與陽明，和會融通，大並歸一，融鑄成為一新的儒學天地。當下是儒學復興的關鍵時期，就是要在和會融通，大並歸一中尊德性而道問學，致廣大而盡精微，極高明而道中庸。有此境界，才可能為儒學開新天地〔註 82〕。而對德性的一元他又有具體的解釋。王陽明指出良知是千古聖賢相傳的一點滴骨血。其論學時常提及的四句教法：「無善無噁心之體，有善有惡意之動，知善知惡是良知，為善去惡是格物。」〔註 83〕程朱言性即理，陸王說心即理。其實性即心體，二語歸一。儒學內部自然是觀念、門派不同，但要復興儒學，就必須有兼容並包的大氣和與時俱進的精神。

求中西融通之學

《學衡》時期，迫於五四新文化運動的巨大壓力，「學衡派」同人尚不敢提所謂儒學的新展開即新儒學的啟動這樣的大問題，但通過對西洋學術思想源流變遷的探討，求中西融通之學則是《學衡》的基本精神，是「昌明國粹，融化新知」的具體表現。尤其是郭斌龢，自《學衡》、《大公報・文學副刊》始，到《國風》，如今是《思想與時代》，他始終關注西洋文化，特別是學術思想淵源與現代生活的關係。馮友蘭則在人生意義、人生的境界、自然的境界、功利境界、道德境界、天地境界、心的重要、學養、才命、生死等多個方面，從中西哲學的比較中，作相應的解釋。這些文章即隨後結集的《貞元六書》之一《新原人》〔註 84〕。

郭斌龢的《現代生活與希臘理想》，重在討論西方文化的發源以及歷史的發展過程中所出現的種種問題，同時又對其作相應的解釋。他特別感興趣的是文藝復興所重振的古希臘、羅馬的人文精神。

郭斌龢認為如今提倡科學，追求現代文明，首先要復興中國文化，完成建國大業。這樣，我們就不得不求助於希臘文化，以補偏、救弊、增益。我國和平中正之國民性，重人倫近人情之傳統文化，與希臘文化不甚相同。「而希臘文化，尊重邏輯，服從理性，以增進知識，探求真理，為人類至高尚之活

〔註 82〕　錢穆：《說性》，《思想與時代》第 36 期。

〔註 83〕　錢穆：《說良知四句教與三教合一》，《思想與時代》第 37 期。

〔註 84〕　馮友蘭在 1942 年 3 月在《新原人》的《自序》中特別提到「書中各章，皆先在《思想與時代》月刊中發表」。這裡用《三松堂全集》第 4 卷作校本，河南人民出版社，1986。

動，反足以藥我國人思想籠統，認識模糊，急功近利，愚而自用諸病」〔註85〕。通過對中西政治學的考察，郭斌龢發現人治與法治之爭，中西自古即有〔註86〕。中國政治思想，以儒家的人治爲主。西洋在希臘時期即行民主政治，有法治觀念。人治者大都偏於道德理想，而非科學的人治，是對執政者的理想化，同時這也是個人獨裁、極權的基礎。中國人過去有將法律與道德對立的普遍觀念，而西方人則不同。郭斌龢指出，若要在現代中國實行民主和法治，最初的步驟，仍須有賴於人治。要想達到民主政治中的人民公意既不被個人野心家利用，又不流於暴民政治，就需要國民全體程度的提高，和領導人才的培植。因此，他特別強調民主政治的基礎是法治。在民主政治這一重大問題上，郭斌龢與錢穆有不同的取向。這顯示了兩人知識修養與文化背景的差異。郭斌龢留學歐美，對民主政治有切身的體會，錢穆則缺少這種人生的經驗。

在古代西方人的思想體系中因有靈魂的觀念，並由靈魂與肉體對立而生出二元的人生觀來。東方自孔孟以下儒家思想的主要精神，可以說是一種人心一元論，或者說是良心一元論。中國人的三不朽觀念（立德、立功、立言），使得中國社會可以無宗教。或者說在思想觀念中可以代替宗教。西方思想的靈肉對立，遂生出感官與理性的對立，唯心與唯物之爭，科學、哲學皆由此而生。東方思想世界裏因無此對立而無純粹的科學與哲學〔註87〕。

錢穆通過比較希臘、希伯來和中國人的文化生活，得出「兩種人生觀之交替與中和」的結論。他說希臘人在美麗的山海景色中歌唱高興，崇尚科學，是現實的人生觀。希伯來人在乾燥寂寞的環境中，遭遇著沉痛失望，在膜拜與祈禱中，陷入宗教的狂熱，是理想的人生觀。而中國人是處在這二者兩極端的中心，表現出的是一種中和的人生觀。近代中國的病痛和命運，使我們在中西比較中認識到自己文化的特性和不足。要深刻認識我們的固有文化，盡量吸收新的質點，擴大局面。「既不必輕肆破壞，更不必高提人欲」〔註88〕。最後錢穆強調「中學爲體，西學爲用」的格言，似乎還有讓我們再加考慮的價值。

就中華民族的宗教信仰而言，錢穆指出，中國古代的宗教，是政治與宗教的平行合流，宗教著眼於大群全體，遂博得大社會的建設和大一統的國家。

〔註85〕 郭斌龢：《現代生活與希臘理想》，《思想與時代》第 1 期。
〔註86〕 郭斌龢：《人治與法治》，《思想與時代》第 35 期。
〔註87〕 錢穆：《靈魂與心》，《思想與時代》第 42 期。
〔註88〕 錢穆：《兩種人生觀之交替與中和》，《思想與時代》第 1 期。

這種宗教的缺點在於因偏重人事,主爲大群之凝結,由政教合一而主等級體系。結果是小我個人的喪失。孔門論學曰禮曰仁。禮是承襲古宗教的等級秩序,而仁則爲孔子的獨創,意指人類內心之超乎小我個體之私而又合乎大群的一種眞情,一種群己融洽的本性的靈覺。仁可以泯群我之限,通天人之際。自有孔子之教,中國古宗教的地位便不再重要。孔教取代了中國人原始的宗教,成爲包含中國文化大統和中國古代政治精神的儒學教義〔註89〕。

人生最大的問題是「死」,其次是「我」。西方人乞靈於宗教,寄託於天堂和上帝。中國人在現實的社會中尋求仁、義,是在「人心教」或「良心教」中。錢穆說這就是孔子的心教〔註90〕。

古代中國人的觀念是由其生活本身所決定的。就民族觀念而言,四夷和諸侯的標準不是血統而是文化。中國古代的宗教是一種政治性的宗教,中國人的上帝(天),是大眾公共的,不與小我私人各個直接相通感。國家的觀念相對薄弱,而天下的觀念超乎國家觀念之上。這三者內部相互關聯,共同構成一個整體的意義〔註91〕。錢穆說:「若把中國儒家看作一種變相的宗教,則五經便是中國儒教的經典,那些東漢以下的士族便相當於中國中古時期之僧侶。我們不妨稱儒家爲一種宗教,那是一種現實人生的宗教,是著重在現實社會與現實政治上面的一種平民主義與文化主義的新宗教。西方宗教是出世的,而中國宗教則爲入世的。西方宗教是不預聞政治的,而中國宗教則是以政治爲生命的。」〔註92〕在中國歷史上,「既沒有不可泯的民族界線,而同時亦沒有不容忍的宗教戰爭。魏晉南北朝時代民族新分子之屢雜,只引起了中國社會秩序之新調整,而宗教新信仰之傳入,亦只擴大了中國思想領域之新疆界。在中國文化史裏,只有收取,融合擴大,不見分裂鬥爭與消滅」〔註93〕。

宋代以下,中國文化發展呈現出的新趨勢是宗教思想的再澄清、民族的再融合、社會文化的再普及再深化〔註94〕。尤其是後者在文化發展上的表現特別明顯:白話文學的興起,宋元戲曲的盛行,工藝美術的普及,使得文學藝術平民化的趨勢越來越快。

〔註89〕 錢穆:《中國民族之宗教信仰》,《思想與時代》第 6 期。
〔註90〕 錢穆:《孔子與心教》,《思想與時代》第 21 期。
〔註91〕 錢穆:《古代觀念與古代生活》,《思想與時代》第 23 期。
〔註92〕 錢穆:《新社會與新經濟》,《思想與時代》第 28 期。
〔註93〕 錢穆:《新民族與新宗教之再融合》,《思想與時代》第 29 期。
〔註94〕 錢穆:《宋以下中國文化之趨勢》,《思想與時代》第 31 期。

　　錢穆指出中國文化發展的前三個歷史時期（先秦的宗教與哲學時期、漢唐的政治與經濟時期、宋元明清的文學與藝術時期）已經過去，東西接觸開始了中國文化的新趨勢〔註95〕。中國人向來主張天人合一，心物合一的心理定勢被打破，社會進入了第四個時期，即科學與工業時期。科學在理論方面將發揮理想與信仰的作用，同時科學在實用方面也指導人生的各個過程。

　　就中國人的人生境界和文學藝術的特性與內在精義而言，中國文化是有兩大骨幹支撐的：漢代人對於政治社會的種種計劃，唐代人對於文學藝術的種種趣味。「政治社會的體制，安定了人生共通的部分。文學藝術的陶寫，則滿足了人生獨特的部分」〔註96〕。這正是後人漢唐並稱的一個主要意義之所在。

　　中西文化的差異比較，是「學衡派」同人中，特別是到西方留學歸來的學人的一個學術興奮點。張蔭麟認為尋求中西文化的根本差異就是尋求貫徹於兩方歷史中的若干特性。唯有這種特性才能滿意地解釋兩方目前之顯著的、外在的差異。近代中西在文化上的巨大差異如實驗科學、生產革命、世界市場、議會政治等。而實際的根本的差異在周秦、希臘以來就存在。主要體現在價值意識、社會組織、社會生存三個方面。

　　張蔭麟指出：作為「正德、利用、厚生」的手段和活動，可稱為實際的活動，體現出實踐的價值。相反的體現則為純粹的活動，即觀念的價值。中國人的價值意識中實踐的價值壓倒觀念的價值。而西方人看重觀念的價值或將二者視為同等重要。中國人把道德放在一切價值之上，但同時也講究利用厚生。亞里士多德的《倫理學》則把至善的活動當作是無所為而有為的真理的觀玩，《大學》的至善是「為人止於仁，為人臣止於敬……與國人交止於信」。中國人說「好德如好色」，西方人說「愛知愛天」。在社會組織方面，基督教是家族組織的敵人。中西的差異是家族在社會組織中的地位問題，以及個人對家族的權利和義務的不同趨向。就社會的生存看，中西的差異是內陸農業文化與海洋貿易的不同。尤其是近代航海業的發展，與西方的傳統有很大的關係。中國近代的落後失敗也正是直接表現在這一方面。從鴉片戰爭始，中國的東南沿海，簡直成了不設防區〔註97〕。此文曾引起竺可楨的興趣，並摘

────────────

〔註95〕錢穆：《東西接觸與中國文化之新趨勢》，《思想與時代》第32期。
〔註96〕錢穆：《個性伸展與文藝高潮》，《思想與時代》第30期。
〔註97〕張蔭麟：《論中西文化的差異》，《思想與時代》第11期。

錄在自己 1944 年 2 月 25 日的日記中〔註98〕。

對傳統歷史哲學進行比較歸納，並得出相應的貼近歷史事實的結論，也是張蔭麟的一項重要的學術工作。他在 1933 年 1 月 1 日《國風》第 2 卷第 1 期的「現代文化專號」上，曾有《傳統歷史哲學之總清算》〔註99〕的文章。此時，他又進一步就傳統歷史哲學展開討論。他認為傳統的歷史哲學家所探求的法則主要有五類：目的史觀、歷史循環律、歷史辯證法、歷史演化律、文化變遷之因果律〔註100〕。

中西文化之源比較的另一路向是科學史。竺可楨通過《二十八宿起源之時代與地點》〔註101〕的考察，比較了埃及、印度、希臘和中國的天文知識的應用與發展。二十八宿之創立、起源於中國，完全是緣於觀測、記載，但無理論之需要。在天文學的理論研究上我們是落後的，我們無法和希臘，甚至也無法和印度相比。他同時在 1944 年 6 月 4 日的日記中寫道：「西方星座中可以覘知其古代為游牧民族，如巴比倫以星辰為群羊，太陽、北斗七星為老羊，大角星為牧夫等。而中國古代為農耕社會，星座如牽牛、織女、箕、斗等等。中國有日出而作，日入而息之諺，但游牧民族則為行國，逐水草而居，故凤夜即起，因得見晨星。農業社會無此需要，故以觀昏星為主。西方之用十二宮，而中國之所以用二十八宿者在此。」〔註102〕

錢穆認為中國人有自己的和西方不同的宇宙觀，那是在哲學中。人生與宇宙往往融合透洽，混沌為一，沒有嚴格的區別。他在《易傳與禮記中之宇宙論》〔註103〕中詳細論述了這一問題。並指明《易傳》、《禮記》修飾改進了道家自然主義之宇宙觀，以明確儒家傳統的人文主義之人生論。

一戰、二戰結束後，一向視自己的文化為優越和自信的西方人，開始

〔註98〕 竺可楨：《竺可楨日記》第 II 冊第 740 頁。

〔註99〕 《國風》的「現代文化專號」上的文章大都是科學家的專業以內的思考，這表明，「學衡派」的同人此時已經意識到「現代文化」這個不容忽視的問題，尤其是科學對現代生活的巨大影響。《國風》在強化民族意識的同時，實際上已經在注意「科學主義」與「人文主義」的關係問題。《國風》還出有「國防專刊」，強調科學與國防的關係。

〔註100〕 張蔭麟：《論傳統歷史哲學》，《思想與時代》第 19 期。

〔註101〕 竺可楨：《二十八宿起源之時代與地點》，《思想與時代》第 34 期。竺可楨之後，錢寶琮在《思想與時代》第 43 期刊出《論二十八宿之來歷》，進一步解釋了這一涉及中西學術史的問題。

〔註102〕 竺可楨：《竺可楨日記》第 II 冊第 760 頁。

〔註103〕 錢穆：《易傳與禮記中之宇宙論》，《思想與時代》第 34 期。

尋求東西文化的綜合與協調。謝幼偉認為東西文化，各有所偏。東方偏於美感，西方文化偏於理論。東方文化在科學上的落後，是缺少理論成分的緣故〔註104〕。惟重直覺美感之知者，常視其直覺所得為確定無疑，其態度較為武斷，也較為固執或保守。今日東西方人所面臨的問題不是推翻自己的傳統，而是如何認識到自己的傳統並非完全，又如何接納其它傳統以糾正自身傳統的問題。當然，首先是態度問題，然後才可能有吸收、調和而加以綜合互補之途徑。《思想與時代》注意到了這一現象，並加以宣揚。

尋求科學時代人文主義的思想、方法

科學的要素是「真確事實」和「普遍原理」〔註105〕。科學有假定與要求，在對假定與要求加以說明時需要哲學。科學時代的問題不完全要依靠科學自身來解決。科學的本質問題是人的問題。石里克說：「研究自然不談到哲學，因為它裏面就包含了哲學。它不過問文化的成功，因為它就是文化最大成功者。」〔註106〕洪謙指出康德「欲給信仰以自由，我必須廢止知識」這句話足以表示人類在心理上對於科學的矛盾：一方面我們因科學的進步非常羨慕人類精神能力的偉大，另一方面我們又覺得因科學的存在反給信仰上感情上以許多的壓迫。所謂精神科學根本不成為其基本的科學如自然科學的知識體系和真理體系。因此洪謙主張將所謂的精神科學視為文化生活體驗的方法，看成是一種生活狀態，一種對人的認識過程〔註107〕。同時洪謙還強調，傳統的實證論和邏輯實證論都反對玄學，邏輯實證論雖否定玄學在知識理論方面的作用，但不否定它在實際生活方面的意義，即視其為一種體驗生活的基本感情，和一種如何瞭解人生的途徑〔註108〕。這也是科學時代人類所需要的東西。

洪謙還指明，某個時代科學的發展，就是哲學的發展。某個時代的大科學家，就是某個時代的大哲學家，一部哲學史與一部科學的發展史，事實上是不能絕對分離的。因此科學的世界觀與哲學的「世界觀」並無彼此超越的理由〔註109〕。這就是石里克所說的哲學家的「世界觀」的確立，要以科學的「世界圖景」為根據，不能從他的任意思辯中建立他的「世界觀」。因為科學

〔註104〕謝幼偉：《東西文化之綜合》，《思想與時代》第 48 期。
〔註105〕謝幼偉：《論科學之假定與要求》，《思想與時代》第 34 期。
〔註106〕洪謙：《自然科學與精神科學》，《思想與時代》第 15 期。
〔註107〕洪謙：《自然科學與精神科學》，《思想與時代》第 15 期。
〔註108〕洪謙：《邏輯實證論的基本思想》，《思想與時代》第 25 期。
〔註109〕洪謙：《科學與哲學》，《思想與時代》第 26 期。

的「世界圖景」在內容上所有的理想性、藝術性、崇高性、浩瀚性，遠非我
們的理智或理想所能構成的，所能想像的、所能期望的。因爲以石里克爲代
表所創立的維也納學派，是在現代科學給哲學以純科學的思想原則和理論基
礎之上建立的一種新的哲學趨勢。哲學可以從科學眞理的、邏輯意義的說明
中，給科學以理論原理上和思想方法上的參考。這就是所謂的「科學世界觀」
〔註110〕的基本要義。

石里克堅持邏輯經驗論的立場，但他的人生觀卻是一種充滿感情的、絕
對理想的、直覺的人生觀，是「幻想的、狂熱的、詩意的樂觀主義」。這在於
他不僅認爲人類的純粹本質中有所謂純眞的「愛」和「內心的善」的存在，
而且還認爲在人類之所作爲時，這個「愛」和「善」是直接的，或間接的指
使者。他的著作《人生智慧》就充分體現了這種精神。同時「遊藝」作爲他
「青春哲學」的一個基本概念，表現出他所謂的人生的意義〔註111〕。在重視
維也納學派的同時，洪謙還對新起的現象學進行了考察，他認爲現象學的中
心概念「物的先天」不過是康德所主張的第三種命題。現象學派中人在理論
上的最大錯誤，就是他們以爲應用聲色香味一類的概念，即能對於「實際現
象的內容」方面有所敘述，如同應用科學上的抽象概念（如量度時空間因果
律等）對於「實際現象的形式」的敘述一樣〔註112〕。

1922 年，石里克出任維也納大學的哲學教授，在他周圍很快聚集了一批
學者。1920 年代末，他們發表了《科學的世界觀——維也納學派》，其哲學立
場上「共同持有一種基於科學的反形而上學態度」〔註113〕。洪謙曾留學德國，
又在奧地利的維也納大學學習多年，1937 年回國，此時爲西南聯大哲學教授。
作爲「維也納學派」創始人石里克的學生和「維也納學派」成員之一，洪謙
自然也是「維也納學派」的研究專家。洪謙此時在其它刊物，如 1947 年 5 月
在南京創刊的《學原》〔註114〕也同時刊登有關「維也納學派」和維特根斯坦
（偉根斯坦）的文章。

〔註110〕洪謙：《維也納學派與現代科學》，《思想與時代》第 28 期。
〔註111〕洪謙：《石里克的人生觀》，《思想與時代》第 30 期。
〔註112〕洪謙：《維也納學派與現象學派》，《思想與時代》第 35 期。
〔註113〕馮・賴特：《知識之樹》（陳波等譯）第 121 頁。
〔註114〕《維也納學派的基本思想》，《學原》第 1 卷第 1 期（1947 年 5 月）。《介紹偉
　　　　根斯坦的邏輯哲學觀》，《學原》第 1 卷第 2 期（1947 年 6 月）。《康德的先天
　　　　論與現代科學》，《學原》第 1 卷第 6 期（1947 年 10 月）。《學原》自 1947 年
　　　　5 月～1949 年 1 月共出版第 1 卷 12 期，第 2 卷 9 期。

竺可楨在《思想與時代》的開卷，寫有《科學之方法與精神》。他說，提倡科學，不但要曉得科學的方法，而且要認清近代科學的目的，就是探求眞理。科學家的態度，一方面是不畏強禦，不受傳統思想的束縛，但同時也不武斷，不憑主觀。知之爲知之，不知爲不知。一無成見，所以有虛懷若谷的模樣。要克服妄自尊大的心理和夜郎自大的錯誤觀念，去除文人無病呻吟和不求甚解的習慣，以及八股文的形式主義，樹立眞正的科學精神〔註115〕。竺可楨是和胡適同時考取並同船赴美的留學生，也是好友。他親炙西方現代文明，同時又以現代科學家的心態，對待新舊文化，他的這番言論，就和胡適及新文化主流話語一致，特別是和胡適倡導的新文化運動的言論相符。他爲「學衡派」的刊物寫文章，也認同其提倡的「科學時代的人文主義」精神，而無「學衡派」的文化保守主義傾向。

竺可楨還總結了中國科學不發達的原因：1、兩漢以來，陰陽五行的神秘迷信深入人心。2、數字與度量不正確。3、士大夫階級以勞動爲苦，不肯動手，因此缺乏實驗〔註116〕。這樣一來，中國的社會結構就與科學不發達的農耕互爲因果，而西方近代以來，科學突飛猛進，社會日新月異，中國的落後也就越發明顯。陳立在《科學之社會背景》一文強調科學實驗的重要，同時又指出，中國的現實，即社會背景還無法給科學家提供實驗的條件。「如今恐怕只能因陋就簡地培養學問的空氣，而同時盡量鼓勵有希望的人從事理論與記敘的研究」〔註117〕。

張其昀在《論現代精神》（續）中強調現代科學與現代哲學均有人本主義的傾向，欲以人類心力克服環境，創造命運，而不致爲物質環境與經濟條件所束縛，故人本主義具有一種創造精神。他引《學衡》第38期所刊白璧德的《歐亞兩洲文化》（吳宓譯）一文的話：「亞里士多德與孔子，雖皆以中庸爲教，然究其人生觀之全體則截然不同，而足以顯示中國與歐洲民族精神之殊異焉。亞里士多德之所以從事者，非僅人文之學問而已，且究心於自然科學，好奇心甚盛。蓋亞里士多德者學問知識之泰斗，而孔子則爲道德意志之完人也。」

張其昀認爲就人本主義而言，中國較西洋爲注重，不但其所言較爲深切著名，且力求見諸行事，若以和平二字爲現代文化命脈所託，則中國文化顯

〔註115〕竺可楨：《科學之方法與精神》，《思想與時代》第 1 期。

〔註116〕竺可楨：《科學與社會》，《思想與時代》第 24 期。

〔註117〕陳立：《科學之社會背景》，《思想與時代》第 41 期。

然可爲現代精神之前驅。正如國際聯盟教育考察團的報告書中所言：「新中國必須振作其本身之力量，並從其本國之歷史固有之文化中抽出材料，以創造一新文明。」也就是孫中山所說的「集中外之精華，防一切之流弊」。一方面吸收本國的政治哲學，一方面努力吸取西洋的科學，謀中西文化的統一〔註118〕。

　　盧于道認爲眞理是具體的現實的。現代中國的科學研究，分爲學院主義與現實主義。科學的發展是要從學院走向現實世界。在思想與方法上，中國人尤其是科學家，應當先有現實主義的自覺，這樣，我國的科學的新時代才會開始〔註119〕。盧于道在另一篇文章中強調，眞正的科學事業，應當由認識現實，進而把握現實，改造現實。科學家如果忽略了這一問題，也就是放棄了本身應盡的責任。以物質建設而言，科學家的任務如國防建設和經濟建設，即用科學研究的態度來解決民族、民權和民主問題。也就是說，科學不但要和物質建設配合，而且應和思想建設相配合。只有這樣，現實的民主政治事業才能順利進行，科學事業也才能在良好的政治之下順利發展〔註120〕。

　　洪謙在《釋學術》〔註121〕一文中還指出，在科學發達的時代，我們不應有「理論」的「無用」之「學」，與「技術」的「實用」之「術」的分野。「學術」應當是一個統一的事業，不能厚此薄彼，或厚彼薄此。對於文科和理工科要一視同仁。從「科學救國」到「工程救國」的「技術運動」，是科學時代的現實，但我們不能因此丟失自己的文化精神和學術傳統。

　　抗戰勝利後，由於張其昀在 1947 年 1 月 1 日的《思想與時代》第 41 期的《復刊辭》上公開表示，他們刊物所追求的是「科學時代的人文主義」精神，所以，刊物上討論科學與人文主義的文章相對增多。這裡有一個知識上的吸收問題。「科學時代的人文主義」是美國著名科學史家 G・薩頓（George Sarton，錢寶琮翻譯爲薩敦）在 1937 年出版的《科學史與新人文主義》中提出來，1943 年 6 月～1945 年 10 月張其昀在美國訪學時接觸到 G・薩頓的著作，並受其影響。1947 年 5 月 1 日《思想與時代》第 45 期便刊出錢寶琮評介薩頓的《科學史與新人文主義》。

〔註118〕張其昀：《論現代精神》（續），《思想與時代》第 3 期。
〔註119〕盧于道：《我國科學上之新時代》，《思想與時代》第 4 期。
〔註120〕盧于道：《科學與政治》，《思想與時代》第 5 期。
〔註121〕洪謙：《釋學術》，《思想與時代》第 31 期。

　　陳立在介紹裘蓮・赫胥黎的科學文化觀時強調，裘蓮・赫胥黎繼承了其祖父多馬・赫胥黎對於達爾文進化論的熱忱與信仰，視一切現象都在演化中，一切現象都不是靜止的。天下沒有不受時空限制的共相，沒有超然物外的絕對體。這一些便決定了他的文化態度。人是站在文化的頂點，而文化又是靠積累形成的。「理智與情感的能量愈大，對於自然的控制增加，對於外界的變化愈超脫」〔註122〕。裘蓮・赫胥黎認爲人在進化中有理想與價值的追求，追求眞、善、美成爲人類進化的方式或途徑。人憑藉文化的力量超脫自然的羈絆，人類的理想支配著一切。教育的社會功能在於既有重實際的形式的純粹的科學訓練，又要有重精神的人的文化的修養。

　　謝幼偉在《論人類與文化》〔註123〕一文中認爲文化雖爲人類解除束縛，同時又爲人類增加束縛。宗教重視神忽視人，科學重視物而忽視人，原因不同，結果是一樣的。二者共同忽視人性中之最可寶貴的東西。這就是人性中的仁或愛。今後的社會發展中，要克服文化危機，就必須重視文化中的人性問題。

　　陳立的介紹和謝幼偉的概論，實際上在尋找科學時代人的位置和人性的價值，而此時在美國的科學史家則已經明確了「科學時代的人文主義」的問題，即通過對科學史的瞭解、學習，擺脫舊人文主義的影響，消除科學主義與人文主義互不瞭解，互不相通的隔膜，在確立科學的世界觀、人生觀的同時，用革新了的人文主義，即「新人文主義」來影響人、教育人，實現體用合一的理想。

　　中國歷來重視人文主義教育，但在科學發展的時代，這種「人文主義」便顯示出「舊人文主義」抗拒科學的特性，特別是有意分離出「體」與「用」的不同層面。「學衡派」成員在五四運動以後出現及所表現出的與新文化的對抗，雖冠以「新人文主義」的名目，卻有世界範圍內文化保守主義的特性，和舊人文主義者的操守。

　　錢寶琮說自己評介薩頓的《科學史與新人文主義》是受謝幼偉《論人類與文化》的啓發。此書在1937年出版時，薩頓是把1930年在布朗大學的演講《科學史與文化史》、《東方與西方》、《新人文主義》和1935年在華盛頓大學卡內基學院的演講《科學史與今日之問題》合爲一書，又撰寫了《人文主

〔註122〕陳立：《赫胥黎論文教與科學》，《思想與時代》第43期。
〔註123〕謝幼偉：《論人類與文化》，《思想與時代》第43期。

義者之信仰》的短文作為全書的導言。他本人長期任教於哈佛大學，培養了一批研究科學史的人才。而哈佛大學由白璧德開始，成為新人文主義的大本營。在哈佛大學，對人文主義的重視，也由文學研究滲透到科學史研究。

　　薩頓本人著作豐富，他認為「有四條指導思想像瓦格納歌劇中的主旋律那樣始終貫穿在作者的著作中。（1）統一性的思想。（2）科學的人性。（3）東方思想的巨大價值。（4）對寬容和仁愛的極度需要」〔註124〕。薩頓在《科學史與新人文主義》的導言中強調：「人生之最高目標為求真，求美，求善等不朽事業。此等事業有無止境與最後可否達到，皆不可計，而我人必須向此等理想境界奮勵前進，則當無疑義。所遺憾者，一般古典學究與文人以古今文化之保護人自命者，對於宇宙之美觀漸為自然科學所揭開，常熟視無睹。一般科學家與發明家亦漠視人類於最近五千年中積人積智所造成之文化，不知欣賞古人之盛德大業，及歷史家與藝術家之貢獻。文學家與科學家皆只從物質成就方面認識科學，因而忽視科學之精神與其內在之美麗。當世之人文主義者務須明瞭跨學科發展之歷史，不亞於其對於藝術史及宗教史之認識。無論我人之知識如何淺陋，才能如何薄弱，皆屬祖先累世之勞績。我人探求此種勞績及文化遺產之源委，不特景仰古人之心油然而起，尤當步武前賢，勉勵學術，具繼往開來之企圖。我人務須融合科學精神與歷史精神，而後可以主持人文主義，促進人類文化。」〔註125〕因為薩頓清醒地認識到，科學是精神的中樞，也是我們文明的中樞。它是我們智力的力量與健康的源泉，然而不是唯一的源泉。無論它多麼重要，它卻是絕對不充分的。所以，我們必須準備建立一種在人性的科學之上的新文化，即新人文主義。

　　錢寶琮指出：「今世意見之衝突，莫甚於舊人文主義者與科學家之不能相容。舊人文主義者謂科學僅係專門技術，遂以維護精神事業自居。不知科學發展之速，於今為烈，對於人生之重要性必漸增加。將來一切科學知識及物質權力為科學家所把握，而教育事業仍操於舊人文主義者之手，二者分道揚鑣，後果之惡劣將不堪設想。科學家常集中其意志於所研究之事物，又為舊人文主義者排擠，勢必處於孤立無助之地位。人類文化將有畸形發展之危機。挽救之策莫如調和二者之間使能互助合作。人文主義之表現原在教育與文

〔註124〕G·薩頓：《科學的歷史研究》（陳恒六、劉兵、仲維光編譯）第 1 頁，科學出版社，1990。
〔註125〕錢寶琮：《科學史與新人文主義》，《思想與時代》第 45 期。

化，務求人類之至善，自當容納一切正道之創造活動。人文主義當是一切事業之能增加人生文化價值者之總集合。各部分之工作者應互相瞭解，共濟時艱，非任何一群人所能專利也。教育家須略具科學知識而能欣賞之，科學家須受歷史訓練而能後顧前瞻，維護正義。」〔註 126〕美國的薩頓博士以爲：「科學史之教學可使教育家明瞭科學之文化價值遠在其實用價值之上，可使科學家能疏通知遠，以歷史爲其借鑒，明瞭科學永爲『天下爲公』之大道。科學史可爲舊人文主義者與科學家之津梁。教育與學術二者之隔閡既去，自能各循正軌，步入一新人文主義之時代。」薩頓博士同時強調，科學史的教學爲新人文主義的核心。「新人文主義者，因同情於人類之創造活動，願以其熱忱促進人類文化，且以感激與景慕之心回顧既往。下學則溫故而知新，上達則承先以啓後。使當世學文者藉此以略知科學，學理者藉此以略知文藝，文質彬彬，然後君子，則此岌岌可危之機械時代可以袪除，而光明正大之科學時代將代之而興翌矣」〔註 127〕。錢寶琮認爲薩頓所示的新人文主義實與《大學》的「格物致知」及清儒的「實事求是」之精神相近，實爲教育界所樂於接受。薩頓和白璧德不同，薩頓的新人文主義是以科學史爲核心內容；白璧德新人文主義是以文學和道德理想作爲核心。薩頓提倡的以科學發展史的學習與研究，來革新人文主義的內容，進而啓發文化教育工作者，開闢今日文化發展的正常路徑。因爲這是順應科學時代的必然趨勢。

《思想與時代》出現於抗日戰爭的後期，並綿延到戰後國共兩黨之戰時期，是「學衡派」成員和一部分外圍成員的同仁刊物，其文化保守性和由民族主義向國家主義過渡的政治傾向是十分明顯的。在 1947～1948 年間，中國思想界有眞正的自由主義刊物《觀察》。相對於《觀察》獨立於兩黨之外的自由主義強音，《思想與時代》便顯得思想的偏向和政治的依附。其傾向性是與刊物的宗旨相一致的，其時代性也是有相應的局限。這裡，我只是客觀的重讀，並給以歷史的敘事性再現。

〔註 126〕錢寶琮：《科學史與新人文主義》，《思想與時代》第 45 期。
〔註 127〕錢寶琮：《科學史與新人文主義》，《思想與時代》第 45 期。